Ingrid von Kruse
Begegnungen

Ingrid von Kruse

Begegnungen

Portraits und ihre Geschichte

Osburg Verlag

Erste Auflage 2019
© Osburg Verlag Hamburg 2019
www.osburgverlag.de
Lektorat: Bernd Henninger, Heidelberg
Umschlaggestaltung: Judith Hilgenstöhler, Hamburg
Satz: Hans-Jürgen Paasch, Oeste
Druck und Bindung: CPI books GmbH, Leck
Printed in Germany
ISBN 978-3-95510-201-2

FÜR PETER UND JÖRG

Inhalt

Leonard Bernstein · Sergiu Celibidache

Schleswig-Holstein Musikfestival · Schloss Salzau · Juli 1987

Justus Frantz, dem Begründer des Schleswig-Holstein Musik Festivals, war es gelungen, die berühmtesten Dirigenten und Musiker für die Schleswig-Holstein Orchester Akademie zu gewinnen, um hochbegabten jungen Musikern aus aller Welt in traumhaft ländlicher Idylle, fernab von der Großstadt Hamburg, die außergewöhnliche Möglichkeit zu geben, Kurse auf internationalem Niveau zu besuchen – bei Meistern wie Leonard Bernstein, Yehudi Menuhin und dem für seine unerbittliche Strenge und unberechenbaren Wutausbrüche gefürchteten Dirigenten Sergiu Celibidache, der weltweit als der beste Orchestererzieher galt.

Damals, im Sommer 1987, erlebte ich Leonard Bernstein, wie er hundertundzwanzig junge Musikstudenten und -schüler aus vierzehn Ländern in der Konzert-Scheune zu Schloss Salzau durch Igor Strawinskys Ballettmusik »Le Sacre du Printemps« in seinen eigenen Bannkreis entführte mit dem Lockruf: »Let us make music as friends!«

Schon der Name des Werks entfacht in der Phantasie eine fiebrige Atmosphäre:

Der wirbelnde Taktstock verzaubert das Orchester in einen Reigen seliger Geister, während um den Dirigenten wie um einen Erdgeist im Rausch der Klänge kochende Dämpfe aufzusteigen scheinen. »Let's make music!«, hallt es durch die Scheune.

Bald nach Leonard Bernstein hielt Sergiu Celibidache dort Hof, vor jungen Musikern, die voller Erwartungen hergekommen waren, um einen Monat mit Sergiu Celibidache zu arbeiten. Für viele Studenten ging damit ein Traum in Erfüllung, von dem geliebten, gehassten, angehimmelten und oftmals missverstandenen »Celi« zur tiefsten Entdeckung der Musik geführt zu werden, dorthin, wo Musik anfängt.

Unterschiedlicher hätten die Dirigenten nicht sein können. Bernstein, durchdrungen sowohl von der Klassik, von Gustav Mahlers übermächtigen Liebesgefühlen, als auch von eigenen Kompositionen wie der »West Side Story«, »Candide« und Gospels – Celibidache hingegen, in seiner ehrfurchterweckenden Erscheinung den allumfassenden Zusammenhängen der zenbuddhistischen Weltsicht nachhängend: »Man will nichts – man lässt es entstehen.« Momente, die dem Schöpferischen vorausgehen. Jegliches Ego des Interpreten solle aus der Musik verbannt werden …

Im eigenen Umgang mit der Zeit erklangen die Werke unter seiner Leitung auf eine vollkommen neue, transzendente Weise in oft meditativ langsamen Tempi. So wie der junge Celibidache für Berlin eine der faszinierendsten Erscheinungen der Nachkriegszeit war, so wurde für mich die spätere Begegnung mit ihm in Salzau zum unvergessenen Erlebnis.

Die unerbittliche Haltung gegenüber seiner Arbeit während der Orchesterproben – die Glut, sein unerschütterlicher Standpunkt »Musik ist Erleben! – Musik lebt im Augenblick der Entstehung« (sie sei gänzlich an den Raum der Aufführung gebunden) – haben mich tief beeindruckt. Auch aus diesem Grund unterschied sich der »Magier« von seinen Kollegen – insbesondere von Herbert von Karajan, seinem Antipoden –, indem er im Gegensatz zu ihnen keine CD-Aufnahmen zuließ. Jedoch, kaum war Celibidache gestorben, kümmerte sich niemand mehr um sein Gebot.

Fünf Jahre lang, von 1945 bis 1952, rang der »genialische Feuerkopf« (FAZ) mit den Berliner Philharmonikern um Präzision und Klangschönheit. Seinem Nachfolger, dem zurückgekehrten Wilhelm Furtwängler übergab er (1952) ein »Orchester in Hochform« (FAZ). Danach arbeitete Sergiu Celibidache als weltweit gefragter Gastdirigent mit Orchestern in Südamerika, Stockholm, Kopenhagen, Prag, Italien und Japan. Von den einen wurde er für seinen

ungewöhnlichen Stil wie ein Gott verehrt – von anderen wegen seiner übermäßig gedehnten Tempi abgelehnt.

1975 führte Celibidache als Generalmusikdirektor die Münchner Philharmoniker (mit dem Schwerpunkt Anton Bruckner und Johannes Brahms), bis ihm der Tod 1996 für immer den Taktstock aus der Hand nahm.

Auf die Frage, was ein Dirigent sei, antwortete der Maestro einmal: »Jeder Dirigent ist ein verkappter Diktator, der sich glücklicherweise mit Musik begnügt.« Zu jener Zeit war die Diskussion noch nicht um den despotischen Stil von Daniel Barenboim entbrannt, der sich selber in der Auseinandersetzung mit seinen Kritikern als »Pultdiktator« bezeichnet.

Justus Frantz kannte die unberechenbaren Wutausbrüche von Sergiu Celibidache, die in Zorn oder auch zarteste Liebenswürdigkeit umschwenken konnten. Frantz beschwor mich, alle denkbaren Schwierigkeiten, selbst die leiseste Störung, um alles in der Welt zu vermeiden, die das Ende der Arbeit, die Abreise des Gottähnlichen bedeuten konnte.

In weiser Voraussicht hatte man einen begleitenden Arzt nach Salzau bestellt, damit er sich der oftmals nervlich überforderten jungen Musiker, ihrer Magenbeschwerden und Seelenverfassung annehme. Ein Grund für das unbeherrschte Verhalten des Dirigenten war auch die durch eine Operation eingeschränkte Bewegungsfreiheit.

Als ich Justus Frantz fragte, wo, wann und ob er überhaupt eine Annäherung für möglich halte, fielen ihm schließlich nach reiflicher Überlegung die Minuten nach der geheiligten Mittagsruhe ein. »Um Punkt 15.00 Uhr wird der Chauffeur ihn vom Schloss abholen.«

Ich rechnete mir aus, dass der ausgeruhte Halbgott etwa drei Minuten später vor der Musikscheune der Limousine entsteigen werde und baute mich, auf alles gefasst, am mutmaßlichen Ankunftspunkt vor der Musikscheune auf:

Der BMW mit dem Dirigenten rollt heran, er hält genau vor meinen Füßen; der Schlag geht auf, der Maestro im Jogginganzug packt den nächstliegenden Halt, meine Schulter, auf die er sich mit seinem ganzen Gewicht stützt während des beschwerlichen Weges bis zu seinem Thron, dem Klavierhocker vor dem großen Steinway-Flügel in der Musikscheune. Er ahnt nicht, dass es die Fotografin ist, die diesen Dienst als unerwartete Chance nutzt, den großen Maestro in seiner Hilflosigkeit um die Erlaubnis zu bitten, ihn portraitieren zu dürfen? Ein dankbares Lächeln bedarf keiner weiteren Antwort. Die willkommene Nähe hatte uns zusammengebracht.

Das Orchester der jungen lernbegierigen Musiker hat in Erwartung ihres unerbittlichen Lehrers und seiner Launen bereits Aufstellung genommen und staunt nicht wenig über die mit einer Hasselblad bewaffnete Begleitung.

Vom Hocker über den hochgeklappten Deckel des Steinway-Flügels hinweg erfolgt die Einführung in das Werk von Claude Debussy, »La Mer«. Hin und wieder schlagen die steifen Finger eine wichtige Tonfolge auf den schwarz-weißen Tasten an, während sich die dunklen Augen unter den diabolisch geschwärzten Brauen fest auf die angespannten Schüler richten. In leidenschaftlicher Verehrung und Angst hängen die seelenvollen Blicke am großen Meister, dessen bezwingendes, imposantes Gesicht sämtliche Facetten des Ausdrucks beherrscht. Wahrlich unheimlich ist die Macht des Blickes! Auch ich kann mich seiner Magie nicht entziehen.

Auf einem Sonnenstrahl weht der Wind eine dicke Hummel an des Meisters riesengroßes Ohr. Es wird geprobt, geprobt, erzählt, erklärt, selten gelacht. »Forte!«, ruft es. »Was bedeutet *forte*? Keine messbare Quantität, nein – *forte* an sich gibt es nicht! Haltet euch nicht an die Notation – sondern an die Funktion …«, wie Franz Liszt sie einst beschrieb: »Die Musik steckt hinter den Noten …«

»Musik fängt erst dort an«, lerne ich, »wo das Denken überwunden werden kann.«

Eine Kuh mit dem ihr eigenen animalischen Gebrüll setzt dem Denken einen Kontrapunkt. »Musik ist Erleben!«, donnert die Stimme. Der schwere Körper erhebt sich. Ein Schüler, die erste Violine, hilft ihm auf dem Weg zum Regiepult, vor dem sich ein Dirigent dem Fotografen üblicherweise nur von seiner Rückseite darbietet. Mich jedoch interessiert das Gesicht, dessen Großartigkeit erst beim Dirigieren aufscheinen wird. In Sekundenschnelle wage ich die Frage:

»Darf ich Sie, Maestro, inmitten des Orchesters fotografieren?«

Ein liebenswürdiger Wink weist mir die Richtung! Die Sterne stehen günstig! Halb verborgen hinter einem Stützbalken, den Dirigenten fest im Blick, lausche ich, gleich wie die Schüler zwischen ihren unermüdlich wiederholten Einsätzen, gebannt den Gedanken und Weisheiten des im zenbuddhistischen Kosmos schwärmenden Meisters. Schließlich gibt der kurze Taktstock das Zeichen zum Durchlauf des ganzen Werkes: Es beginnt zu tönen – fern – nahe – schwebend auf hohen Tonebenen, während das machtvolle Gesicht vor mir mit den immer luftiger werdenden Tönen zwischen Himmel und Meer – Züge von unsagbarer Sanftheit freilegt.

Als der Maestro im »überirdischen Tonschreiten« abzuheben scheint, ruft meine innere Stimme: »Jetzt! Jetzt!« Ich halte den Atem an – und mitten in die mythische Meeresstille hinein klackt der Auslöser … Die Hand des Maestros schlägt gegen die mächtige Stirn: »Und jetzt drückt sie auch noch ab!«

Draußen donnern die Mähdrescher vorüber. Allen stockt der Atem. Justus Frantz steht wie gelähmt im Scheunentor. Er traut seinen Augen und Ohren nicht. Der Maestro dirigiert wie in Trance, ich mache meine Bilder, die jungen Musiker spielen wie auf Wolken – die Tauben gurren im Gebälk, die Schwalben flitzen ein und aus und füttern ihre Jungen.

»Der Rest ist Musik …« (Sergiu Celibidache)

Helmut Schmidt
Hamburg · Im Pressehaus DIE ZEIT · 21. Oktober 1987

Würde Helmut Schmidt, der Altbundeskanzler, mich ein zweites Mal empfangen?

Diese Frage stellte ich mir nach dem unvergessenen »Streitgespräch« 1985 in Bonn, als er mir gegen seine Gewohnheit ein einziges Mal recht geben musste. Unser Thema war die »Kunst«.

Der Brief mit der erhofften Zusage auf meine wiederholte Bitte um eine Begegnung schloss mit dem Satz: »Beharrlichkeit hilft – das gilt nicht nur für die Politik!«

Was lag da näher, als es noch einmal zu versuchen? Also wagte ich einen Anruf, diesmal in seinem Büro im ZEIT-Verlag. Nachdem ich die Sekretärin, Frau Loah, telefonisch gebeten hatte, Herrn Schmidt zu fragen, ob er noch einmal zu einer Begegnung bereit sei, ließ er mich wissen:

»Ja – er könne sich gut erinnern! Er sei zu einem erneuten Treffen bereit.« Diese Antwort hatte ich nicht erwartet.

Überpünktlich erschien ich im Pressehaus. Frau Loah, erleichtert, dass der Termin nicht wieder verschoben werden musste, machte mir Mut: »Er scheint heute gut gelaunt zu sein …« Diesmal war mir erlaubt, gleich das Zimmer von Helmut Schmidt, dem neuen Mitherausgeber der ZEIT, zu betreten. Das gleiche Bild wie ich es schon zur Genüge kannte: Helmut Schmidt hinterm Schreibtisch, irgendwelche Schriftstücke lesend, unterschreibend, abhakend, zur Seite legend. Doch im Gegensatz zu früher wohl aussehend, leicht gebräunt, ein Mehr an Volumen – eingeknöpft in das obere Drittel der Weste.

Er erhebt sich, reicht mir kurz angebunden fest die Hand, und – schon wendet er sich seinen Papieren zu. Kurz zur Sekretärin:

»Kannst du etwas für Frau von Kruse tun? – Kaffee oder Tee? … Und Sie wollen mich wieder fotografieren? Kann ich dabei weiterarbeiten?«

»Ja, aber bitte nicht dauernd.«

»*Nicht dauernd?!* – ich habe zu tun!!«

»Ich weiß, ich weiß …« »Bockig«, wie man das bei Kindern kennt, heftet er den Blick umso fester auf die Papiere; mit einem Stift wird geräuschvoll darauf herumgearbeitet … Die Absicht ist klar: Es soll mir schwer gemacht werden, man will mich zappeln lassen. Umso unverdrossener verfolge ich mein Ziel, die allzu bekannten Ecken und Kanten zu umrunden, den Widerspenstigen von seiner bedeutenden Arbeit wegzulocken, die so demonstrativ erledigt werden muss.

»Sie wissen, Herr Schmidt, dass Sie mir damals rieten, ein Buch zu machen?«

»Das weiß ich nicht!«

»Aber Frau Loah hat Ihnen davon erzählt!«

»Weiß ich nicht …«

Auf störrische Weise soll die bereits zugestandene Bereitschaft zum Portrait heruntergespielt werden, das merke ich wohl. Gezielt platziere ich den kleinen Sammelband »Vom deutschen Stolz« mit der Bitte um ein Autogramm auf dem Schreibtisch. Ohne ein Wort wird diese Lästigkeit erledigt. Unbeirrt schiebe ich einige Fotografien vom Schleswig-Holstein Musikfestival nach.

»Ah, mein Freund ›Lenny‹! … Würden Sie mir dieses Bild schicken?«

»Das ist für Sie!«

»Prima.«

Umgehend wird auf der Rückseite das Entstehungsdatum notiert: »Sommer 1987«.

»Wie heißt noch das komische Schloss?«

»Schloss Salzau.«

»Aha.«

»Salzau« wird notiert, dann verschwindet das Foto in einer Zellophanhülle. Unversehens entgleitet ihm ein Blick – nach oben – zu mir, und unversehens klackt der Auslöser. Ich ziehe Celibidache aus der Tasche.

»Oh, den haben Sie auch!«

Auch dieser gleitet in die Zellophanhülle.

»Lenny wird im nächsten Jahr siebzig. Der ruiniert sich völlig.«

»Ja, ich fürchte, langsam aber sicher verbrennt er sich.«

»Das kann man wohl sagen.«

Währenddessen hält Helmut Schmidt seinen Blick eisern unter Kontrolle, beständig nach unten gerichtet … Und ich muss innerlich lachen:

»Was werden Sie mit den Fotos in der Hülle machen?«

»Meine Frau und ich haben ein System entwickelt. Alle Bilder werden in Be-s-timmte Mappen geklebt, um sie bei passender Gelegenheit zur Hand zu haben. Selbstver-s-tändlich kommt dem Fotografen ein Honorar zu.«

Unter dem Druck, Zeit zu verlieren, lässt er nicht ab von seiner geheiligten Arbeit. Jetzt ziehe ich meine Trümpfe hervor: Marion Dönhoff, Marcel Marceau, Ida Ehre, György Ligeti …, um gleichzeitig den Altkanzler um einen handschriftlichen Gedanken für das geplante Buch »Zeit und Augenblick« zu bitten. Mit eisern nach unten gerichtetem Blick: »Darüber muss ich noch nachdenken« …

Und nun das Ass: das Autograph von Karl Popper.

»*Der* interessiert mich! Er ist einer der bedeutendsten Menschen, die ich kennengelernt habe.«

»Und einer der bescheidensten!«

»Das kann man wohl sagen. Anlässlich seines fünfundachtzigsten Geburtstags habe ich in der ZEIT einen Artikel geschrieben – auch über seine ungewöhnliche Bescheidenheit.«

Und plötzlich reicht's: »Also Gnädigste, wenn Sie glauben, Sie können mich durch Ihre Plauderei gefügig machen und mich von meiner Arbeit abbringen, dann haben Sie sich getäuscht!«

Amüsiert gestehe ich mein Versagen ein, frage darauf frank und frei:

»Herr Schmidt, würden Sie sich mir zuliebe zehn Minuten an einen anderen Platz setzen?«

»Dann kann ich nicht arbeiten.«

»Ich soo auch nicht.«

»Zehn Minuten sind zu lang …«

»Fünf Minuten?«

»Na ja, fünf Minuten – vielleicht …«

Dennoch wird weiter Papierarbeit demonstriert, und ich demonstriere Untätigkeit, wende ihm den Rücken zu, schaue zum Fenster hinaus und schweige … Nach endlosen fünf Minuten angespannten Arbeitseifers erhebt sich Herr Schmidt.

»Erlauben Sie, Gnädigste, dass ich für fünf Minuten verschwinde und mir die Hände wasche? Danach habe ich fünf Minuten für Sie Zeit.«

Frau Loah erscheint, ebenfalls der nette Sicherheitsbeamte von damals in Bonn. In Windeseile wird ein leichterer Stuhl an einen passenden Platz manövriert, alles störende Mobiliar beiseitegeschoben … Ein freundlicher Zufall schickt mir eine reizende Dame, Hilde von Lang, die mit Helmut Wichtiges zu besprechen hat. Blitzschnell erfasst sie die Situation, setzt sich neben mich auf das Sofa, sodass während des geplanten Gesprächs gezwungenermaßen sein Blick auch in meine Richtung gehen muss. Erst nach zehn Minuten erscheint Helmut frisch aufpoliert. Wenn auch verblüfft, amüsieren ihn die zwischenzeitlich vorgenommenen Umbauten.

»Aha, da soll ich sitzen?«, und gefügig nimmt er auf dem vorgesehenen Stuhl Platz. Im Gespräch geht es um die plötzlich veränderte Börsensituation. Von heute auf morgen sind die Kurse gefallen wie seit der Kubakrise nicht mehr. Man beleuchtet die Ursachen und Perspektiven. Auch der gerade erschienene Artikel »Glaubwürdigkeit des Politikers – Stellungnahmen von

Helmut Schmidt, Marion Dönhoff, Theodor Eschenburg zum Barschel-Skandal«, steht im Focus des Gesprächs. Ich sehe Helmut Schmidt in Hochform, er sitzt aber nicht bildgefällig, bis Frau von Lang nicht mehr an sich hält:

»Helmut, setz dich anständig hin! Sie mag es dir nicht sagen, aber wir beide sehen es!«

»Was? Ach, ihr meint mein Doppelkinn? Das kann ich mir wohl langsam leisten …«

»Grade hinsetzen!«, rufe ich.

Ruckartig richtet er sich auf und das sogenannte »Doppelkinn«, nämlich der Bauch, wölbt sich nur noch ein wenig in den Vordergrund. Wie im Chor loben wir Damen den Gezähmten: »Toll! Wunderbar!«

Jetzt kommt der Widerständler »in Form«. Ich bin begeistert und nutzte die Gunst der Stunde, um mir ab und zu eine Frage oder Bemerkung zum Gespräch zu erlauben, worauf Schmidt väterlich meint: »Kind, das, was Sie hier gehört haben, müssen Sie gleich wieder vergessen.«

»Ist schon vergessen.«

Zu Frau von Lang gewandt: »Du wolltest mir doch etwas erzählen? Sollen wir die Dame für fünf Minuten nach draußen bitten?«

Nur zu bereitwillig räume ich das Feld, um Filme zu wechseln und mit Frau Loah sprechen zu können.

Helmut Schmidt erscheint in der Tür, Frau von Lang verabschiedet sich, und Frau Loah zeigt die Seite im STERN, auf der das neue Buch von Helmut Schmidt schon an vierter Stelle in der Bestsellerliste steht. Das reicht natürlich nicht. »An die erste Stelle muss es aufrücken!« Ich werde wieder ins Zimmer gebeten, Herr Schmidt setzt sich, wie gehabt, an den Schreibtisch mit der Bemerkung:

»Sie stehen wohl unter dem Eindruck, dass ich, wie alle anderen hier, nicht arbeite.« Dieses Spiel soll er ohne mich weiterspielen! Ich bitte nur noch um ein Exemplar vom Riesenstapel – mit

Signatur. Bei Hunderttausend müsste doch eines übrig sein? Ohne Kommentar wird das Zellophanpapier entfernt und mir das Buch signiert übereicht. Ich beglückwünsche ihn zum Erfolg.

»Das ist doch alles Sentimentalität. Die Leute kaufen nur aus Sentimentalität.«

»Nein, Herr Schmidt, Sie werden das Buch nicht geschrieben haben, damit es aus lauter Sentimentalität gekauft wird.«

»Natürlich nicht. Aber ein Buch schreiben oder es verkaufen, sind zwei verschiedene Dinge.«

»Davon kann auch ich ein Lied singen! Und jetzt, Herr Bundeskanzler, verlasse ich Sie endlich, aber vergessen Sie bitte nicht meinen Wunsch!«

»Was soll ich da schreiben, das müssen Sie mir sagen …«

»Bitte, Sie werden am besten wissen, welches Zitat oder welcher Gedanke Ihnen wichtig ist!«

»Ich notiere: Zitat oder Ähnliches, handgeschrieben …«

Ein reizendes amüsiertes Lächeln, das er nicht mehr unterdrücken kann, gleitet übers Gesicht. Wir verabschieden uns im gegenseitigen Einvernehmen. Helmut Schmidt schließt die Tür hinter mir, um gleich darauf wieder zu erscheinen – mit meinem Belichtungsmesser: »Kindchen, Sie haben etwas vergessen … Das werden Sie sicher noch brauchen …«

Das Büro von Marion Dönhoff war nicht weit. Dort traf ich sie mehrmals, sie, die wie Helmut Schmidt nach der Rückkehr aus dem Krieg, bereit für einen Neuanfang, einen eigenen Weg beschritt, um ab 1983, als gemeinsame Herausgeber der ZEIT mit Helmut Schmidt zusammen zu wirken. Ihr, der »Gräfin«, überlasse ich das Schlusswort in ihrem Buch mit Betrachtungen zur Zeit der Kanzlerschaft von Helmut Schmidt, »Menschen, die wissen, worum es geht«: »Helmut Schmidt hat fast alle Gaben …, die den perfekten Regierungschef ausmachen, und dazu auch noch Fortune. Man müsste die Rache der Göttin Nemesis fürchten, wenn er selber nicht den Zweifel als Korrektiv in der eigenen

Brust trüge … Im tiefsten Inneren nagt der Zweifel, steckt ein Melancholiker, der in dem Unbekannten, was heraufzieht, die dunklen Katastrophen viel deutlicher spürt als die lichten, hoffnungsvollen Momente der Geschichte …«

Damals war Helmut Schmidt, der damalige Bundeskanzler, achtundfünfzig Jahre alt. Seitdem sind nahezu vierzig Jahre vergangen. Bis zu seinem Lebensende meldete sich der Elder Statesman mit seinen klaren Gedanken in seiner Vaterstadt zu Wort, zu der er sich voller Stolz bekannte und auch mir aus dem Herzen sprach: »Hamburg, diese großartige Synthese einer Stadt aus Atlantik und Alster, aus Buddenbrooks und Bebel, aus Leben und Lebenlassen.«

Viele Jahre später, am 24. Juni 2011, begegnete ich Helmut Schmidt zum dritten Mal – diesmal in seinem Haus in Langenhorn zusammen mit Peer Steinbrück. Schweigend im Zigarettenqualm kämpften die Freunde gegeneinander am verdrehten Schachbrett – »Zug um Zug«.

Henry Kissinger
New York · 28. Oktober 2016

»Das größte politische Ereignis aller Zeiten in der Hansestadt Hamburg«, der Staatsakt anlässlich der Trauerfeier für Helmut Schmidt, vereinte tausendachthundert Gäste aus aller Welt am 23. November 2015 in der Michaeliskirche. Den Höhepunkt bildete die denkwürdige Rede des früheren Außenministers der Vereinigten Staaten von Amerika, Henry Kissinger. Die unverwechselbare Stimme – tief wie aus einem Brunnen, von Wehmut getragen – klang lange nach.

Das geliebte Abendlied seines Freundes, »Der Mond ist aufgegangen«, war verklungen. Wie ein Abschiedsstrahl überglänzte die Sonne das barocke Gold, die Blumen, den Bundesadler in Schwarz-Rot-Gold auf dem Sarg, davor den leuchtenden Kranz aus Hunderten von Sonnenblumen.

Der bewegende Nachruf galt dem Andenken einer kostbaren Freundschaft, wie sie selten zwischen zwei Staatsmännern möglich sein kann, die einer Generation angehörten, die den Zweiten Weltkrieg, den Wahnsinn des Nationalsozialismus – jeder auf seine Weise – an verschiedenen Fronten überlebten; Freunde, die sich seit 1956 kannten und sich lebenslang mit »Sie« und dem Vornamen anredeten.

Schon die ersten Worte nahmen den ganzen Raum gefangen:

»Unsere lange Freundschaft ist ein Pfeiler in meinem Leben. … Es fällt mir schwer, Ihnen das Wesen dieser tiefen Freundschaft zu beschreiben, in der wir sechs Jahrzehnte über dieselben Probleme nachgedacht haben. Unser Ziel war der Aufbau einer globalen Wirtschaftsordnung. Doch über allem stand die Suche nach Versöhnung und einer blocküberwölbenden Friedensordnung in der Welt.«

Beide waren nach der Prämisse angetreten: »Mut und Visionen sind die wichtigsten Voraussetzungen für einen Politiker.«

Es lag Henry Kissinger am Herzen, die Bedeutung des Gewissens des sich seiner Verantwortung bewussten Politikers in den Mittelpunkt seiner Gedanken zu rücken, indem er Helmut Schmidt, den er »eine Art Weltgewissen« nannte, zitierte:

»›Für mich bleibt das eigene Gewissen die oberste Instanz‹, gleichzeitig aber räumte er ein, ›Die Wahrheit ist auch – wir haben alle mehr als einmal gegen unser Gewissen gehandelt.‹«

Kissinger sprach von der bewundernswerten Entschlusskraft seines Freundes, wenn es darum ging, mit Krisensituationen fertigzuwerden. Er erinnerte an die Flutkatastrophe 1962 in Hamburg, als der Innensenator Helmut Schmidt dank seiner eigenmächtigen Entscheidung das Schlimmste verhütete.

Die Gedanken führten Henry Kissinger zurück in das Jahr 1977, als der damalige Bundeskanzler, herausgefordert vom Terror der RAF, den wagemutigen Befehl zur Erstürmung der entführten Lufthansamaschine in Mogadischu gab. Die Mitverantwortung am Tod von Hanns Martin Schleyer nach der Entführung – das wusste Henry Kissinger – belastete ihn lebenslang; schicksalhafte Entscheidungen, die seine Verantwortung für Freiheit und Recht auf die tiefgreifendste Probe stellten, die ihn – wie Helmut Schmidt seinem Freund anvertraute – »bis in die Grundfesten seines Lebens erschütterten«.

Das alles geschah – ohne dass er es in der Rede erwähnte – in jenen Jahren, als sich auch Henry Kissinger auf der anderen Seite des Atlantischen Ozeans während des Vietnamkrieges vor schicksalhafte Entscheidungen und schwerste Anfeindungen gestellt sah, bevor ihm 1973 (zusammen mit Le Duc Tho) der Friedensnobelpreis für das Waffenstillstands- und Abzugsabkommen mit Vietnam verliehen wurde.

Die Tiefe des gegenseitigen Vertrauens zwischen den alten Weggefährten wurde deutlich, als Kissinger, wie zu sich selber, fortfuhr: »Wir haben immer wieder – jedoch nie lange darüber gesprochen.« Genauso war ihnen beiden klar, und Kissinger wusste, wovon er sprach: »Jeder Politiker hat etwas zu verbergen …« – eine Anspielung auf seine Rolle als nationaler Sicherheitsberater, als »Architekt der Entspannungspolitik im Kalten Krieg« unter Richard Nixon von 1969 bis 1973, nach dessen Rücktritt er unter Gerald Ford bis 1977 das Amt des Außenministers innehatte. Wehmütig, in seinen Gedanken bei »Helmut«, dem einstigen »Krisenkanzler«, konstatierte Kissinger: »Politische Akteure agieren im Schatten der Vergänglichkeit. … Ihre Zeit im Amt ist gemeinhin kürzer als der Rhythmus der Geschichte.«

Und noch eine andere Seite des Freundes mit seinen vielen Ecken und Kanten riss Henry Kissinger in seinem Nachruf an:

»Seine tiefe Liebe zur Musik von Mozart und Johann Sebastian Bach«, die soeben auf der Empore verklungen war, deren Klänge »Helmut« – selbst nachdem ihm ein Hörsturz die akustische Wahrnehmung musikalischer Töne für immer versagte – allein beim Blick auf die Partitur mit dem inneren Ohr vernahm. »Er trug die Musik in sich, die seinem Leben eine Melodie gab.«

Henry Kissinger hatte zum Ausklang seiner Rede gefunden. Sein Blick ging in die Ferne, als sei er allein; »ein Pfeiler in seinem Leben« war für immer weggebrochen. Einmal – und noch einmal setzte er an: »In meiner Rede an seinem 90. Geburtstag bat ich ihn, dass er mich überleben möge – ich habe mich geirrt. Helmut bleibt bei uns: perfektionistisch – launisch – fordernd – inspirierend – immer zuverlässig.«

Dann füllte Stille den Raum.

Das Bild des früheren, legendären Außenministers der Vereinigten Staaten von Amerika am Rednerpult gegenüber dem sonnenblumengeschmückten Sarg sowie der berührende letzte Gruß in deutscher Sprache an den Weggefährten hinterließen einen so tiefen Eindruck und sind bis heute präsent, dass ich beschloss,

21. Januar, 2016

Sehr verehrter Herr Dr. Kissinger,

Ihr bewegender Nachruf auf Ihren großen Freund
Helmut Schmidt in der Michaeliskirche am 23.
November hat mich so tief beeindruckt, daß ich
beschloß, Ihnen zu schreiben und meine Frage an
Sie zu richten, ob Sie mir die Gelegenheit geben und
mir erlauben würden, Sie in der Ihnen liebsten
Umgebung photographisch zu portraitieren – zumal
ich auch Helmut Schmidt dreimal in einem persönlichen Gespräch mit der Kamera begegnen durfte,
ebenso Ihrer Freundin, Marion Dönhoff, die sich
in besonderer Weise für meine Arbeit interessierte.
Wie ich schon in der email an Theresa Amantea
andeutete, hatte ich das Glück, aufgrund meiner Arbeit und meines Interesses am Weltgeschehen vielen anderen bedeutenden Zeitgenossen
zu begegnen: Politikern, Philosophen, Historikern,
Autoren, Musikern, die alle auf ihre Weise die
Geschichte der letzten Jahrzehnte des 20. Jahrhunderts mit ihrem Werk prägten. – Welch eine Bereicherung wäre Ihr Portrait in dieser „Galerie",

verehrter Dr. Kissinger, dessen Rat immer
wieder gefragt wird in einer Zeit unabsehbaren,
von Terror, Verbrechen und Elend bedrohten Welt-
geschehens, in dem Rat- und Hilflosigkeit und
gleichzeitige Brutalität die Politik bestimmen,
und EUROPA in eine Art Agonie zu versinken scheint.
"EUROPA", die Herzensangelegenheit von Helmut
Schmidt und V. Giscard d'Estaing – für das Angela
Merkel kämpft; hoffentlich nicht auf verlorenem
Posten!

In einem Interview bezeichnen Sie sie als "die
Richtige" in dieser beunruhigten Welt; Sie meinten
jedoch gleichzeitig: "Soft power allein kann die Welt
nicht retten". Damit erinnern Sie mich an Janusz
Reiter, den ehemaligen polnischen Botschafter, der neulich
in einer Diskussion sagte: "Die zu oft bemühte
Sprache der Humanität verstehen Terroristen nicht!".

In Ihrem Buch "Weltordnung" erklären Sie
die Verträge des "Westfälischen Friedens" als Vorbild
für die Form einer heutigen Weltgemeinschaft. –
Als ich nach dem Einsturz der Berliner Mauer
mit meiner Kamera allein in <u>alle</u> Länder unseres
Kontinents reiste (von 1990 bis 1992), beseelte Europa

eine Art Euphorie, die das seit Jahrhunderten geknechtete russische Volk falsch verstand. In jener Zeit war ich oft in Moskau - das häufige Ziel Ihrer Verhandlungen um Entspannung und Abrüstung! - Dort begegnete ich u.a. Michail Gorbatschow, Eduard Schewardnadse, Yurij Afanassiev, Jelena Bonner und sogar Anna Larina Bucharina, die Frau von J. N. Bucharin, die noch Lenin erlebt hat. Welch eine Biographie!

Diese Portraits gehörten zu meiner Ausstellung „Europa beim Wort genommen - Europe taken literally - L'Europe prise au Mot" (entsprechend meinem Buch mit demselben Titel, Prestel Verlag 1992, die 1994 in „Ihrer" Harvard University gezeigt wurde, (bei der das Portrait von Jacques Delors verschwand!). Und ich hatte die Ehre, in der ehemaligen Studentenwohnung von John F. Kennedy zu wohnen.

Verehrter Dr. Kissinger, ich weiß, Ihre Zeit ist kostbar und knapp. Umso größer wäre die Freude, Ihnen begegnen zu dürfen! So warte ich mit Spannung und ein wenig Hoffnung auf Ihre Antwort.

Ich grüße Sie aus Hamburg.   Ihr
Sigrid v. Kann ?

Henry Kissinger in einem persönlichen Brief um eine Begegnung zu bitten, in dem ich mein dreimaliges Treffen zum Portrait mit Helmut Schmidt erwähnte.

Nach mehreren Telefonaten mit Sheila, der freundlichen Sekretärin, wurde die Begegnung auf den 18. Oktober, um 15.15 Uhr in der Park Avenue 350, festgelegt. Auch die Frage der Garderobe wurde geklärt. »Normal«, schlug ich vor.

Als ich einige Tage vorher in New York landete – die »Weltordnung« von Henry Kissinger im Gepäck, gewappnet mit vielen Fragen zu diesem Buch –, schlug mir eine mörderische Hitze entgegen, die ganz New York lahmzulegen drohte und bis zur Abreise anhalten sollte. Das machte meine Unternehmungen nicht leichter, unter anderem auch nicht den Besuch im geliebten Metropolitan Museum. Aber vor allen Dingen wollte ich die Zeit vor dem geplanten Treffen für einen Weg zum »Ground Zero« nutzen, der bei meinem letzten Besuch, 2010, neben riesigen Baukränen und Bohrungen ein einziges Trümmerfeld darbot.

Das neue Bild des »Ground Zero« ist von ungeheuerlicher Schönheit: Wie um die ewige Wunde zu kühlen, rauschen unablässig von den Innenwänden des ausgehobenen, riesigen schwarzen Quadrats glitzernde Wasserstränge in das tiefer gelegene quadratische Becken, um dort in einer noch tiefer gelegenen Öffnung in den unsichtbaren Abgrund zu stürzen. In die Brüstung der umlaufenden schwarzen Wand sind die Namen der dreitausend Opfer eingeschnitten. Hier und da wächst eine weiße Blüte aus der Gravur. Dahinter steigt der neue Turm des Architekten Daniel Libeskind wie ein Obelisk dreihundert Meter in den Himmel. Zu dem heutigen Ensemble gehört, eindrucksvoll, das Memorial Museum, errichtet auf dem Fundament einer untergegangenen Welt: Im zementierten Fundament lassen die Stümpfe der Grundmauern und riesigen geknickten Eisen- und Stahlträger die gigantische Anlage der Architektur ahnen. Offene, verrostete

Wasseranschlüsse, die einst vom Hudson gespeist, den mächtigen Gebäudekomplex mit Klär-, Kühl- und Heizungswasser versorgten, ragen wie verödete Adern aus aschgrauem Gestein. Man glaubt, den süßlich stinkenden Rauch über der Stadt zu riechen. Rundherum an den Wänden farbige Fotografien der dreitausend Toten; daneben Fetzen von ihren Lieblings-Kleidungsstücken; am Ausgang der Rest eines verbogenen ausgebrannten Feuerwehrautos, das als hilfebringender Retter mit der Mannschaft im Qualm verkohlte.

Zurück in der »heilen Welt« verfolgte mich auf Schritt und Tritt das gelbe Haarteil und der karottenfarbige, rüsselförmige Mund von Donald Trump auf T-Shirts, Papptrinkbechern, Gummipuppen – und von morgens bis abends auf den Fernsehschirmen – überall, zwei Wochen vor der verhängnisvollen Wahl.

Draußen schienen die reflektierten Sonnenstrahlen die Glasfassaden der Wolkenkratzer anzuzünden.

Am 18. Oktober kroch ich in der dumpfen Hitze, unter der Last meiner Kameratasche, umgeben von Straßengetöse, von Rastalocken, Tattoos und aufregenden Frisuren der Afroamerikanerinnen, durch die Park Avenue bis hin zur No. 350, wo ich vom Portier respektvoll empfangen und zur berühmten Adresse nach oben begleitet wurde, um dort im tiefgekühlten Konferenzraum auf den einstigen Außenminister der Vereinigten Staaten geduldig zu warten.

Man hatte mich für 11.30 Uhr bestellt. Dr. Kissinger würde mir eine knappe Stunde zur Verfügung stehen, hatte Sheila versprochen. Der Tagesrhythmus des Dreiundneunzigjährigen – an gewisse Vorschriften gebunden – könnte mir, wie ich fürchtete, kostbare Zeit stehlen. In dem Raum herrschte gleißendes Tageslicht. Während ich, fast zur Eissäule erstarrt, der erwarteten Begegnung entgegenharrte und Sheila immer wieder erschien, um den Auftritt ihres Chefs von Neuem anzukündigen, schrumpften die ohnehin knappen sechzig Minuten auf fünfzehn zusammen.

Trotz der erheblichen Verspätung verlängerte sich, zu meinem Glück, die noch verbliebene Frist auf gnädige dreißig Minuten.

Henry Kissinger begrüßt mich auf Deutsch; der dunkelblaue Anzug steht ihm gut: »Ihr Brief hat mich beeindruckt …«

Sobald wir über seine berühmte Rede zu »Helmuts« Tod sprechen, hat er die überwältigende Feier in der Michaeliskirche vor Augen.

»Es ist schon außergewöhnlich, wenn bei einem solchen Anlass nur sinnreiche, aber vor allem kurze Reden gehalten werden. Er hört es gern, dass sein Nachruf weltweit ein starkes Echo fand. »Das freut mich«, sagt er, dann wird er nachdenklich: »Meinen Sie, dass das Wort ›launisch‹ am Ende meiner Rede auf Helmut passend gewählt war?«

Nur zu gern nehme ich ihm die Zweifel. Meine eigene Erfahrung mit seinem Freund gibt ihm recht. Mit diebischer Freude und lauernder Wachsamkeit droht er dann im Scherz: »Wehe, wenn Sie Schlechtes über mich schreiben, dann entlasse ich Sheila; sie hat unser Treffen organisiert!« Mir wird bewusst, ich stehe einem ausgekochten, raffinierten Taktiker gegenüber – seiner Listigkeit, seinem Witz, gepaart mit sublimem Humor. Augenblicklich erliege ich seinem intellektuellen Charme.

Andererseits gehört nicht viel Phantasie dazu, sich sein Gesicht auch in aufgebrachter Stimmung oder voller Ungeduld vorzustellen: … wenn Mitarbeiter seinen Erwartungen nie genügen und hinter seiner Schnelligkeit zurückbleiben müssen. (Dann zeigt sich womöglich eine gewisse Ähnlichkeit mit »Helmut«.) Es macht Vergnügen, hinter jedem Wort die Schläue, die Selbstironie, jeden Hintergedanken zu wittern … Der Diplomat weiß genau, was er sagen will und was nicht. Letzteres entlockt er geschickt dem anderen – mir.

Wie ihm, dem »Architekten der Außenpolitik«, der Coup gelang, ab 1971 in geheimer Mission auf höchst riskantem politischem Terrain Zhou Enlai, den Präsidenten der Volksrepublik

China, nach zwanzig Jahre langer feindlicher Abstinenz ins Gespräch zu locken, um Moskau unter Druck zu setzen und damit für eine gemeinsame Rüstungsbegrenzung mit Amerika gefügig zu machen, lässt sich ahnen. Mit einem Schlag machten ihn seine heimlichen Flüge ins Reich der Mitte zum Weltstar. Mein damals sechzehnjähriger Sohn und viele andere Jugendliche sahen in ihm einen »Popstar«.

Schon in der ersten Minute entsteht eine Art launiges Einvernehmen. Jede Befangenheit verschwindet, während mein Buch, »Charakterbilder – Begegnungen unter fünf Augen«, auf inspirierende Weise zum Schlüssel der freundschaftlichen Annäherung wird. Immer wieder fieberhaft darin blätternd, blickt der 93-Jährige gebannt in Gesichter, die nicht mehr sind. In diesem Moment werde ich zur Botin, die über den weiten Ozean geflogen kam, um ihn, Henry Kissinger, mit ihrem Buch an Begegnungen mit vielen seiner nächsten Freunde – oder auch Nicht-Freunde – zu erinnern, deren Stimme er kannte, die mit ihm gesprochen und ihn möglicherweise einst in politische Entscheidungen verwickelt hatten.

Immer wieder überrascht mich der heitere Ton nach der anfangs so herausfordernden Frage:

»Warum brauchen Sie für ein paar ›shots‹ mehr als fünfzehn Minuten??«

»Weil ich nicht frech drauflosschießen will!«

»Wie viel Zeit hat Helmut Ihnen gegeben?«

»Helmut habe ich dreimal getroffen, er hat mir jedoch mehr Zeit eingeräumt, obwohl wir uns jedes Mal gestritten haben …«

»Worüber haben Sie sich gestritten?«

»Selbstverständlich nicht über Politik!«

»Sondern?«

»Über Kunst, wobei er immer recht hatte – um jeden Preis! Erstaunlicherweise gab er mir – vielleicht versehentlich – ein einziges Mal recht mit dem Wort: ›S-timmt‹.«

»Das hat er nie zu mir gesagt! Ja, so war er …«

Wir müssen beide herzlich lachen – und dieses Lachen bringt uns zusammen! Jeder Blick, jedes Lächeln springt über. Es funkt derartig, dass Henry Kissinger sich zu einem übermütigen Kompliment hinreißen lässt. Ich sehe genau, was in diesem Moment hinter der hohen Stirn vorgeht: »You are a youngster!« Das dabei rasch zugeknöpfte Jackett betont fatalerweise die stramme Rundlichkeit. Meine persönliche Widmung in Silber auf rotem Vorsatzpapier in den Charakterbildern« wird in Sekundenschnelle überflogen …

Marion Dönhoff, seine jahrzehntelange Freundin, schreibt: »Ich kenne niemanden, der so rasch in seinen Reaktionen, so treffend in seinen Bemerkungen ist, wie Henry Kissinger.« Welch tiefe Freundschaft beide verband, zeigt sich, als Henry Kissinger sichtlich bewegt und voller Überraschung unter meinen »Charakterbildern« auch ihr Portrait entdeckt: »Marion!« Der Blick bleibt auf ihr hängen. »Stellen Sie sich vor, genau diese Fotografie schenkte sie mir als Zeichen ihrer Freundschaft! Wir kannten einander seit 1955. Sie war ein Teil von meinem Leben. Den letzten Gruß rief ich ihr nach während der feierlichen Beisetzung auf Crottorf, dem Gut ihres Vetters Graf Hatzfeld. Wie oft war ich in Blankenese bei Marion Dönhoff!«, die Henry Kissinger in ihrem Buch »Menschen, die wissen, worum es geht«, als den größten Außenminister von Amerika im 20. Jahrhundert charakterisiert. »Bewundert viel – und viel gescholten …«

»Politisch hatten wir einen ziemlich unterschiedlichen Blickwinkel«, räumt Kissinger ein, »insbesondere bei der Definition des Wortes ›Macht‹.«

»Ich sehe mich nicht als Machtpolitiker«, erklärt der Staatsmann in einem Interview, »ich denke, man muss den Faktor Macht verstehen, ohne die Macht unbedingt zu lieben. Marion verstand meine Einstellung und sagte nichts dagegen. – Ja, so war das.«

Es freute ihn sichtlich, dass genau dieses Foto auch auf einer Gedenktafel an prominenter Stelle in Berlin seinen Platz hat. »Im

Übrigen, fährt er fort, hege ich eine hohe Wertschätzung für den Preußischen Adel – die zuverlässige Haltung in der Geschichte, die Beständigkeit, Anständigkeit, Verlässlichkeit – und das Verständnis der Ehre.«

Die »Charakterbilder« werden zum unerschöpflichen Quell der Erinnerungen. Eine Themenvielfalt eröffnet sich, für die die bemessene Zeit nicht reicht. Außerdem gibt das auch in Deutschland hochgelobte Buch, »Weltordnung«, in dem Kissinger auf einleuchtende Weise seine Gedanken zu einer möglichen Weltordnung, der er die Idee des Westfälischen Friedens von 1648 zugrunde legt, immer wieder Anlass zu politischen Fragen. Ein Buch, in dem sich seine Hoffnungen mit diesem Gedanken verbinden.

»Kein Außenminister«, las ich, »denkt so viel über den Gang der Welt nach, über die großen Zusammenhänge der Geschichte und die Rolle, die sein Land zu spielen hat.«

Während meiner Reise nach New York legte ich das Buch nicht mehr aus der Hand. Die vielen Anmerkungen und Zettel liefern den Beweis. Kissinger geht davon aus, dass der Frieden keine natürliche und selbstverständliche Ordnung ist. Frieden müsse sorgfältig und kunstvoll konstruiert werden und zwar auf gemeinsamen und nicht gegensätzlichen Interessen der Großmächte. Dreizehn Jahre lang – von 1635 bis 1648 – rangen die europäischen Mächte während des Dreißigjährigen Kriegs in Münster und Osnabrück um den Westfälischen Frieden, um einen für alle gültigen Vertrag. In seinen Überlegungen geht es Henry Kissinger um eine auf dem kleinsten gemeinsamen Nenner beruhende »Welt-Ordnung« unter den gegenwärtig noch wachsenden Großmächten.

Nach dem kurzen Ausflug in »die Weltordnung« geht der Blick wieder zurück auf die »Charakterbilder«: Angesichts der Portraits der Brüder von Weizsäcker interessiert es Dr. Kissinger, wie ich Richard von Weizsäcker erlebt habe: »Wie fanden Sie ihn?«

Die Frage lässt an Deutlichkeit nichts zu wünschen übrig. Sein Kalkül geht auf, indem ich nicht direkt darauf antworte, sondern ohne Umschweife voller Begeisterung von Carl Friedrich von Weizsäcker erzähle: »Er war der Erste, dem ich auf meiner Reise zu den bedeutenden Zeitgenossen begegnete, der mich persönlich und dessen Aufsätze und Bücher – insbesondere sein Essay über Goethes ›Wahlverwandtschaften‹ – wie kaum ein anderer inspiriert und angeregt hat.«

»Yes«, versichert Kissinger mit Nachdruck, »Carl Friedrich, he was an outstanding man! Er wollte mich damals für den Senat der Max-Planck-Gesellschaft gewinnen.«

An ein jedes Gesicht knüpft sich eine Erinnerung: »Berthold Beitz! – Looking very smart!«, schmunzelt er und schaut mich an: »Obviously you appeal to him?«

Die Geister der Vergangenheit stehen auf: »Auch Karl Popper – Sir Karl! Er gehört zu den ganz Großen!«

»Welche Begegnung war für Sie die interessanteste?«

Ich muss nicht lange nachdenken: »Die augenblickliche! Jedoch, die aufregendsten Umstände erlebte ich in Moskau mit Gorbatschow und Schewardnadse, wobei Eduard Schewardnadse in seiner starken Ausstrahlung, seiner chevaleresken Art, mit den großen schwarzen Augen, seinem Wissen, seiner Bewunderung für andere Europäer wie Kardinal Casaroli, mich von vornherein faszinierte. Unmissverständlich fixierte er mit seinem Blick – damals – den russischen doppelköpfigen Adler vor ihm auf dem Schreibtisch; einerseits auf Europa – andererseits unabwendbar nach Asien gerichtet, während Gorbatschow …«

»Gorbatschows Charme ist seine Langweiligkeit …«, fällt Kissinger mir ins Wort.

Mitten im Gespräch wird meinem Gegenüber bewusst, dass ich auch fotografiere. Dabei fällt sein Blick auf die farbig gestreifte Krawatte: Ob sie passend sei? Ich zerstreue seine Sorge: »Bei Schwarz-Weiß spielt Farbe keine Rolle.«

Die kurz bemessene Zeit rast dahin.

Plötzlich, wie ein Blitzschlag, die Frage – ich traue meinen Ohren nicht: »Können Sie heute Nachmittag wiederkommen? – Vielleicht auch noch morgen?«

»Heute Nachmittag passt es mir ausgezeichnet – morgen bedauerlicherweise nicht. Morgen reise ich ab.«

So bleibt es beim Wiedersehen am Nachmittag um 16.00 Uhr!

Damit habe ich jedoch nicht gerechnet; um Punkt 16.00 Uhr steht er lachend vor mir – mit dunkler, dezent getupfter Krawatte! Und wieder muss ich Marion Dönhoff recht geben: »Dieser Mann spielt virtuos auf einem Dutzend Schachbrettern zugleich, er versteht es, Charme und Humor richtig einzusetzen; in aller Welt wird er von Kollegen so respektiert, dass jeder sich geehrt fühlt und es genießt, mit ihm zusammen zu sein …«

Obwohl ich hier einer ganz anderen Persönlichkeit gegenüberstehe, erinnert mich die Aura, der Geist, die humorvolle Ironie, insbesondere die dunkle Stimme, an meine Begegnung mit seinem Freund, dem Philosophiehistoriker und Diplomaten Isaiah Berlin 1992 in London, der von seinem hohen Gedankenturm zu mir herabgestiegen war und mir mit ähnlich abgrundtiefem Bass die Arie des Komtur aus Don Giovanni vorsang: »Pentiti, cangia vita … Pentiti, scellerato! …«

Im Übermut erzähle ich, dass man in ihm, Henry Kissinger, bei uns eine »exciting person« sieht. »An exciting person??«, brummt er: »Möchten Sie eine ›exciting woman‹ sein?« – »Aber ja, warum nicht!«

Als ich, wie schon zuvor im Zusammenhang mit dem neuen Tower auf »Ground Zero«, den Architekten, Daniel Libeskind, nenne, um den es viel Wirbel gegeben hatte und den ich 2011 persönlich in New York traf, macht Henry Kissinger aus seinem Unmut keinen Hehl: »Who is that? I don't know him«, und mit einem Funken Spott in der Stimme: »Wollen Sie, dass ich ihn nicht mag?« Die Antwort sitzt – entwaffnend und entblößend zugleich! – Sein untrüglicher Sinn für Hintersinnigkeit ließ sich nicht täuschen … Aus welchem Grund auch immer er das Thema »Ground Zero« am liebsten übergeht, fragt er mich dennoch: »Waren Sie im ›Memorial Museum‹?« Er selber sei nur widerwillig, aus reiner Verpflichtung, der Einladung zur Eröffnung gefolgt: »Aber dann«, bekennt er, »hat mich das dort Abgebildete, der Schrecken, das Ungeheuerliche des Verbrechens, überwältigt. In den Resten der Stahlträger sah ich die eingeknickte Macht – die grauenhaften Spuren einer dunklen Gewalt.«

»Im Zusammenhang mit den Terroranschlägen in Paris sagten Sie, Herr Dr. Kissinger, in einem Interview, nur mit ›Softpower‹ käme man im Kampf gegen den IS-Staat nicht weiter. Das Wort ›Softpower‹ würden die Terroristen nicht verstehen …«

»Mein Rat: ›Softpower‹ yes! – but not only!«

Draußen geistert der Name Trump durch die Hitze. Die unmittelbar bevorstehende Wahl lässt nicht nur mir keine Ruh. Ich muss es wissen:

»Donald Trump – is he crazy?«

»Der ist nicht verrückt – er beherrscht die Medien und die unsägliche Dummheit der Primitiven perfekt … Wir wissen es doch – wir leben heute in einer geistfreien Welt.«

»Glauben Sie, dass er die Wahl gewinnt?«

»Nein, Trump wird nicht gewinnen. Aber wenn er gewinnt, dann werden seine eigenen Leute ihn ausbremsen – es sei denn, er würde sich gänzlich ändern! Jedoch die Gefahr bleibt: Er ist ein krankhafter Narziss!«

Heute, hundert Tage nach der Inthronisierung, denke ich an Henry Kissingers vielsagende Worte. Nichts ist mehr sicher – das Einzige, was sicher ist, ist Trumps Unberechenbarkeit.

Da ich weiß, wie sehr Henry Kissinger Angela Merkel schätzt, interessiert mich die Ansicht des »Realpolitikers«: »Können Sie Angela Merkels Flüchtlingspolitik verstehen; würden Sie sie unterstützen?«

»She is great – but she is at the time in a devastating situation. Eure deutsche Innenpolitik interessiert mich nicht. Mich interessiert Europa und seine Zukunft! Angela Merkel kämpft mit ihrer ganzen Kraft darum. Sie verdient Bewunderung! Sie ist die Einzige!«

»Viele aber können sich ihrem moralischen Gebot, ›wir schaffen das‹, nicht anschließen?«

Kissinger neigt sich mir zu – leise, hinter vorgehaltener Hand: »I think – they can't …«

Meine nächste Frage lenkt das Gespräch in eine andere Richtung; ins »Rätsel Russland«, wie Kissinger es sieht, dem er in seinem Buch ein großes Kapitel widmet:

»Wie wird es im Syrienkrieg weitergehen, der die ganze Welt in Atem hält? Wie schätzen Sie Putins undurchsichtige Taktik ein? Gibt ihm der doppelköpfige Adler die Richtung vor? – Was bedeutet seine sprunghafte Freundschaft mit Erdogan?«

»Ich glaube, es ist eine ähnliche Situation wie zur Zeit von Zar Nikolaus I.«

Ich grübelte dieser Erklärung nach. Erst bei meiner späteren Recherche zur Geschichte Russlands unter Zar Nikolaus I., zwischen 1825 und 1855, wurde mir der Hintergrund von Kissingers Antwort klar, die, wenn man sie zu Ende denkt, schließlich für den Zaren im gesamteuropäischen Kontext eine Niederlage bedeutete. Zielte womöglich Kissingers Kommentar lediglich auf die Jahre 1828/29, als Nikolaus I. im Orient vorzugsweise die Außenpolitik auf Asien und die Eroberung der Türkei richtete, die ihm schließlich 1829 im Frieden von Adrianopel die Ostküste des Schwarzen Meers, wie auch den freien Verkehr auf der Donau, sicherte?

Oder hatte Kissinger mit seinem Hinweis das Jahr 1853 im Blick, als Nikolaus I. versuchte, mithilfe der Europäischen Verbündeten die Türkei zu erobern – die Bündnisse sich jedoch als nicht zuverlässig erwiesen, sodass der Einfall in die Türkei misslang, während Großbritannien und Frankreich gegen den Zaren in den Krimkrieg eintraten, die russische Armee (in der Schlacht an der Alma) geschlagen wurde – und Nikolaus I. am 18. Februar 1855 starb? (Da Großbritannien wegen des Seeweges nach Indien keinesfalls die Russen im Mittelmeer sehen wollte.)

»Wie damals«, fährt Kissinger in seinen Überlegungen fort, »gilt bis heute aus russischer Sicht Konstantinopel als Ursprungsort der Orthodoxie, das heißt, des Panslawismus. Zar Nikolaus I. sah sich, wie alle Zaren vor ihm, als Nachfolger der Oströmischen Kaiser und verkörperte damit die lebende Ikone Gottes. Russlands berühmtes Expansionsstreben diente seit jeher dem Ziel, die angrenzenden Länder zu befrieden, indem es einmarschierte, zum Beispiel in Usbekistan 1864, in die Tschechoslowakei 1968 und kürzlich in die Ukraine … However – die Zukunft liegt in den Ländern am Pazifischen Ozean. In zwanzig Jahren werden China, Indien, Japan, Korea, Indonesien, Thailand *die* machtvolle Rolle spielen …!«

»Und Europa …?? Eine utopische Insel des Friedens?«

Die Frage läuft ins Leere – wirft aber zugleich die nächste auf: »Wie wird es weitergehen? Meine Söhne werden mich danach fragen?«

»Warum wollen Sie Ihren Söhnen berichten? Glauben Sie, dass es sie interessiert?«

»Ich denke, ja – es sollte sie interessieren! Sie, die allein schon durch die albtraumhaften Erlebnisse ihres Vaters während der russischen Gefangenschaft geradezu ›stigmatisiert‹ sind, wissen wie viele andere dieser Generation durch die Erzählungen ihrer Eltern von der Machtergreifung Hitlers 1933, vom Grauen und den Folgen des Zweiten Weltkrieges, von der ungeheuerlichen Zerstörung, die nichts übrig ließ. Sie denken möglicherweise anders als die Jungen und Mädchen der folgenden Generationen, die gesättigt von erfüllten Wünschen dahinleben, als wäre der seit 1945 andauernde Frieden auf ewig gewährleistet.«

Kissinger lehnt sich zurück: »Sie kennen meine Geschichte?«

… Ein versteckter Hinweis auf seine Lebensgeschichte, über die er nicht sprechen will: über die Flucht mit seinen Eltern und dem Bruder, 1938, vor dem entfesselten Hass des Nationalsozialismus aus seiner Heimatstadt Fürth nach Amerika, in die Fremde – als Fünfzehnjähriger –, während elf Menschen seiner Familie dem Holocaust zum Opfer fielen. Henry Kissinger hieß damals Heinz Alfred Kissinger. Später, am Ende des Krieges, kämpfte er gegen die Deutschen.

Er fährt sich über die Stirn, als wollte er die Bilder verscheuchen. Schließlich antwortet er: »Der heutigen Jugend wurde und wird vieles zu leicht gemacht. Sie kennt das Wort ›Krieg‹ nicht – nur aus dem Fernseher – und geht jeder politischen Verantwortung aus dem Weg, obwohl es um *ihre* Zukunft geht.«

»Dennoch – die Frage bleibt: Wie lässt sich eine international anerkannte Ordnung erreichen – in einer Welt, in der gewaltige Konflikte und ideologischer Extremismus sich ausbreiten?«

»Eine neue Weltordnung muss her!«, fordert Henry Kissinger in seinem Buch, indem er die führenden Großmächte an einen Tisch ruft mit dem nicht verzweifelten, jedoch dringenden Appell, die Weltprobleme gemeinsam zu lösen (mit dem Focus auf Klimawandel, Terror, Völkerwanderung, Aufrüstung …), um auf dieser Basis eine international anerkannte Weltordnung festzulegen. Dabei misst er neben China als der größten Volkswirtschaft, den Vereinigten Staaten die führende Rolle zu, nicht nur aufgrund ihrer strategischen und geopolitischen Bedeutung, sondern – und vor allem – in der Verantwortung ihrer allumfassenden Werteordnung: Freiheit, Recht, Demokratie und offener Welthandel – mit der gebotenen Toleranz und Respekt gegenüber anderen Religionen, Kulturen und Traditionen.

Allein daran knüpft Henry Kissinger seine Hoffnung, wenn er das historische Geschehen jener Zeit als Vorbild ins Gedächtnis ruft und damit die Welt zur Wachsamkeit und Verantwortung aufruft:

»Das Westfälische System wurde von rund zweihundert Delegierten während mehrerer Jahre entworfen. … Sie überwanden

Hindernisse, weil sie die verheerenden Erfahrungen des Dreißig-jährigen Krieges und die Entschlossenheit einten, die Wiederho-lung einer solchen Katastrophe zu verhindern. In unserer Zeit, der eine noch unheilvollere Zeit droht, müssen wir das Notwen-dige tun, bevor wir von den Ereignissen überrollt werden. Seit dem Westfälischen Frieden ist die Welt größer geworden.«

»Aber lassen Sie mich noch einmal in meinem Buch den Schluss lesen«, bittet er, indem er die letzten Seiten überfliegt. Verwundert blickt er auf, er ist überrascht: »In der deutschen Übersetzung klingt das Ende viel melancholischer.«

Das Buch hinterlässt Nachdenklichkeit. Es hat Fragen geweckt, die ich Henry Kissinger stellen durfte, der mir auf der Reise durch die Weltgeschichte auf bisher ungeahnte Weise die Augen für historische und die daraus folgenden weltpolitischen Zusam-menhänge öffnete … während einer Begegnung, die in der Erin-nerung bleibt.

Sheila erscheint: Ein dringender Anruf erwartet Dr. Kissinger.

Jedoch seine Widmung in der »Weltordnung« darf um keinen Preis fehlen. The Elder Statesman – der scharfsinnige Zeuge und wachsame Erkunder der Weltpolitik – er lässt sich Zeit für seinen liebenswürdigen, persönlichen Gruß in gleichmäßig gestochener Schrift.

Während er sich erhebt, sich auf seinen Stock stützt, fällt sein Blick auf mein Fotogepäck: »Sind Sie oft in Amerika? – Wann kommen Sie wieder?«

»Wenn Sie mich einladen!«

Wir müssen beide lachen. Jedoch, es wird ernst – wir müssen uns trennen …

Eine Sekunde des Zögerns – dann fallen wir uns in die Arme.

»I will call you in Hamburg!«, ruft er mir nach.

Anita Lasker-Wallfisch

London · 4. Mai 2018

Gedenkrede am 31. Januar 2018 im Deutschen Bundestag: »Ich bin eine der rapide verschwindenden Augenzeugen!« So begann die 93-jährige Holocaust-Überlebende Anita Lasker-Wallfisch ihre Rede in der Gedenkstunde im Deutschen Bundestag (2018) anlässlich der Befreiung des KZ-Lagers Auschwitz am 27. Januar 1945 durch die Rote Armee. Ihre ältere Schwester Renate saß in der ersten Reihe.

Es war hier nicht das Cello, das mich in der Rundfunkübertragung aufhorchen ließ: es war das Instrument einer ungebrochenen Stimme. Welch eine Wucht in der Sprache, schnörkellos – ohne Gedankenstriche – ohne Pathos, zur Wachsamkeit aufrufend, voller Anerkennung für die rückhaltlose, »beispielhaft« gründliche Aufarbeitung des unsäglichen Verbrechens an den Juden durch das Hitlerregime im Nachkriegsdeutschland. »Nichts wurde geleugnet!«

Dabei versäumte die Rednerin nicht, mit dem Blick auf die ihr gegenübersitzende Bundeskanzlerin Angela Merkel, die Öffnung der deutschen Grenze für die anstürmende Flut der Flüchtlinge 2015 als eine »unglaublich mutige, generöse, menschliche Geste« zu würdigen.

Zunächst ging Anita Lasker-Wallfisch auf ihre Kindheit im geliebten, hochkultivierten, »unreligiösen« jüdischen Elternhaus ein: Der Vater, Alois Lasker, ein namhafter Anwalt in Breslau, Frontkämpfer im Ersten Weltkrieg, dekoriert mit dem Eisernen Kreuz, »war ein begeisterter Deutscher«; die Mutter, Edith Lasker, eine ernste, begabte Violinistin. Die Töchter, Marianne, Renate und Anita wuchsen mit Musik und klassischer Literatur auf. »Am Sonntag wurde Französisch gesprochen. Wir lebten

gänzlich ohne besonderen Argwohn in unserer schönen, kultivierten Welt.« Marianne jedoch, die Älteste, eine gelernte Tischlerin, hatte beizeiten den Weg nach London gefunden. Erst der Ruf einer Klassenkameradin, »gib der Jüdin nicht den Schwamm!«, ließ Böses ahnen: die spürbare Veränderung, die sich andeutende Entfremdung gegenüber Juden, die sich mit einem Judenstern erkennbar machen mussten. In den Schulen verschwanden Lehrer. Auch ein Cellolehrer ließ sich in Breslau nicht mehr finden.

Dennoch, Anita hatte den festen Willen, Cellistin zu werden, sodass die Eltern für ihre Tochter in Berlin die Möglichkeit schafften, dort bei Leo Rostal Cello zu studieren. Dieses Glück währte nicht lange. Mit der »Reichskristallnacht« stürzte 1939 im wahren Sinne auf brutalste Weise für unendlich viele Juden in Deutschland die Welt ein. Die Eltern riefen Anita zurück nach Breslau, obwohl der Vater, Alois Lasker, es nicht glauben wollte, »dass die Deutschen diesen Wahnsinn mitmachen würden«. Selbst der lange Prozess, den er in jener Zeit für den einflussreichen Grafen Künigl zu führen hatte, bedeutete nur eine kurze Galgenfrist.

Zurück aus Berlin hatte Anita in der Schule viel nachzuholen. Weitere Lehrer verschwanden. Die Eltern der besten Freundin verweigerten ihr den Zutritt in ihr Haus. Erst als es zu spät war, bemühte sich der Vater um Ausreisepapiere. Unendliche Schikanen wurden ihm in den Weg gelegt – unendliche Summen für eine Genehmigung zur Auswanderung abverlangt: Judenvermögensangabe, »Reichsfluchtsteuer« … Manche Länder, wie die Schweiz, verweigerten Juden die Einwanderung. Sämtliche Auswanderungsversuche scheiterten. Auch der verzweifelte Brief an das »German Jewish Aid Committee« in London brachte keine Hilfe; auch der Brief an den Bruder, den berühmten Schachspieler Eduard Lasker, ging ins Leere.

Renate und Anita wurden zur Zwangsarbeit in einer Papierfabrik verpflichtet. Dort erreichte sie am 9. April 1942 die Nachricht von der Deportation ihrer Eltern nach Auschwitz – ins sogenannte »Arbeitslager«, die Todesfabrik. Das Haus wurde versiegelt, wie es mittlerweile Verwandten ähnlich ergangen war.

Die beiden Schwestern kamen bei der Großmutter unter, bis auch sie verschwand. In ihrer Verzweiflung planten die alleingelassenen Mädchen einen Fluchtversuch nach Frankreich mithilfe ihrer Kollegen, den französischen Kriegsgefangenen in der Papierfabrik, mit denen jeglicher Kontakt unter Strafe stand. Ein Loch in der Wand, die die jüdische Toilette vom Aufenthaltsraum der Franzosen trennte, wurde, wie bei Pyramus und Thisbe, zum geheimen Flüsterrohr. Der Plan misslang! Am 16. September 1942, kurz vor der Abreise nach Frankreich, wurden sie auf dem Bahnhof von der Gestapo verhaftet. Sie landeten als Kriminelle im Gefängnis.

In der Ausweglosigkeit besann sich Anita auf das Tütchen mit dem weißen Pulver in ihrem Strumpf, das ihr ein Freund »als letzten Ausweg« beschafft hatte und das sie sich mit Renate teilte. Der Geschmack war nicht nach Bittermandel, sondern nur süß. Es war Puderzucker, nicht das vermutete Zyankali, das der besorgte Freund Konrad in letzter Minute ausgetauscht hatte. So wie der Puderzucker sie vor dem Tod rettete, so rettete das Gefängnis sie zunächst vor dem KZ, denn als »Kriminelle« wegen Urkundenfälschung und Fluchtversuch angeklagt, hatten sie Anspruch auf einen Prozess, während den Tausenden unschuldiger Deportierter der Tod in den Gaskammern sicher war. Die Koffer mit ihren Habseligkeiten wurden den beiden Mädchen abgenommen, dazu gehörte das von der Mutter selbstgenähte Kleid, das sie später an einer Aufseherin wiedersahen. Die Rolle der zwei Französinnen ließ sich nicht weiter durchhalten.

Niemals wird sie, schreibt Anita, das unaufhörliche Geräusch von Schlüsseln, das Echo auf den hallenden Gängen, nie den Gestank des einzigen Kübels für vier Personen in der Zellenecke vergessen.

Die Schwestern wurden getrennt; Renate zu drei Jahren Zuchthaus verurteilt, während Anita sehr bald erkannte: Ein Entrinnen vor der Mordmaschine gibt es nicht! »Angesichts der unvorstellbaren Aussicht, vergast zu werden, gelang es ihr, sich außerhalb der Wirklichkeit zu stellen.« Sie lernte die Bibel auswendig. »Die Zeit stand still, nur nicht die Turmuhr …«

Anitas Weg führte im verriegelten Gefängniswagen nach Auschwitz, wo sie der Gestank vergaster Leichen, Hundegebell, Schreie unter Stockschlägen, auf das Schlimmste vorbereiteten. Sie ist sich sicher – es ist das Ende! »Niemand entkommt dieser Hölle – höchstens als Rauch durch den Schornstein« … Kahlgeschoren, splitternackt, wurde sie zum Verhör getrieben. Während ihr eine Frau die Häftlingsnummer 69388 in den linken Arm tätowiert, fragt sie nebenher: »Was hast du früher gemacht?«

»Ich habe Cello gespielt!« – »Du bist gerettet!«, klang es wie in einem Traum. »In der Lagerkapelle wird ein Cello gesucht! Du wirst gebraucht!« In unvorstellbarer Glückseligkeit erkennt Anita ihre einzige Überlebenschance! So wie Dostojewski, der nach der Aufhebung des Exekutionsurteils 1849 an seinen Bruder Michail schrieb: »Ich war am Ende meines Lebens und lebe nun wieder …«

Vor Alma Rosé, der Nichte von Gustav Mahler, die mit harter Hand das Orchester leitete, musste Anita auf einem Cello mit drei Saiten zeigen, was sie konnte – in Sichtweite der Krematorien!

Die Lagerkapelle hatte die makabre Aufgabe, die Kolonnen verhungerter Arbeiter um 6.00 Uhr morgens mit Marschmusik für den Weg in die umliegenden Fabriken in Schwung zu bringen; das Gleiche abends, wenn sie mit letzter Kraft ins Lager zurückkehrten. Am Sonntag hatten die Musiker den Lagerangestellten die Langeweile zu vertreiben. So wünschte sich der berüchtigte Lagerarzt Mengele von der Cellospielerin die »Träumerei« von Robert Schumann. Wovon wollte der Mörder träumen? »Jedem das Seine!« So stand es in großen Lettern über einem Tor im KZ-Lager Buchenwald.

Wie durch ein Wunder fanden sich die Schwestern im riesigen Auschwitz eines Tages wieder. Die Verräter waren Anitas schwarze Schuhe mit den roten Schnürsenkeln, die Renate bei ihrer Ankunft im Lager an einer Frau wiedererkannte! – Vom Typhus zum Wrack abgemagert, verschwand Renate in kürzester Zeit in der Quarantäne. Sie überlebte.

Einen schwarzen Vorhang nach dem anderen schlug Anita Lasker-Wallfisch in ihrer Rede auf, wenn sie vom Einmarsch der Deutschen in Ungarn im März 1944 berichtete: Als Abertausende ungarischer Juden in siebenundfünfzig Gefangenenzügen in Auschwitz ankamen, »lief die Mordmaschine rund um die Uhr auf Hochtouren. Während die Lagerkapelle spielte, konnten die Krematorien mit dem Ansturm von 47 000 Todgeweihten nicht mehr Schritt halten. – Man übergoss sie mit Benzin und warf sie lebend ins Feuer – Zweitausendvierhundert an einem Tag! Ich habe das mit eigenen Augen gesehen!« … Dieser Satz hallt bis heute in mir nach.

Im Oktober 1944 begann die SS, frontnahe Lager zu räumen. Die Rote Armee war im Anmarsch. Um die russischen Soldaten nicht das angerichtete Grauen sehen zu lassen, wurden Baracken gesprengt, Öfen demontiert. Mit über hundert Transporten in Viehwaggons, auf Todesmärschen wurden mehr als 4000 Männer, Frauen und Kinder in die nächste Hölle geschickt: nach Bergen-Belsen, wo sie wegen der nicht ausreichenden, heruntergekommenen Baracken bei Sturm, Kälte und Regen in undichten Zelten auf schlammigem Boden Unterschlupf suchen mussten.

In welche Hölle Anita und ihre Schwester kamen, davon sollte ich mich bald selber in Bergen-Belsen überzeugen: Schwarz-Weiß-Fotografien zeigen das Grauen. Ca. 3000 Meter Filme mit Luftaufnahmen von Massengräbern geben den Beweis. Zahllose Passfotos, von der Zeit gebräunte aneinandergereihte Personalausweise – polnische, russische, deutsche; Briefe in unüberschaubarer Zahl entlang endloser Wände zeugen von furchtbarer Anonymität. Dem Betrachter versagt die Sprache.

In Videoaufnahmen melden sich Zeitzeugen mit tonloser Stimme zu Wort. Fassungslosigkeit lese ich in den Gesichtern der wenigen Besucher; Schweigen. Im fahlen Licht scheint alles fern und kommt so erschreckend nah:

Tonaufnahmen von Überlebenden und nicht mehr Lebenden – wiederentdeckte schwarz-weiße Dokumentarfilme mit unvorstellbaren Szenen zeigen, wie ausgehöhlte Gestalten mit letzter Kraft die nackten, an Typhus oder Fleckfieber »eingegangenen« Kameraden mit Schubkarren wie Tierkadaver in Erdlöcher kippen; Bilder von Tausenden bis auf die Knochen ausgemergelte russische Kriegsgefangene, die in selbst ausgehobenen Erdlöchern bei Eiseskälte aneinandergedrängt auf den Tod warteten. Im Weitergehen fällt der Blick auf die im Boden eingelassenen Vitrinen mit weiteren Beweisstücken: Brillen, verbogene Löffel und Essnäpfe, Zahnprothesen, notdürftig zusammengeschusterte Sandalen und Kinderschuhe, Werkzeuge, selbstgeschnitzte Schreibfedern, Spritzen … Wer trug den Sträflingsanzug?

Die Schwarz-Weiß-Bilder lassen in der Vorstellung keine Farben, keine Fragen zu.

Am Ende meines langen Weges liegt der Friedhof. – Der Schritt verlangsamt sich, je mehr ich mich der endlosen Fläche mit den Massengräbern nähere; grasüberwachsene lange Erdhügel so weit das Auge reicht. Der Wind fegt über das Unsagbare, das Namenlose hinweg. Flechten überziehen die wenigen Steine. Irgendwo hier in einer sprachlosen Landschaft auf einem schwarzen Stein ein Stern, darunter die Namen »Anne und Margot Frank (1929 bis 1945)«. – Sie wurden hier nie begraben … »Grabinschriften in den Rauch geschrieben« (Nelly Sachs).

Die Überlebende Rachel van Amerongen-Frankfoorder (1914–2012) berichtet: »Die Mädchen Frank waren schon sehr abgemagert und sahen schrecklich aus … Typhus war das Kennzeichen von Bergen-Belsen. Sie bekamen diese ausgehöhlten Gesichter, Haut über die Knochen. Sie froren schrecklich, weil sie die ungünstigsten Plätze der Baracke hatten, unten an der Tür, die ständig auf und zu ging. Man hörte sie dauernd schreien: ›Tür zu, Tür zu‹, und diese Rufe wurden jeden Tag schwächer …«

»Als am 19. April 1945 die Engländer einrückten«, fährt die Holocaust-Überlebende fort, schlug ihnen in der Hitze der Gestank Hunderter verwester Leichen entgegen … Durch die Lautsprecher tönte der erlösende Ruf der Befreier: ›This is the British Army! – Keep calm!‹ – Die Massengräber mussten die SS-Leute unter unserer Aufsicht jetzt selbst bestücken … Tausende täglich – und wir sahen zu … Insgesamt starben mehr als 50 000 Menschen!«

Die Dreiundneunzigjährige findet ihre eigene Sprache mit beklemmender Direktheit. Das Grauen lässt keine Rührung zu. Sie hat ins Herz der Finsternis geblickt. Das geschah in der Zeit der Kriegszerstörungen, die ich als ahnungsloses Kind erlebte: das niedergebombte Hamburg und Lübeck – Ruinen, Trümmer Schutt – die Flüchtlingsströme aus dem Osten … Kriegsversehrte, Amputierte an den Straßenrändern …

Um tausende entwurzelte, kranke Überlebende unterzubringen und zu versorgen, wurden die nahegelegenen, ehemaligen Wehrmachtskasernen zum »Displaced Persons-Camp«, in dem bis 1950 um die 12 000 Menschen lebten. Renate und Anita arbeiteten zunächst als Dolmetscherinnen in den Büros der britischen Offiziere. Anita wurde verpflichtet, beim anschließenden Kriegsverbrecher-Prozess als Zeugin auszusagen. Als sie schließlich 1946 zu Verwandten nach London übersiedelte und ihre Schwester Marianne bereits nach Palästina ausgewandert war, um als überzeugte Zionistin beim Aufbau des neuen Staates Israel mitzuwirken, schwor sie sich, nie wieder einen Fuß auf deutschen Boden zu setzen, in das Land, in dem ihre tiefen Wurzeln haften, wo im Elternhaus musiziert und Goethes »Faust« gelesen wurde … bis sie nach vierzig Jahren erbitterten Hasses zu der Einsicht kam, »dass der Holocaust mit Schweigen nicht aus der Welt zu schaffen ist und dass Hass ein Gift ist, an dem man sich selber vergiftet …« Solange hatte sie es immer wieder vermieden, mit den Kindern über ihr Leben zu sprechen, »um ihnen nicht den Hass auf Deutschland einzupflanzen«. In einem Interview in der SÜDDEUTSCHEN ZEITUNG erklärt sie: »Der Holocaust war wie ein verbotenes Land und Deutsch war die verbotene Sprache«, in der sie nur mit ihrem Mann, Peter Wallfisch, der ebenfalls aus Breslau stammte, kommunizierte und damit ihre Kinder ausgrenzte, was ihr die Tochter Maya bis heute vorwirft.

»Vielleicht fühlte ich«, fährt sie fort, »dass meine Holocaust-Erfahrung mir gehört. Ich will sie mit niemand teilen – schon gar nicht mit meinen Kindern. Warum sollte ich meine Tochter in eine Welt des Schreckens lassen! ›Der Mensch begehre niemals zu schauen, was die Götter verdecken mit Nacht und Grauen.‹«

Ähnliches erfuhr ich selber bei meiner Begegnung in einem Seniorenheim in Oxford mit der zweiundneunzigjährigen Freede Warburg, der jüngsten Tochter von Aby Warburg, die selig war, einmal wieder Deutsch hören und mit mir sprechen zu können. Keiner ihrer jüdischen Freunde in England war dazu bereit. Alle Erinnerungen waren verschüttet – nur nicht an das Elternhaus in der Heilwigstraße in Hamburg … das heutige Kunsthistorische Institut der Universität.

Erst in den 1990er Jahren war es Anita Lasker-Wallfisch möglich, auf Wunsch ihrer Kinder »den eigenen Film zurückzudrehen«, indem sie ihr Buch schrieb »Ihr sollt die Wahrheit erben«. Sie hat es sich seit mehreren Jahren zur Aufgabe gemacht, mit den jungen Menschen aus der dritten Generation in den Schulen zu sprechen, um hier als Zeitzeugin des unvorstellbaren Verbrechens im Gedanken- und Fragenaustausch zur Wachsamkeit aufzurufen.

Von der Rede im Bundestag wie vom Blitz getroffen, schrieb ich meinen Brief mit der Bitte um eine Begegnung.

Ich las ihr Buch: Insbesondere die darin zitierten Briefe der Eltern, die Marianne aufhob, offenbaren die Ängste, die Verzweiflung, die Trauer, das Verlassensein in einer schier ausweglosen Lage; darunter befinden sich auch von Anita selbst Briefe, die ihre ungeheure Willenskraft ahnen lassen … Von Bergen-Belsen schreibt sie 1945 an ihre Schwester Marianne in London:

»Gestern kamen die Briefe – 456 auf einmal. Vorsichtig öffnete ich sie im Office: Auch ich alter Krieger bin nicht so tränensicher – es braucht schließlich nicht jeder zu sehen, wenn mir hier die dicken Tränen aus den Augen rollen …«

Im April 1941 – vor dem heraufziehenden Inferno – schrieb Anita neben ihren Geburtstagsglückwünschen an Marianne noch aus Breslau: »… Wie ich hier sitze und Dir schreibe, habe ich vier der Konzerte hinter mir, in denen ich einen durchaus nennenswerten Erfolg verzeichnen konnte. Zweimal machte ich sogar eine Zugabe … heute bekamen wir die sehr wenig erfreuliche Nachricht, dass die höhere Schule in den nächsten Tagen aufgelöst wird … Vorläufig haben wir aber noch keinerlei Nachricht, was werden wird. Ich hörte nur, dass eventuell zehn der besten Schüler an irgendeine andere Schule verschickt werden, und zu diesen Zehn gehöre ich.«

Der Vater berichtet seiner Tochter Marianne:

»Am Tage des Konzerts hat Anita gerade eine Lateinarbeit zurückbekommen. Es war mit einer anderen die beste Arbeit, was nach einer Pause von zwei Jahren immerhin etwas heißen will. Auch im Zeichnen ist sie ganz obenauf …«, dann am 26. August: »… Um uns brauchst Du Dir keine Gedanken zu machen … Renate und Anita sind jetzt unsere Sorge. So unmittelbar vorm Ziel alles fallen lassen zu müssen, das ist bitter … Aber schließlich ist alles Persönliche heute unwesentlich gegenüber der Frage: Was wird aus Europa? …«

Der Vater schrieb noch drei Briefe, bevor sie für immer ausblieben. In einem heißt es: »Schickt uns Nahrungsmittel. Mutti geht es nicht gut, sie ist krank.« Zum Ende beschwört er seine Töchter, dort, wo sie sind, zu bleiben. »Da wo wir hingehen, kommt man zeitig genug«… Er schließt mit dem Psalm: »Ich hebe meine Augen auf zu den Bergen, von wannen mir Hilfe kommt«…

Die Rede im Ohr, die Briefe im Bewusstsein, die Bilder von Bergen-Belsen vor Augen, reiste ich nach London: Ein herrlicher Frühlingstag – die Sonne scheint – ich werde gutes Licht zum Fotografieren haben. Es ist der 4. Mai. Pünktlich um 11.00 Uhr läute ich.

Ich stehe vor der Tür des Einfamilienhauses, Chelmsford Square 27, im Londoner Stadtteil Willesden. Für den Taxifahrer war dieser Distrikt Neuland: Ein Rondell mit Blumen und Parkbänken, um das sich beschauliche kleine Häuser aneinanderreihen – die meisten Adressen von Künstlern.

Mein erster Gedanke: Wie vielen Journalisten und Fotografen hat die Bewohnerin schon vor mir Einlass gewährt? Die Tür geht auf: Anita Lasker-Wallfisch, die berühmte Cellistin, die Mitbegründerin des »English Chamber Orchestra«, die ich in meinem Brief um diese Begegnung bat, steht vor mir. Eine Antwort auf meinen Brief war zunächst ausgeblieben. Als ich die Dreiundneunzigjährige schließlich am Telefon erreicht hatte, hörte ich als Erstes die erwartete Antwort: »Ach, ich bin mittlerweile all der Fotos und Interviews müde … Wann wollen Sie kommen? Im April klappt es nicht? Dann also im Mai – am vierten Mai um elf Uhr!«

Wie sie so vor mir steht, sehe ich: Ihr Vater hatte recht, als er in einem seiner letzten Briefe an Marianne in London schrieb: »Alles deutet darauf hin, dass in Anita ein Kerl steckt« – die danach unvorstellbares Grauen erlebt hatte und dennoch Zuversicht und Hoffnung wagt.

Ihre Erscheinung erweckt nicht den Eindruck einer Opfergestalt, die Bewunderung erwartet. Alles an ihr ist stark: Das Alter, die Gestalt, die Stimme, die markante Nase, der prüfende Blick, das Silber-Haar; auch die Gesten sind trotz der durch ein Hüftleiden eingeschränkten Bewegungen bestimmt. Ihr augenblickliches Problem ist ganz anderer Art – der nicht funktionierende Computer!

Der Techniker ist schon alarmiert. Aber irgendwie musste »das verdammte Gerät« auch durch eigene Einwirkung in Schwung gebracht werden … Also lassen wir uns in der Nähe dieses »modernen, unbeherrschbaren verteufelten Produktes« nieder, um seinen möglicherweise wiederkehrenden Geist im Auge zu haben … Plötzlich leuchtet die Startseite auf. Umgehend wird der Techniker abbestellt. Triumph glänzt in den schwarzen Augen. Die Welt ist wieder in Ordnung! – Wir können uns einander zuwenden …

Die Sonne scheint ins Fenster, ihre Strahlen fallen auf die vielen Fotografien mit den Eltern, Großeltern und allen anderen Verwandten. Wie aus der Ferne suchend geht Anitas Blick darüber hin. Sie alle sind versammelt auf dem großen und einem kleineren Flügel ihres verstorbenen Mannes, des Pianisten und Musikwissenschaftlers Peter Wallfisch. – An den Wänden ausgeräumte Regale, in denen sich einst kostbare Partituren-Autographen unbekannterer Kompositionen aneinanderreihten, die schließlich nach dem Tod des Sammlers in Schwerin in einem Archiv den angemessenen Ort fanden. Vergilbte Auszeichnungen, Preise, Programme erzählen von einer vergangenen Zeit ruhmvoller Auftritte, von einem erfüllten Leben in der Musik, mit dem Anita Lasker-Wallfisch mit zweiundsiebzig Jahren im Jahr 2000 abschloss.

Von Flügen und Reisen strapazierte Cello-Etuis, übersät mit Aufklebern der großen Hotels aus der ganzen Welt, erinnern an die unzähligen Konzertreisen mit dem »English Chamber Orchestra«. Ihr geliebtes Violoncello schenkte Anita ihrem Sohn Raphael Wallfisch, dem Cellisten, der es, da es nicht mit seiner

Körpergröße harmonierte, einem glücklichen Kollegen verkaufte. Hier, umgeben von Requisiten der vielen Tourneen, kommt mir der Gedanke an Anitas Verbindung mit Daniel Barenboim: »Wie stehen Sie zu Daniel Barenboim?«

Ihre Antwort lässt keinen Zweifel zu ... »Daniel? – Wie stehe ich zu ihm? Ich kenne ihn seit Ewigkeiten ... sehr gut. Er ist ein Genie! ... so, wie ein Genie eben ist ... Als ganz junger Pianist feierte er mit unserem Orchester seine ersten Auftritte. Dann zog er nach Paris, um seinen Erfolg aufzubauen – im Glauben, das English Chamber Orchestra müsse ihm folgen. Da hatte er sich jedoch verrechnet ... Sein ›West-Eastern-Divan-Orchestra‹ war eine großartige Idee! Aber glauben Sie, dass eine libanesische Mutter heute noch ihren Sohn in ein vorwiegend israelisch geprägtes Orchester geben möchte? Und was kostet eine Tournee mit seinem großen Orchester nach Israel! Unendlich teure Sicherheitsvorkehrungen: allein das Aufgebot von Polizisten! – Er ist ein Genie ...«

Die dunklen Augen auf mich gerichtet, den Kopf auf die linke Hand gestützt – da lese ich auf ihrem Arm die tätowierte KZ-Häftlingsnummer 69338 ... Ein beklemmendes Zeichen. – Was kann ich sagen?

»Tröstet Musik?«, frage ich. – »Musik, um die Seele zu trösten? Ja, uneingeschränkt; sie führt in eine andere Welt, die durch künstlerisches Schaffen neues Leben schenkt. Musik ist das Leben selbst.« Die Musikerin schweigt. Wo sind ihre Gedanken? – Am Ort des abgeräumten Verbrechens, Bergen-Belsen, wo Yehudi Menuhin, den ich in einer unvergesslichen Begegnung 1986 traf, als Erster nach dem Krieg in Deutschland auftrat und vor den befreiten Holocaust-Überlebenden spielte? Nach jenem Benefiz-Konzert im Belsen-Camp schrieb Anita ihrer Schwester Marianne nach London:

»Dass Menuhin vollendet gegeigt hat, ist überflüssig zu erwähnen. Beseelt, so wie ich mir Casals' Spiel vorstelle, war es nicht ...

Was jedoch seinen Begleiter betrifft, so kann ich sagen, dass ich mir etwas Wunderbareres kaum vorstellen kann – ein Mann, der auf seinem Stuhl sitzt, als ob er nicht bis drei zählen könnte …«

»Es war Benjamin Britten, damals unknown, der ein glänzendes Deutsch sprach. Glauben Sie mir, ich höre noch heute das Tremolo von Mendelssohn, wie es mit mir spricht. Unglaublich! Überirdisch! – Selbstverständlich kenne ich das Wunderkind, Yehudi Menuhin seit Langem. Warum machte der begnadete Geiger den Riesenfehler, sein Glück auch im Dirigieren zu finden? Warum? Eine Katastrophe! – Ja, das war damals in Bergen-Belsen. – Waren Sie auch in Auschwitz? – Auschwitz ist das Original, das langsam in die Erde sinkt …«

»Ich muss gestehen: nein! Von Auschwitz sah ich im Vorüberfahren nur die Einfahrt mit der zynischen Begrüßung über dem Tor: ›Arbeit macht frei‹. Nie werde ich den Blick in dieses Tor vergessen, durch das tausende Verzweifelte in Viehwaggons über scheinbar ins Unendliche laufende Schienen einrollten, auf dunkelbrauner Erde, eine Schicht von Ruß so weit das Auge reicht, in der kein Grashalm mehr Wurzeln schlägt …«

»Auschwitz steht heute kurz vor dem restlosen Verfall – nur noch Ruinen von Krematorien und Türmen – es steht für unermessliches Leid – ›eine gigantische Schädelstätte ohne Schädel, die nichts übrig ließ, nur noch einen Seufzer‹ (Siegfried Lenz). Heute ist es die Kulisse für Touristen, um in T-Shirts und Shorts vor den Ruinen ›Selfies‹ zu machen …«

Ich deutete meinen Besuch in Bergen-Belsen an – wage kaum von meinem Entsetzen zu sprechen, vom unvorstellbaren Maß des Verbrechens … Auf die Frage: »War es in Bergen-Belsen schlimmer als in Auschwitz?«, antwortet die Überlebende: »Es war anders! In Auschwitz wurde man ermordet – in Bergen-Belsen krepierte man.«

Ihre Sprache lässt absolut keine Rührung zu. In den dunklen Augen glimmt nur noch Wut, Trauer …

»In dieses Thema gehört auch das Holocaust-Mahnmal in Berlin, das erst 2005 eingeweiht, bereits Verfallsschäden aufweist. Im Vergleich zum Untergang von Auschwitz führt jeder kleine Riss an einer Stele in der Presse zum Aufschrei. Jahrelang kreiste die Diskussion um die Gestaltung, wobei sich die ›verkleidete Jüdin‹ als wichtigste Entscheidungsgeberin aufspielte. Wie war doch ihr Name? Auch ich, Anita Lasker-Wallfisch, wurde dazu befragt. Wenn man auf meinen Vorschlag eingegangen wäre, stünde da heute ein Garten der Erinnerungen, der lebt, in dem während der verschiedenen Jahreszeiten immer etwas zu pflanzen und zu gestalten wäre, der zur Besinnung aufriefe – ein Garten des Gedenkens. Stattdessen ist es ein Tummelplatz für Touristen, Hunde und Kinder!«

»Als ich mit meinem Enkel den Weg durch den gigantischen Stelenwald nahm, da fragte der kleine Cosimo erstaunt: ›Dürfen Kinder in einem Denkmal schreien und spielen und Hunde und Katzen scheißen und pinkeln?‹«

Anita Lasker-Wallfisch zeigt sich von der Einfühlsamkeit des Jungen berührt, während der Architekt, Peter Eisenman im fernen New York, als ich ihm meine Beobachtung schilderte, rief: »Great! Das Mahnmal ist nicht nur ein Platz für das Volk, sondern ebenso für tobende Kinder, Katzen und Hunde!«

Wie schon in ihrer Rede fragt sich die Holocaustüberlebende heute wieder: »Juden – was sind wir eigentlich – eine Art Mysterium, ein Virus? Hitler hat nicht den Antisemitismus erfunden! Wo gehöre ich hin? Nicht nach Deutschland, nicht nach England, nicht nach Israel. – Wohin? Ich gehöre überall und nirgends hin.«

Ihre Heimat fand sie in der Musik, aus der sie niemand vertreiben konnte.

»Ohne Holocaust«, fährt sie fort, »hätten wir seit 1948 kein Land Israel, ein Land, das man uns streitig machen will. Die Juden werden kritisiert, wenn sie sich verteidigen. Aber mittlerweile weiß kein Mensch mehr, was in der Politik hinter den Kulissen abläuft.«

In diesen Zusammenhang stellt sie auch das Problem ihrer Tochter, Maya. Sie beansprucht die »Heimatlosigkeit« als ihr persönliches, jüdisches Problem. Sie ist Psychoanalytikerin, die als verkannte Tochter in einem Interview (Süddeutsche Zeitung) von sich sagt: »Ich bin das schlechte Gewissen der Familie. Die Holocaust-Vergangenheit unserer Eltern war tabu. Die ganze Familie kommuniziert über das Cello – ich bin als einzige Nicht-Musikerin in der Familie unsichtbar.«

Ich wage den Einwand: »Die Zugehörigkeit im Nirgendwo ist ein nicht speziell jüdisches Phänomen. Ich denke, dieses Problem findet sich bei Menschen in der ganzen zivilisierten Welt, in der jeder sich das Recht nimmt, sich nur mit sich selbst zu beschäftigen.«

»Möglich, vielleicht haben Sie recht. Who knows? Wenn ich darüber nachdenke, machten mit dieser Problematik schon erstaunlich viele ihr Geschäft. Maya, meine Tochter, wollte immer eine andere Mutter. Manchmal stelle ich mir die Frage: Ist sie überhaupt meine Tochter? – Wissen Sie, ich habe kein Verständnis für Menschen, die allen möglichen Luxus brauchen. Man braucht nichts – wirklich nichts außer dem Allernötigsten zum Leben. Ich brauche keine zwanzig Paar Schuhe. Ich schminke mich nicht, laufe nicht auf Stöckelschuhen … Überfluss ist mir zuwider … Ich rauche!« Dieses Bekenntnis zur Abkehr von jedem Luxus prägte ihre schnörkellose Erscheinung, wie sie die Tochter nicht akzeptieren kann. Schonungslos geht Anita auch mit sich ins Gericht. »In jedem Fall kann ich wohl ehrlichen Gewissens sagen, dass ich nicht die ideale Mutter bin! – So ist es, die Kinder wollen frei sein! Sie haben das Recht!«

Sie erhebt sich: In diesem Moment scheint es mir wichtig, von der bewegenden Schüleraufführung unter der Regie ihrer Lehrerin Christine von Müller zu berichten, in der Abiturienten jeweils in der Rolle von Primo Levi, Ruth Klüger, André Kertész, Anne Frank, Nelly Sachs und anderen … mit Briefen und Zitaten das Schicksal der ermordeten und der davongekommenen

Holocaustopfer ergreifend nahekommen lassen. Der Abschluss konnte nicht berührender sein: Mit ganzer Hingabe spielte eine Schülerin auf dem Cello die »Träumerei« von Robert Schumann. Ein Schatten der Rührung fliegt über das faltenlose Gesicht. Anita findet diese Idee bewundernswert. Sie wünscht sich mehr solcher Initiativen. In den Schulen ruft die unbeugsame Lebenskämpferin den jungen Menschen immer wieder zu: »Ihr könnt nichts dafür, dass ihr in Deutschland geboren seid. Aber in dem Moment, in dem ihr atmet, übernehmt ihr Verantwortung!«

Oftmals hört sie dann die Frage: »Bist du noch religiös?«

»Kennst du Gretchens Frage an Faust?«, fragt sie zurück:

»›Nun sag, wie hast du's mit der Religion?‹ – Nein, diese Frage kennen die Schüler nicht, weil sie oftmals gar nicht wissen, wer ›Faust‹ ist … Ein Fehler, dass die klassische Literatur heute nicht mehr an Schulen gelehrt wird. Sollte Bildung doch ein Baustein in internationalen Welten sein!«

»Glauben Sie«, entgegne ich, »dass man in England allgemein weiß, wer Hamlet ist und welcher Satz ihn berühmt machte?« – »Ich wünschte es!«

Sie wundert sich: »Was heute in Deutschland alles möglich ist! Der Fall in Berlin, wo vor Kurzem ein die Kippa tragender junger Mann von einem Moslem angegriffen worden ist! Daraufhin wälzt sich eine Protestmenge – alle verkleidet mit einer Kippa, wie ein Karnevalszug durch die Straßen von Berlin! Die Nachricht ging um die Welt! Warum müssen darum plötzlich alle mit einer Kippa herumlaufen? Völliger Schwachsinn! Nichts als eine lächerliche Provokation!«

Lakonisch stellt sie fest: »Man ist in Deutschland immer noch sehr gehorsam. Im Straßenverkehr darf ich nicht bei Rot die Straße überqueren und im Theater habe ich meinen Mantel an der Garderobe abzugeben.«– Beispiele, die mich nicht überzeugen, die für mich nichts mit »Kadaver-Gehorsam« zu tun, aber dennoch ihre Berechtigung haben.

Wir setzen unser Gespräch in der Küche fort mit dem Blick in einen alten Frühlingsgarten, den sie zu ihrem schmerzlichen Bedauern nicht mehr selber pflegen kann. In dicken Bechern genießen wir den Kaffee. Es wird familiär. Liebevoll fällt ihr Blick auf die Fotos über dem Herd, über der Spüle, an sämtlichen Schranktüren. –

Während die Dreiundneunzigjährige im blauen Kaftan wie ein Fels vor mir sitzt, spreche ich sie auf einen Brief an, den sie an ihrem 20. Geburtstag, 1946, an ihre Schwester Marianne schrieb: »Heute ist mein letzter Tag mit 19. Nun werde ich nie wieder eine 1 als erste Zahl haben – falls ich nicht 100 Jahre alt werde …«, – »die Sie nun bald überholt haben werden!!«, ergänze ich. Sie lacht, die Vorstellung ist ihr nicht unangenehm. »Vielleicht – wer weiß … who knows? …«

Die Großmutter erzählt von den Enkeln. Sie hat ein bestimmtes Foto im Auge: »Da ist einer, der sich dem Vegan-Kult verschrieben hat! Wenn der mich besucht, kann ich ihm einfach keine Freude mit einem liebevoll zubereiteten Mahl machen … Er bringt das Rezept und penibel ausgesuchte, garantiert rein pflanzliche Produkte mit, an denen nicht einmal eine Biene genippt haben darf … Wenn ich die Zutaten schon sehe, vergeht mir der Appetit.« Sie zündet sich genüsslich eine Zigarette nach der anderen an: »Ich lebe eben – lieber nicht gesund!«

Die Tür geht auf. Simon, der geniale Enkel, betritt das Haus – er hat den Schlüssel. Er begrüßt mich lachend. »Sind Sie der Veganenkel?«, rufe ich.

»Nein, nein, um Himmels willen … niemals!«

Während er im Musikzimmer verschwindet, die Doppeltür hinter sich zuzieht, beginnt Simon seine Gesangsprobe bei eigenhändiger Klavierbegleitung. Die professionelle Liedbegleiterin ist auf dem Weg.

»Ja, so ist es: Wenn die Großmutter gebraucht wird, dann kommen sie …« Daraus klingt ein liebevoller Stolz: »Simon, er kann alles. Gesang – Bariton – Cellospielen – Clown – Interviews organisieren, alles. In Leipzig und Berlin hat er studiert. Er wird uns, meine Tochter und mich, am 28. Mai nach Berlin zu einem Podiumsgespräch im Jüdischen Museum begleiten. In jeder Hinsicht kann ich mich auf Simon verlassen.«

Durch die Doppeltür dringt klarer Gesang.

»Darf ich ihm zuhören?«

Ohne anzuklopfen stößt die stolze Großmutter die gepolsterte Tür auf. Simon bemerkt uns nicht. Sein Bariton schwelgt in den »Vier ernsten Gesängen« von Johannes Brahms für seinen Auftritt in Hannover. Unauffällig ziehen wir uns zurück.

Die ganze Familie hat die Musik im Blut: Sein Vater, der Cellist Raphael Wallfisch, tritt bis heute auf den Bühnen der Welt auf. Seine Mutter, die Violinistin Elisabeth Wallfisch, als Mitglied von Ensembles für Alte Musik hat sich auf die entsprechende Aufführungspraxis spezialisiert. Ihr Sohn, Benjamin Wallfisch, ist ein hochbegabter Dirigent und Komponist; die Schwester, Jo Wallfisch, ist Malerin und erfolgreiche Jazz-Sängerin; und Simon – er kann alles! Seit dem Brexit-Referendum bemüht er sich wie viele andere britische Juden um die deutsche Staatsangehörigkeit, um nicht die europäische Zugehörigkeit zu verlieren, die ihm, wie auch seinen beiden Kindern, nach vielen Formalitäten zugesprochen worden ist.

Mir drängt sich die Frage auf: »Könnte der Urgroßvater, Alois Lasker, die Entscheidung seines Urenkels verstehen, der in aller Öffentlichkeit in der Downing Street und an anderen markanten Plätzen Londons, umringt von vielen Neugierigen, Schillers ›Ode an die Freude‹ schmettert?«

»Simon kann alles!«

Zum Abschied signiert das Familienoberhaupt, die stolze Seniorin, ihren »Lebensfilm«, das Buch »Ihr sollt die Wahrheit erben«.

»Wir sehen uns in Berlin wieder«, ruft mir die Dreiundneunzigjährige zu.

Mischa Maisky

Brüssel · Waterloo · 2. April 2016

In Gedanken reise ich zurück. Als sei es gestern gewesen, sehe ich sie alle wieder vor mir – die skurrilen Bilder mit Mischa Maisky: Ein Chaos wildester Gefühle wirbelte in seinem Gesicht – Zweifel, Hoffnung, Schalk, Freude, Angst, Leidenschaft, Melancholie, Stolz …

In letzter Minute war es mir gelungen, für das Pro Arte-Konzert eine Karte in der ersten Reihe zu bekommen, in der Hoffnung, endlich die »Tastenlöwin« Martha Argerich einmal aus der Nähe zu erleben, um am Ende einen Annäherungsversuch on backstage zu wagen. Alles bangte ihrem Auftritt entgegen mit der Frage, ob sie heute wirklich erscheint? Dann! – Unter brausendem Begrüßungssturm, im Glanz ihrer legendären Aura, hält Martha Argerich Einzug. Im schwarzen Seidengewand aus fließendem Knossosplissée lässt sie sich am Flügel nieder, während Mischa Maisky – angetan mit breitem Collier aus purem Gold auf eleganter Tolstoibluse – sich mir gegenüber und in Reichweite mit seinem Montagnana-Cello aus dem Jahre 1720 am Rand der Bühne aufbaut.

Beiden Künstlern ist ihre Löwenmähne gemein – jene direkt vor mir, silberweiß; die andere wild, deutlich angegraut, hinter der sich während des furiosen Spiels das feine, blasse Gesicht dem Publikum entzieht. Beide Musiker sind seit Jahren durch ihre zahlreichen gemeinsamen Auftritte einander vollkommen vertraut. Beide lieben es, sich mit ihrem Instrument gänzlich dem Rausch der Musik hinzugeben. Das Programm an diesem Abend sollte zur besonderen Herausforderung werden.

Mischa Maiskys Gesicht – das eines Erzengels, umrahmt vom gelockten Silberhaar – erzählt das ganze Alte Testament.

Aus dem Flügel sprühen Kaskaden funkelnder Töne – weich wie Seide – hart wie Diamant, während Mischa Maisky mit seinem Cello zu verwachsen scheint. Wie ein Zauberstab streicht der Bogen himmlische Töne an; gleichzeitig wirbeln die Finger über die Saiten hinweg. Die Bühne vibriert im Ansturm der Klänge – ein überirdisches Pianissimo schwebt in den Raum. Mischa Maisky, in Hingabe an sein Violoncello, zieht die Sinne auf derart bezwingende Weise in den Bann, dass ich Martha Argerich trotz ihres mitreißenden Spiels aus dem Blick verliere. Nach der Pause strahlt Mischa Maisky im Schmuck eines anderen goldenen Colliers auf leuchtend blauem Seidenkaftan.

Zum Höhepunkt der gegenseitigen Emotionen im Spiel wird die Sonate für Violoncello und Klavier A-Dur von César Franck … Der Dank des Publikums steigert sich zum jubelnden, nicht enden wollenden Applaus.

Welch ein Feuer das spontane aufeinander Reagieren entfachen kann, beweist das Duo noch einmal mit vier Zugaben; mit einem Satz aus der Cellosonate von Schostakowitsch, dem »Lerchengesang« von Johannes Brahms, mit Robert Schumanns »Fantasiestücken« und Kreislers »Liebesleid« …

Die Menschen drängen nach vorn, um die mähnengekrönten Häupter aus der Nähe zu sehen. Eine Dame schiebt ihr fein hergerichtetes Töchterchen mit einem Blumenbouquet zielstrebig an den Bühnenrand. Im rosa Kleidchen macht die Kleine ihren Knicks. Die Virtuosin nimmt das Gebinde freundlich entgegen.

Kaum ist der tosende Beifall verklungen, eile ich hinter die Bühne, in den sogenannten »Backstage-Bereich«, zu den Künstlergarderoben. Die ehrgeizige Mutter war noch schneller und wartet mit dem Vorzeigekind bereits an der Spitze der Schlange vor der verschlossenen Garderobe der berühmten Künstlerin, während die offene Tür von Mischa Maisky den Besucher geradezu einlädt.

Frischgeduscht, das Handtuch um den Hals geschlungen, kommt er mir entgegen. Er hält mich für eine Autogrammjägerin und sucht fieberhaft nach seinem Stift. Ich hingegen lasse meiner überschwänglichen Begeisterung freien Lauf, danke ihm für sein grandioses, atemraubendes Spiel, um sogleich die Frage einzuflechten, ob ich ihn später einmal mit meiner Kamera besuchen dürfe.

Noch ganz vom Applaus überwältigt, überreicht er mir, ohne einen Moment zu zögern, seine Visitenkarte mit dem Hinweis, alles Weitere würde seine Frau regeln. Ich spüre, etwas anderes treibt ihn. Er kann es kaum abwarten, mir voller Stolz auf dem Handy die Fotos seiner vier entzückenden Kinder im Alter von eins, zwei, drei und vier vorzuführen. Die schwarzen Augen des Siebzigjährigen leuchten in Erwartung meiner Bewunderung. Ein weiterer Klick – schon folgen die Fotografien der beiden erwachsenen Kinder, Musiker wie der Vater, mit denen er in Konzerten zusammen auftritt.

Seine Glückseligkeit ist nicht zu bremsen. Ich ahne den Höhepunkt! Ein weiterer Klick – das Bild seiner bezaubernden Frau in jugendlicher Blüte, mit exotischem Einschlag, erscheint. »Ah, die Kraftquelle des erstaunlichen Kindersegens!«, entfährt es mir, »Kompliment! Gratulation!« Die Lösung des Rätsels? – Höchst einfach ist sie. Dem Glücklichen geht es wie dem reifenden Cognac, dem erst die Jahre gut bekommen! Nach diesem lebensmutigen Bekenntnis und mit der Aussicht auf das baldige Wiedersehen in Brüssel nehmen wir voneinander Abschied.

Indessen empfängt Martha Argerich die Gemeinde ihrer Fans: Als Erste die beharrliche Mutter, die ihr »Wunderkind« mit dem Blumenkränzchen im aufgelösten Haar, weißen Söckchen und kleinen Lackschuhen der gloriosen Pianistin vorführt und sich nicht abweisen lässt, bis schließlich die Fingerchen auf dem alten Klavier ein Liedchen vorspielen dürfen. – Martha Argerich zeigt Verständnis. Sie selber wurde einmal von ihrer ehrgeizigen Mutter, 1955, nach einem Konzert in Buenos Aires, dem ungnädigen Friedrich Gulda vorgeführt, einem Magier, dem ich 1986 persönlich mit der Kamera gegenüberstand. – Und tatsächlich, Martha Argerich, »das Wunderkind«, sollte seine einzige Schülerin werden, deren ungezügeltes Temperament auch er nicht zu zähmen vermochte, schon gar nicht ihre bis heute sprichwörtliche Unzuverlässigkeit. Friedrich Gulda, selber bekannt für seine Extravaganzen, ließ sich, als Martha Argerich wieder einmal kurz vor Beginn eines Konzerts ihren Auftritt absagte, zu der Äußerung hinreißen: »Sie spinnt total!«

Auf meine Frage, ob er – trotz ihrer Sprunghaftigkeit – eine Verabredung mit Martha Argerich für sinnvoll halte, antwortete Mischa Maisky: »Martha? Die ist verdammt schwierig – unberechenbar wie das Leben!«

Zehn Tage später, am 2. April, reiste ich nach Brüssel.

Wegen des vorangegangenen Terroranschlags auf dem Brüsseler Flughafen am 22. März 2016, dem Mischa Maisky wie durch ein Wunder entkommen war, weil er seinen Flug nach Moskau kurzfristig umgebucht hatte, trifft mein Zug mit erheblicher Verspätung ein.

Eine unheimliche Atmosphäre herrscht im Bahnhof »Midi«. Nahezu jeder Reisende mit Gepäck wird von bewaffneter Polizei kontrolliert. Meine Fototasche ist besonders verdächtig. Ich nehme die Metro nach Waterloo und versuche, wie verabredet, Mischa Maisky meine baldige Ankunft zu melden. Der Anruf geht ins Leere – die falsche Nummer … Kein Fahrgast steigt in Waterloo aus; ein Taxi gibt es nicht an diesem geschichtsträchtigen Ort, wo vor mehr als zweihundert Jahren, am 18. Juni 1815, Napoleon von den Engländern mithilfe der Preußen in der sagenhaften Schlacht von Waterloo geschlagen wurde.

Schließlich, nach dreißig Minuten kostbarer Zeit, kommt der aufgeregte »Erzengel« in einem undefinierbaren Gefährt herbeigerast. In der Zwischenzeit hatte er bereits Pläne geschmiedet für ein Gruppenfoto mit seiner Tochter am Flügel. Zu meiner Freude ließ sie sich auf den väterlichen Vorschlag nicht ein. Um keine Zeit zu verlieren und die noch verbliebenen zwei Stunden wohlüberlegt organisieren zu können, wird schon im Auto geklärt, wann für mich der letzte Zug nach Hamburg fährt.

Wenige Minuten – und wir halten vor einem modernen, bungalowähnlichen Haus, das Werk eines berühmten Architekten. Ein riesiges, schwarzes Hundetier springt uns freudig entgegen. In den offenen Garagen parken ein Kleinbus und ein Land Rover, daneben ein Mini.

Und dann, »Oh, Schreck! Wer ließ die Haustür auf?« Niemand empfängt uns. Keine Kinderstimme lässt sich hören. Madame Maisky ist mitsamt ihren Sprösslingen auf die Seychellen davongeflogen und hat dem Alleingelassenen die Verantwortung für Haus, Hunde, Katzen und Vögel übertragen.

Oftmals begleitet den glücklichen Vater der gesamte Tross auf seinen Konzertreisen –ob nach Peking, Sydney, Tokio, Nowosibirsk, Berlin, Paris, London, New York, Buenos Aires, bis in den hohen Norden nach Stockholm und Oslo. Mich amüsiert die Vorstellung, wenn die komplette Karawane mitsamt dem alles überragenden Cello-Gehäuse das Flugzeug in Besitz nimmt.

»Ich liebe das«, strahlt er, »sie geben mir Kraft und heben mich empor!« Der Stolz, die Freude am Familienglück überwiegen alle Unruhen, Komplikationen und Kosten!

In der Hektik fällt dem Cherub ein, ob er mir eine Kleinigkeit anbieten könne? … Mit sichtbarer Erleichterung quittiert der Gehetzte meinen rücksichtsvollen Verzicht. Doch die Pflichten des Alltags halten ihn in Atem: Die russische Hilfe in der Küche verlangt ihr Salaire.

Nachdem Ordnung in den Zeitplan gebracht ist, steht die Frage nach dem Wohin im Raum: »Wo wollen wir uns niederlassen, soll ich etwas aufbauen – umräumen?« Er soll den ihm liebsten Platz bestimmen.

»Die Musikhöhle!«, schlägt er vor.

»Großartig! Also das Studio im aufwändig ausgebauten Untergeschoss.«

Für den Abstieg heißt es, die gesicherte Gittertür der Treppe entriegeln, obwohl zurzeit kein Kind hinunterstürzen kann. »Aber sicher ist sicher!« Schon auf dem Weg nach unten müssen wir eine Schneise schlagen durch Katzenkörbchen, Hundenäpfe, Bauklötze, schwebende Luftballons mit Tiergesichtern, Teddybären, Hüpfbälle und bunte Brummkreisel. – »Man muss schon die Babys mit Musik umkreiseln«, werde ich belehrt. Dafür sorgt auch der Gesang der zierlichen Kolibris im goldenen Vogelbauer. Auch das Begrüßungs-Krächzen des farbenprächtigen Papageien gehört in den Chor.

Auf unserem Weg ins Studio werde ich in die Details der Familienverhältnisse eingeweiht: Die »Exfrau« lebt ein paar Häuser entfernt. Sie hatte die höhere Welt der Metaphysik für sich entdeckt und musste ihren Cellisten darum verlassen.

Nachdem Klarheit auch in diesem Punkt geschaffen ist, alle Maßnahmen für meine spätere Rückreise bedacht sind und die Gedanken sich ganz auf unsere gemeinsame Veranstaltung konzentrieren, stehen weitere Fragen im Raum: »Welches Hemd?«

Eine Kostümschau findet statt: Nacheinander erscheint der Musikus im schwarzen, dann im weißen und schließlich im blauen Seidenkaftan. Ich rate zum blauen.

Doch ein allerliebstes weißes Hundeknäuel fühlt sich übergangen, verlangt kläffend seine Tätscheleinheiten, die es prompt bekommt. Aus Dankbarkeit verspritzt es ein paar Freudentropfen auf Herrchens schmale, schwarze Schuhe aus feinstem Leder. Zufrieden sucht es ein Plätzchen zwischen seinen Verwandten im rosa ausgepolsterten Puppenzelt, die Herberge der zahllosen anderen Kuscheltiere. Malereien von Kinderhand sowie süße Gesichter auf farbigen Fotos lachen in großer Zahl von den Wänden.

Das beeindruckende Gehäuse des Montagnana-Violoncellos, gleich einem weißen Sarg, beherrscht die Szene wie eine kostbare Skulptur. Doch mein »Modell« scheint beunruhigt. Zum perfekten Outfit fehlt ihm das Collier, ohne das er sich verloren fühlt! Welches von den dreien in der Samtschatulle ich wählen würde?

»Das mit dem morgenländischen Glanz! Das prächtigste!«

Er trägt es als glück- und schutzbringendes Amulett »im gefährlichen Leben« und verweist auf seine Vergangenheit im Sowjetreich. Niemals wird er seine Biografie ablegen können. Die Ängste des Lagerdaseins verfolgen ihn lebenslang – ein Schicksal, das er mit Millionen teilt.

Mischa Maisky wurde 1948 in Lettland geboren, zur Zeit des Stalinterrors. Sein früh verstorbener Vater glaubte an die Kammermusik; sein Bruder Valerie spielt Klavier; seine Schwester Violine. Mit acht Jahren begann er mit dem Cello. 1962 wechselte der Vierzehnjährige in das Konservatorium in Leningrad, um ein Jahr später in die Meisterklasse von Mstislaw Rostropowitsch am Moskauer Konservatorium aufgenommen zu werden.

Er hat, wie er sagt, das Privileg, einziger Schüler von zwei großen Lehrern zu sein – von Mstislaw Rostropowitsch und dem legendären Gregor Piatigorsky. Doch der russische Verband proletarischer Musiker war entschlossen – wie zu Zeiten von Schostakowitsch –, die Künste in seinem Würgegriff zu ersticken – mit der Drohung Zwangsarbeit, Verbannung. Auch Mischa Maisky wurde 1970 zu zwei Jahren Arbeitslager verurteilt. Von morgens bis abends musste er Zement schaufeln, bis ihn, bevor er sich sein eigenes Grab schaufelte, ein befreundeter Arzt als psychisch Kranken in eine Nervenheilanstalt überwies; ihn dann als »kriegsuntauglich« einstufte, sodass der Verfolgte der Armee entging. Dank des Freikaufs durch einen US-amerikanischen Gönner gelang es ihm, am 7. November 1972, nach Israel zu entkommen und damit, wie er sagt, »zum zweiten Mal geboren zu werden«. In Brüssel fand er schließlich seinen Lebensmittelpunkt.

Schon bald war Mischa Maisky auf allen internationalen Konzertbühnen zu Hause. Er spielt mit den bedeutendsten Begleitern der Welt. Gidon Kremer, Malcolm Frager und Martha Argerich sind seine bevorzugten kammermusikalischen Begleiter. Vor allem mit Martha Argerich verbindet ihn eine tiefe emotionale Intensität. Zu einem Höhepunkt seiner Konzerttätigkeit wurde das Jahr 2000, in dem er zum 250. Todestag von Johann Sebastian Bach in mehr als hundertundfünfzig Konzerten Bachs Solosuiten weltweit zur Aufführung brachte. Sein Repertoire umfasst die gesamte Cello-Literatur – mit Ausnahme der Moderne.

Ich habe einen Star vor mir, einen Star ohne Starallüren, der es nicht anders kennt, als dass jeder Zentimeter kalkuliert ist – Abstand, Blickrichtung, Lichtregie, Schminke –, der es nicht gewohnt ist, sich dem Zufall wie mir und meiner höchst unprätentiösen Arbeitsweise zu überlassen – ohne Blitz, ohne Stativ, ohne Pose.

Loriot rief einmal verzweifelt aus: »Sie arbeiten ganz anders als alle Fotografen, die ich kenne!«

Was müsse er tun? Vielleicht das Cello anders positionieren?, fragt der Verunsicherte. Nein, nein, er soll sich schlicht und einfach mit seinem göttlichen Montagnana-Cello vor dem Notenständer einrichten – dort, wo er für seine Konzerte probt; das heißt, auf einer verschiebbaren Holzplatte, zehn Zentimeter über dem Fußboden, wo er auf dem verstellbaren Stuhl von noch nie gesehenem Design zu sich findet – auf einem hockenden Schimpansen aus schwarzem Lack –, eingekreist von Aufnahme- und Stereogeräten, Verstärkern, Reflektoren, Kabeln und den Regalen mit seinen eigenen CD-Einspielungen. Jedem Kind hat er eine besondere CD gewidmet. Das jüngste muss sich noch gedulden, »bis sich sein Charakter zeigt«.

Der Musiker legt den Arm um sein dreihundert Jahre altes Montagnana. Voll überschwänglicher Freude spielt er die Suite No. 1 von Johann Sebastian Bach; die wundervolle Courante, dann die Gigue. Welch ein Geschenk!! Das Cello singt unter seinen Händen. Die Töne überströmen mich. Musik, die den

Cellisten in eine Art irdische Entrücktheit hebt. Welch ein Glück für das kostbare Instrument, unter diesen Händen zum Klingen gebracht zu werden! »In der Musik schwingt die Harmonie zwischen Himmel und Erde«, erklärt Maisky, »dann folgt Stille.«

Ähnlich klang es, wenn Yehudi Menuhin darüber nachdachte. Mir ist, als hörte ich ihn noch: »Wenn Stille die Musik umrahmt, beginnt auch die Stille zu klingen.«

Für Mischa Maisky, den »glücklichsten Cellospieler der Welt« (wie er sich nennt), ist Cellospielen kein Beruf – »es ist eine Liebesgeschichte«. Mit seinem Instrument streicht er im Innern verborgene Saiten an.

Hélène Grimaud schreibt in der »Wolfssonate«: »Auf seine Weise erweckt jeder Interpret, wenn er inspiriert ist, durch sein Spiel die verlorenen Paradiese wieder zum Leben, weil im Reich des Heiligen Geistes alle Engel Musiker sind.«

Während mein wundersam entrücktes Gegenüber, der »Erzengel« auf seinem Affensitz, versunken in sein Spiel, die Kamera nicht mehr wahrnimmt, drücke ich selbstvergessen auf den Auslöser – transportiere – drücke ab – transportiere …

Nach einem kurzen Schauer schickt die Sonne durch die grauen Aprilwolken ihre Strahlen. Schneeflocken tanzen draußen im Gegenlicht mit den wirbelnden Tönen; der »Cellospieler« nimmt sie nicht wahr. – Irgendwo ruft eine Kuckucksuhr! – Das Licht schwindet, ich möchte an einen anderen Ort wechseln.

Mit Freude führt er mich treppauf in eine höhere Welt, in eine Art Raritätenkabinett und Wunderkammer zugleich – in ein Reich voller Bühnenzauber. Ich traue meinen Augen kaum: Noten in überdimensionaler Vergrößerung breiten sich über die ganze Wand – die Partitur der Cellosuite von Johann Sebastian Bach – ein Reigen auf- und abtanzender Töne; darunter, auf der schiefergrauen Recamière von neuestem Design, Mischa Maisky, sein altes Montagnana im Arm. Aus Leibeskräften tirilieren im verschnörkelten Vogelbauer grasgrüne Wellensittiche. Indessen hat sich die Sonne ganz vorgewagt und verleiht den kostbaren Spieluhren im Schimmer ihrer Intarsien aus edelsten Hölzern, Perlmutt und Elfenbein, geheimnisvollen Glanz. Das spätnachmittägliche Licht umschmeichelt das dunkle Cello, spielt auf dem starken Gesicht, streift die silbrigen Locken. Im Sucher drehen sich die Bilder wie in einem Kaleidoskop. Sie entzünden die Phantasie, beschwören Figuren, Szenen und Farben wie jene in Marc Chagalls Traumgemälden.

Der Cherub unterbricht sein Spiel – er strahlt mich an. Auch ihm sind die Bilder von Marc Chagall vertraut: die Geigen, der »Fiedler«, der Mann mit dem Cello im Arm, die balancierenden Standuhren, Liebespaare im Flug, Zaubervögel, ein Engel im tiefen Blau der Zeitlosigkeit.

Wir wenden uns den Sammlerstücken zu. Sein Blick geht zu den Spieluhren, zur hohen Standuhr mit dem ewig hin und her schwankenden Pendel, ein Glanzstück aus dem neunzehnten Jahrhundert. Wann war sie einmal stehen geblieben? Der riesengroße Schlüssel befindet sich im Doppelboden des Geheimfaches. Im Überschwang des Entzückens bringt der Cellospieler wie ein Zauberer seine empfindlichen Automaten unter bedrohlichem Knarren zum Klingen – kurz, nur wenige Minuten. Sie bedürfen der Schonung für spätere Zeiten. Eine Spieluhr bringt Mandolinenklänge hervor; aus einem anderen Gehäuse ertönen Volksweisen.

Jedes Stück hat eine eigene Geschichte – vor allem sein Montagnana! Allein die Frage, in wessen Arm es über die Jahrhunderte gelegen hatte, vor wessen Ohren es zum Klingen gebracht wurde, trägt uns in eine ferne Zeit, als der Erbauer noch keine Vorstellung davon haben konnte, dass das Montagnana-Violoncello dreihundert Jahre später einmal im sargähnlichen Kasten über die Ozeane hinweg in alle Länder der Erde fliegen würde.

Ich erzähle von der unvergesslichen Begegnung (1986) mit Yehudi Menuhin. Die Augen von Mischa Maisky werden groß: »Menuhin? Er hat mich einmal Yoga-Übungen gelehrt.«

»Nie werde ich vergessen, wie er von seinem Instrument sprach: ›Meine Geige ist für mich ein Lebewesen – unglaublich zart, unglaublich stark – so empfindlich ist sie wie ein kleiner Vogel, den ich in der Hand halte und zärtlich an mich drücke. Glauben Sie mir, die Geige ist gleichsam das Gehäuse meiner Seele.‹«

Auch Mischa Maisky hat eine Geschichte zu erzählen:

»Von Nicola Amati, dem Lehrer von Stradivari (1644–1737), sind nur wenige Instrumente erhalten – darunter auch sechs Violoncelli, die er im Auftrag für die Hofkapelle des jungen, 1560 im Alter von zehn Jahren auf den Thron gelangten Königs Karl IX. von Frankreich baute (Sohn von Katharina de Medici), der schon mit dreiundzwanzig Jahren starb. Eines, vielleicht das schönste, wegen seines Klanges international begehrteste Instrument, gehört seit einiger Zeit dem am Salzburger Mozarteum lehrenden Julius Berger. Berger hat das Amati-Cello, das ›älteste der Welt‹ – nachdem es ihm erstmals 1984 angeboten wurde – schließlich 2004 zu einem unsäglich hohen Preis mit Hilfe eines Mäzens erworben.«

Für Berger war es die letzte Chance, denn Mischa Maisky, der schon von dem Amati-Cello träumte, hatte sich – für den Fall, dass Berger wieder zurücktreten würde – eine Kaufoption gesichert. Zu seinem Glück sollte es ein Traum bleiben. Das Cello war, wie sich später herausstellte, nicht in seinem Originalzustand! Der Instrumentenbauer François Lupot hatte es nach der Französischen Revolution, dem veränderten Klangideal der Zeit entsprechend, verkleinert … Unverhohlene Schadenfreude lodert in den schwarzen Augen des Cellisten, glücklich, sein unverändertes Montagnana-Violoncello aus dem Jahr 1720 fest im Arm zu halten.

»Es geht mir«, begeistert er sich, »wie Yehudi Menuhin mit seiner Geige: Ein herrliches Violoncello ist wahrlich ein lebendiges Wesen. Sein Holz speichert die Geschichte, die Seele ihrer verschiedenen Besitzer.« Er schwärmt von der noblen Schönheit, vom vollen erdigen Ton, »der bei starkem Vibrato einen fast sakralen Charakter entwickelt – wahrlich Engelsmusik!«.

»Engelsmusik«, denke ich bei mir, »Engelsmusik« – ganz im Einklang mit der Erscheinung des begnadeten Künstlers Mischa Maisky. Er selber gab das Stichwort. Auf diesen Moment habe ich gewartet, um ihm endlich meine Assoziationen während seines Auftritts in Hamburg zu gestehen:

»Ich sah in Ihrer Erscheinung die Wiederkehr eines skurrilen Erzengels.«

»Von welchem?«, möchte er wissen.

»Ich dachte an den Erzengel Gabriel!«

»Gabriel? Der Verkünder der jungfräulichen Geburt? – Undenkbar!«

Erregt wendet er sich den Automaten zu. Sein Blick gehört nur noch ihnen. Er muss sie öffnen, hebt die Deckel, erklärt, verzückt von der Feinheit ihres Innenlebens, den Zauber der filigranen Spieluhren-Mechanik: die golden schimmernden Klangwalzen – die gelochten Messingscheiben mit ziselierten Sternbildern. Wie ein Verliebter blickt er in ihr Innenleben.

Inmitten seines Spieluhreneifers frage ich ihn nach seiner Lieblingsbeschäftigung neben der Musik? Die Antwort lässt keine Frage offen:

»Making children! – Bach hatte zwanzig – bei mir sind es erst sechs!«

Er umarmt sein Montagnana, ergreift den Bogen, streicht über die Saiten – schon in den ersten Tönen erkenne ich »Le Cygne«, den Schwan von Camille Saint-Saëns; sich wiegend auf hohen und wieder fallenden Tonebenen – von sanften Wellen getragen im stillen See – dahingleitend wie in einem Traum …

Das Schlagen der Standuhr mahnt zum Aufbruch. In fünfundzwanzig Minuten geht mein Zug. Eines langen Tages Reise geht zu Ende – um 0.45 Uhr werde ich in Hamburg ankommen.

Dann kam das böse Erwachen!

Der Erzengel zeigt sich im Dunkelkammerlicht nur schemenhaft in geheimnisvoller Unschärfe … Ein einziges Bild gab die Belichtung frei: schwarz auf weiß!

Ich rieb mir die Augen … Nichts mehr ließ sich dingfest machen … Ein Bühnentraum, der in der feinsten Silberemulsion verrann.

Was aber bleibt? – Musikalische Sternstunden der Sinne! Ich erinnere mich, vollkommen verzaubert gewesen zu sein.

Dietrich Fischer-Dieskau
Hans Heinz Stuckenschmidt
Berlin · Lindenallee 22 · 13. Januar 1986

Hans Heinz Stuckenschmidt, der legendäre Musikwissenschaft-
ler und Kritiker, Jahrgang 1900, der so manch ein Talent entdeckte und ihm die Türen öffnete, von dem ich – seinen Worten
nach – die gelungensten Portraits machte (S. 83), schrieb mir:

*Die Bilder gehören nicht nur zu den schönsten Aufnahmen aus
meinem langen Leben, sondern zu den besten Fotos, die ich je gesehen habe. Ich bewundere sie und Sie! Wie sprechen Fischer-Dieskau, Yehudi Menuhin und Aribert Reimann zu mir …*

*Portraitieren Sie Dietrich Fischer-Dieskau! Ihn, den großartigs-
ten Sänger, den die Zeit hervorgebracht hat, mit einer Stimme, die
nicht noch einmal geboren wird.*

Dem Rat bin ich gefolgt. – Dietrich Fischer-Dieskau antwortete auf überaus höfliche Weise:

*Sehr verehrte gnädige Frau, gerne wirke ich in so illustrem Kreise
an Ihrer Portrait-Arbeit mit. Allerdings kann ich Ihnen nur als einzigen günstigen Termin den 13. Januar anbieten. Gern mache ich mich
zu Ihrem sehr ergebenen Mitarbeiter am Portrait …*

Zwei beglückende Liederabende mit dem begnadeten Sänger
auf dem Höhepunkt seiner Stimme hatte ich erleben dürfen in
Köln und Düsseldorf. Hoch und aufrecht, bewegungslos wie eine
Säule, sehe ich Dietrich Fischer-Dieskau auf der Bühne wieder
vor mir, eine Säule, die zu klingen beginnt, sobald die Stimme
sie durchströmt. Hingegeben an das Lied in vollkommen feinsten
Schattierungen, zog er das Publikum in seinen Bann. Ich hielt
den Atem an: »Am Brunnen vor dem Tore« wie auch in der »Winterreise« huldigt er wieder und wieder der Ruhe, der Sehnsucht
nach Frieden und Einkehr in selige Gefilde …

In »Wandrers Nachtlied« verbinden sich in der Leuchtkraft der Poesie Wirklichkeit und Traum, bis am Ende in der Stimme das lang gedehnte U-U-U bodenlose Tiefe erreicht:

Über allen Gipfeln
Ist R-u-u-h',
In allen Wipfeln
Spürest du
Kaum einen Hauch;
Die Vögelein schweigen im Walde.
Warte nur! Balde
Ru-u-u-hest du auch.

Joachim Kaiser, dessen lebenslange Aufgabe es war, hinzuhören, um dann ein nobles Urteil zu fällen, sehe ich wieder neben mir, gesenkten Hauptes, mit geschlossenen Augen, eingesponnen in den Gesang. Später schrieb er über Fischer-Dieskaus Interpretationen von Schumanns Liederkreis: »30 Sekunden genügen. Man muss nur die ersten Takte des Eröffnungsliedes ›Aus der Fremde‹ hören, wie Fischer-Dieskau sie 1977, empfindsam begleitet von Christoph Eschenbach, sang; und es kann keinen Zweifel geben, dass er für solche Kunst der Erste, ja fast der ›Einzige‹ war. Wie er beim ›Aus der Heimat hinter Blitzen rot, da kommen die Wolken her‹ die Worte ›Heimat‹ und ›Blitze‹ zart erfüllt abtönt, dann eine neue schmerzlich leise Farbe findet: es ist eine fast gespenstische Meisterschaft. – Dietrich Fischer-Dieskau hat Schuberts Lieder-Zyklus ›Winterreise‹ ein Künstlerleben lang so unmittelbar dramatisch, so aufregend, so tiefbeteiligt gesungen, als wäre er auf die Welt gekommen, um zu bezeugen, dass Schuberts ›Winterreise‹ ein Mysterium sei. Ohne Dietrich Fischer-Dieskaus unvergleichliche Vergegenwärtigungskraft hätte es in den Jahren nach 1945 die weltweite Renaissance, den ›Boom‹ des deutschen Kunstlieds nicht gegeben.«

Die Times nannte ihn »den besten Liedersänger der Welt«. Benjamin Britten komponierte die Bariton-Partie seines »War Requiem« allein für Fischer-Dieskau.

Als junger Sänger verkörperte er die mythische Stimme des Orpheus, dessen Gesang Tiere, Bäume, Blumen, ja, Steine, selbst die Mächte der Unterwelt, zu rühren wusste …, wenn der Bariton in der Arie – den Tod seiner Frau bei der Geburt des dritten Sohnes vor Augen – in bezwingender Hingabe an den ewigen Schmerz zur Klage anhob: »Ach, ich habe sie verloren …« – Er bleibt zurück – allein, wie er immer war und sein wird …

Gerald Moore, neben Jörg Demus und Günther Weißenborn sein unvergessener Liedbegleiter, sagte über »den scheu und vergeistigt wirkenden Deutschen: Dieser Mann hat mich tiefer in das Wesen von Schubert, Schumann, Wolf, Brahms eingeführt, als ich selbst je eindringen konnte«. Moore spürte augenblicklich, »dass dieser junge Sänger eine Kategorie für sich war. Sein unnachahmlicher Rhythmus, der Lebenssaft der Musik, zeichnete ihn vor jedem anderen Sänger aus.« Im »Erlkönig« trieb sein Wahnsinns-Rhythmus die Stimme vor sich her.

»Er hat«, schrieb Jörg Demus über seinen Freund, »wahrscheinlich zum ersten Mal in wirklicher Vollendung gezeigt, dass es möglich ist, Inhalte in ihrer vollen Tiefe und Bedeutung zu vermitteln und damit dem Dichter zu dienen, während zugleich die menschliche Stimme – wie schon Schumann sagte – das herrlichste Musikinstrument bleibt.«

Ich erlebte Fischer-Dieskau als »Papageno« sowie in der Rolle des »Figaro« auf der Opernbühne, wo ihn die Leuchtkraft der Stimme über das wahrhaft fehlende Schauspiel-Talent hinwegtrug.

»Flüstre meinem Sang Melodien zu« (Goethe, »An den Mond«), fleht der Sänger inniglich seine Muse an:

»Oft hat ein Seufzer, deiner Harf entflossen,

Ein süßer, heiliger Akkord von dir

Den Himmel bessrer Zeiten mir erschlossen,
Du holde Kunst, ich danke dir dafür!«
(»An die Musik«, Franz Schubert. Text: Franz von Schober)

Während ich in Berlin (am 13. Januar 1986) vor einer mächtigen, abweisenden, grauen Villa warte, steigt das Bild von damals vor mir auf: Dietrich Fischer-Dieskau auf der Bühne, hochaufgerichtet – eine tönende Säule.

Das Thermometer misst minus 10° Celsius.

Ein Portal öffnet sich. Ich betrete eine kalte, holzgetäfelte Halle. Vor mir, über einer erhöhten Stufe, teilt sich die schwere bordeauxrote Samt-Portiere.

Eine hochaufragende Gestalt in asketischer Blässe – steingrau in Kaschmirwolle gekleidet – tritt aus einer anderen Welt hervor, in die ich ihr folgen soll. In welch verschlossenes Reich dringe ich hier ein? Bühne? – Wirklichkeit? – Das marmorweiße Antlitz lässt mich frieren. Mich empfängt »der steinerne Gast« (aus Mozarts »Don Giovanni«) – nicht Orpheus. Formvollendet werde ich begrüßt. Nichts rührt sich im dunklen, schwach beheizten Haus. Mantel und Gepäck werden mir abgenommen mit der unsicheren Frage: »Wohin darf ich Sie für unsere geplante Fotoaktion führen?« – »An Ihren liebsten Platz!« – »Also am Flügel!« Wir steuern ins Musikzimmer. Auch hier herrscht beklemmende Düsternis. Wortlos lässt sich der Kammersänger auf dem hohen Klavierhocker im tiefschwarzen Glanz des herrlichen Steinway-Flügels nieder, richtet den Blick schweigend auf den wertvollen Notenständer aus Ebenholz – schlägt ein paar Töne aus der »Müllerin« an … hält wieder ein. Wie bleich er aussieht! – Mir wird erklärt, dass die Musik die Gedanken frei macht: »Musik schafft Ordnung aus dem Chaos …«

Um meinem Prinzip treu zu bleiben, auf künstliche Lichtquellen zu verzichten, erlaube ich mir, das mitgebrachte weiße Bettlaken über den kostbaren Notenständer zu drapieren, um indirekt das ohnehin blasse Gesicht aufzuhellen, nicht ahnend, dass diese Handlung der Entweihung einer Reliquie gleichkommt. Fassungslosigkeit malt sich aufs versteinerte Antlitz. In ganzer Länge erhebt sich der berühmte Liedersänger, packt meine Tasche. Der Weg führt in den Wintergarten im frostigen Januarlicht.

Wieder stoße ich in eine vereiste, verschlossene Welt. Ein kalter Luftzug fegt uns entgegen. Phantastische Eisblumen blühen auf den Fensterscheiben bis unters Dach. Wird der Temperatursprung den empfindsamen Stimmbändern womöglich schaden? Draußen krächzen »des Winters unheilvolle Boten« – ein Schwarm rabenschwarzer Krähen im kahlen Geäst. (»Eine Krähe war mit mir / Aus der Stadt gezogen …«)

»Von oben bin ich am besten«, höre ich hinter mir.

Von oben bin ich am besten? Welch absonderliche Idee! Inmitten verdorrter Topfpflanzen ragt eine hohe Trittleiter empor.

»Von oben bin ich am besten«, wird mir zum zweiten Mal bedeutet.

»Ich habe verstanden!«

Mit der kostbaren Hasselblad im Arm wanke ich auf der Leiter bis zur obersten Stufe, während der höfliche Kammersänger mit festem Griff meinen Aufstieg sichert. Er biegt mir sein erstarrtes Antlitz entgegen. Ich neige mich mitsamt der Kamera zu ihm nieder: Augenaufschlag einmal – zweimal – dreimal – immer von unten nach oben; als Nächstes das Haupt nachdenklich auf eine Leitersprosse gestützt, den Blick zur Decke gewandt, unbewegt verharrend, bis ich erneut abdrücke, weiterspule – abdrücke – einmal – zweimal – dreimal … Aber wo sehe ich das Gesicht – »die große Leinwand des Herzens«, wie der Malerfreund von Julian Barnes, Lorrie Moore, es nennt?

Siegesgewissheit verrät jetzt der Blick. Alles lief nach routiniertem Muster. Abbild? Erfindung? Der einstudierte, von jedem Plattencover bekannte treue Hundeblick ist im Kasten! Ohne Verfallsdatum!

Mein Gegenüber löst sich aus seiner statuarischen Haltung. Unverhüllt gleitet ein schwaches Lächeln der Zufriedenheit über die Lippen. Das abgedroschene Klischee jedoch suchte ich nicht! Was verbirgt sich hinter dieser Fassade? Ich steige von der Höhe herab zum Künstler, in seine Einsamkeit. Beide – der Sänger und die Fotografin, befreit vom Zwang des anderen. Dietrich Fischer-Dieskau schaut mir ins Gesicht. Er weiß sich sicher – ihn wird nichts mehr aus der Fassung bringen … glaubt er …

Aus meinem Gepäck ziehe ich das Programm von 1962 und sein Buch »Töne sprechen – Worte singen« hervor, mit der Bitte um eine Widmung. Die eingelegten Notizzettel, Beweise meiner Auseinandersetzung mit dem Leben des einzigartigen Sängers sind nicht zu übersehen. Ich erzähle von meiner Begegnung mit seinem Freund und Liedbegleiter, Aribert Reimann, und erfahre auf diese Weise von der Komposition, die er eigens Dietrich Fischer-Dieskau widmete.

Im Gedanken an die herrlichen Liederabende, an die unvergesslichen Auftritte in Köln und Düsseldorf, interessiert es mich, welches der vielen Schubert-Lieder für ihn die tiefste Bedeutung hat? Ich wusste es, Schuberts Lieder faszinierten Fischer-Dieskau seit seiner Jugend. Ihn fesselte deren tiefe, innere Zerrissenheit, die verlockende Todeswelt, Einkehr in selige Erlösung – Ru-u-he … In ihnen entdeckte er den ganzen Kosmos der menschlichen Empfindung, die Hingabe an ewigen Schmerz des irdischen Lebens.

Mit dem Gespräch über die Geschichte und seine Faszination des Liedes, mit den Grüßen und der eindringlichen Empfehlung vom berufenen Kritiker Hans Heinz Stuckenschmidt, den Stern unter den Liedersängern, Dietrich Fischer-Dieskau, zu portraitieren, bricht das Eis … Ich schaue in ein offenes, nachdenkliches Gesicht voller Melancholie, als sänne es fernen Klängen hinterher. Die Blässe verfliegt – die Gesichtszüge nehmen Farbe an – kein Argwohn steht zwischen uns! Das Bemühen um Annäherung, um Vertrauen, ist ein einziger Balance-Akt zwischen Distanz und Nähe – zwischen Zu-Wendung und Aus-Einander-Setzung zugleich!

Wird er mir gelingen? Wird sich die Persönlichkeit des Sängers – gefangen in sich selbst – öffnen, das eigene Gesicht zeigen?

Wie versprochen, schickte ich Dietrich Fischer-Dieskau eine Auswahl der entstandenen Fotografien, ohne zu vergessen, das von mir bevorzugte Bildnis für den Portrait-Band »Zeit und Augenblick« zu markieren; jenes Portrait, das im Dialog nach dem Leiter-Schauspiel gelang.

Jedoch allein der von jedem Plattencover tausendfach bekannte, nach oben gerichtete, treue Hundeblick wurde freudig akzeptiert, während nur eines – mein Favorit – ausgemustert wurde: jenes, das Neue, Andere, tiefsinnig in asketischer Haltung »der scheue vergeistigte Deutsche«, den Gerald Moore in ihm sah. Ein Augenblick! Kein Zeichen der verrinnenden Zeit konnte der gerühmte Sänger zulassen. Ich war enttäuscht – nicht überrascht.

Ich fühlte mich meinem Versprechen verpflichtet und schrieb:
Verehrter Dietrich Fischer-Dieskau,
ich werde kein Portrait veröffentlichen, das nicht Ihre Zustimmung findet! Ich werde aber auch kein Portrait publizieren, mit dem ich mich nicht identifizieren kann!

So sucht man vergeblich im Portrait-Band »Zeit und Augenblick«, mein Bildnis von Dietrich Fischer-Dieskau, vom »größten Sänger, den die Zeit hervorgebracht hat«.

Herta Müller

Berliner Literaturhaus · 6. Juni 2016

»Ich habe Angst! Ich kann mir meine Zusage zu unserem Treffen nicht verzeihen.« Blanke Angst flackert in den Augen, in der wehklagenden Stimme. Auf der schmalen Treppe im Berliner Literaturhaus treffen wir zusammen – ich auf dem Weg nach unten, um Herta Müller im Café aufzuspüren – sie auf dem qualvollen Weg nach oben, um mich im Sekretariat zu suchen. Wir kommen aneinander nicht vorbei.

In diesem Moment – das wusste ich – entscheidet es sich: Folgt sie mir nach oben oder ich ihr nach unten? Unten würde sie mir entkommen. Die zarte Person drängt nach oben. Also gehe ich im Rückwärtsgang wieder hinauf – sie folgt mir im Vorwärtsgang. Es gibt keinen Weg zurück.

Die unverwechselbare – mir früher unangenehme Stimme, die ich aus dem Radio kenne, wiederholt das Lamento: »Ich habe Angst! Warum habe ich zugesagt?« Ich blicke in ein fragend schönes Antlitz – verschreckt, voller Melancholie, eingerahmt von steifer, pechschwarzer, streng geschnittener Frisur. Das kalkweiße Gesicht – eine gemalte Klage. Der blutrot geschminkte Mund, die dunkel umrandeten Augen, erinnern mich an das traurige Maskengesicht von Marcel Marceau auf fragilem Körper. Sie gibt die Richtung vor – auf die von Glyzinien überrankte Terrasse im Sonnenschein.

Sie schleppt die Angst mit sich von einem Gedanken zum nächsten, wie die »Reisende auf einem Bein«, dem Theaterstück, das ich kurz zuvor, 2016, im Deutschen Schauspielhaus sah; wo auf der finsteren Bühne filmische Schwarz-Weiß-Szenen die Abgründe des menschlichen Charakters im sozialistischen System ins Licht reißen, während zur gleichen Zeit, gegenüber, vor dem Hauptbahnhof, hunderte Flüchtlinge dicht gedrängt in Zelten unter dem Schutz der Polizei um den letzten Rest von Hoffnung ringen.

Herta Müller schaut mich an: Ihr bedrohter Blick? – Was liegt dahinter? – Die Klage? Ist sie ihr angeboren, verwachsen mit dem zehrenden Schrecken ihrer Mutter nach fünf Jahren durchlittener Demütigungen im Arbeitslager? Wenn sie als Kind das verbotene Wort »Deportation« hinter vorgehaltener Hand auch nicht verstand, sie spürte die Angst. An diesem Erbe litt nun auch das Kind von klein auf. Es sollte ihm schon die bedrückenden Themen der späteren Werke vorgeben; eine eigene Sprache von poetischer Kraft, die den Leser frieren lässt, wie in der »Atemschaukel«, die Herta Müller 2009 den Literaturnobelpreis einbrachte und in fünfzig Sprachen übersetzt wurde.

Es herrscht strahlendes Juniwetter. Es ist heiß. Das zarte Grün der sonnendurchschienenen Blätter wirkt besänftigend. Um sich selber zu beruhigen, wird die Verängstigte tätig, schafft frisches Wasser und Gläser herbei, rückt den vermoosten Tisch und Stühle hin und her, bis sie sich erschöpft auf den harten Gartenstuhl fallen lässt. Während ich unauffällig meine Kamera einrichte, beginnt Herta Müller zu sprechen:

»Auf dem Weg ins Literaturhaus verfolgten mich wieder die grellen Scheinwerfer stundenlanger, gnadenloser Verhöre im sozialistischen Rumänien des Ceauşescu-Regimes, des ›Pflaumenfressers‹. Noch unten im Garten fragte ich mich: Warum habe ich nicht abgesagt?« Aus ihrem Brief wusste ich, welche Überwindung sie die Antwort gekostet hatte.

Zu ihr, der als höchst schwierig und kapriziös bekannten Autorin, fand ich vor allem über ihre Literatur einen vergleichsweise schnellen Zugang, weil ich alles, was der Lagerinsasse Oskar Pastior, alias »Leopold Auberg«, in der »Atemschaukel« durchmacht, wie eine Wiederholung der Erinnerungen meines Mannes las – an dessen fünf Jahre lange russische Kriegsgefangenschaft.

Die Kühnheit, das knappe Stakkato ihrer Worte, ihre eindringliche Sprachmagie, treffen ins Innerste. Für mich ist das schwer auszuhalten, sodass ich beim Lesen mit den Tränen kämpfe.

Herta Müller begann mit dem Schreiben, als für sie in der Fabrik die Schikanen durch den Geheimdienst unter der Diktatur Ceauşescus ein unerträgliches Maß annahmen und ihr als Angestellte der Arbeitsplatz auf der Treppe zugewiesen wurde. Das Schreibverbot ließ nicht lange auf sich warten.

1986 – endlich im Westen angekommen – begegnete sie in Berlin dem alten Freund und Schriftsteller Oskar Pastior, auch er ein Rumäniendeutscher aus dem Banat. Erschüttert von seinen Berichten aus der Zeit im Arbeitslager, von der späten Heimkehr in die »Fremde«, begann sie, als sein Erzählstrom nicht mehr aufzuhalten war, Aufzeichnungen zu machen. Es sollte ein Buch werden – »eine poetische Dokumentation des Lagers« (»Mein Vaterland war ein Apfelkern«), die sie nach dem plötzlichen Tod von Oskar Pastior, 2006, allein zu Ende führen musste.

Alles, was der Freund erzählte – die qualvollen Strecken von Gefängnis zu Gefängnis, von Lagerhaft zu Lagerhaft –, kannte ich nahezu wortwörtlich aus dem Mund von meinem Mann.

»Es war drei Uhr nachts …« Genauso begann 1945 auch sein Leidensweg im verschlossenen Viehwaggon, Tag und Nacht bei eisiger Kälte – eine Höllenfahrt ins Ungewisse … Ich spürte wieder die alte »Schmerznähe«. Aus jedem Satz, den ich jetzt las, hörte ich seine Stimme – in Wiederholungen von Wiederholungen – lebenslang. Mir wurde erneut bewusst, dass mich sein Schicksal nie loslassen wird.

Für Andrej Sinjawski, Alexander Solschenizyn, Lew Kopelew, Anna Bucharina, Ossip Mandelstam, selbst für Dostojewski, auch für Imre Kertész – die Schriftsteller –, für sie alle wurde das Lager zur traumatischen Erfahrung ihres Lebens, zum Brandmal einer ganzen Epoche, in der Millionen unschuldiger Menschen umkamen.

Als Nachgeborene schrieb Herta Müller die dunklen Erinnerungen fort. Sie übersetzte die berichteten Gräuel des heimgekehrten Leopold Auberg in ihre eigene bedrängende Sprache. Vieles erinnert mich an die finsteren, bedrohlichen Erzählungen von Ludmila Petruschewskaja, die sich mit ihren Albträumen in die Nacht der Märchen flüchtet (»Der schwarze Mantel«). Herta Müller schreibt »Die Nacht ist aus Tinte gemacht«.

Ich fragte mich – und frage mich immer noch, wie und mit welchen Schmerzen Gert, mein Mann, das atemnehmende Buch gelesen hätte? Hätte er es überhaupt lesen wollen? Eine Antwort gibt es nicht – die Frage bleibt …

Ich kannte sie alle: den niederträchtigen Lagerkommandanten »Natschalnik«; ich kannte den vom Hunger getriebenen Dieb, der seinem Kameraden das aufgesparte Brot klaute, um dann vom »Brotgericht« der Mitgefangenen totgeprügelt zu werden.

Ich kannte den fad-süßlichen Geschmack der Maulbeeren, das lebensrettende »Meldekraut«, das aufgrund seiner Quelleigenschaft das Volumen einer Wassersuppe verdoppelte oder gar verdreifachte; ich kannte den vorgetäuschten »Freundschaftsbeweis«, das hinterhältige Aushorchen des Nachbarn auf der Pritsche; das quälende Heimweh, und den alles beherrschenden »Hungerengel, der immer und überall mit am Tisch saß«, der jede Moral vergessen ließ.

Doch für Gert, meinen Mann – das betonte er wieder und wieder – bedeutete das »Fressen roher Kartoffelschalen« allertiefste Erniedrigung, der er sich nicht ergeben wollte. Ich sehe die Kriegsgefangenen nachts nackt aneinandergedrängt, um sich unter Mänteln durch die gemeinsame Körperwärme vor dem Erfrieren zu retten.

Ich meine, den bittermandelähnlichen Gestank der Wanzen zu riechen, die sich in der Nacht von der Decke zielgerade auf die ausgemergelten Körper fallen ließen. Ich höre im Geist den Rasierer beim Abscheren jeglicher Körperhaare – bevorzugte

Brutstätten der Fleckfieber übertragenden Filzläuse. Zählappelle bestimmten den Rhythmus des Tages.

Seinen Glauben an Gott verlor Gert angesichts des unverschuldeten Elends, das der »Allmächtige« zuließ. Als ein Pfarrer einem sterbenden Kameraden mit frommen Sprüchen zu Hilfe kommen wollte, nachdem er früher versucht hatte, den Kranken zu bespitzeln, schrie der Sterbende: »Verschwinden Sie, Herr Pfarrer, mir graut vor Ihrer Fratze!«

»Es wird ein Heimweg kommen, der bis ans Ende geht«, prophezeit die Autorin in ihrem Roman.

Nach der Entlassung war dem heimgekehrten Oskar Pastior/ Leopold Auberg »zwischen den Heimatsatten vor Freiheit schwindlig«, dessen Weg, wie ich es auch von meinem Mann wusste, für den Kauf einer Schachtel Zigaretten mit Ängsten gepflastert war. Alles tauchte beim Lesen wortwörtlich wieder auf: der Erinnerungs-Blechlöffel, der Aluminiumkamm – geheiligte Reliquien nach der Heimkehr.

Wie Leopold Auberg blieb auch Gert lebenslang in seine Erinnerungen eingesperrt. Entweder schwieg er oder redete ohne Halt. Eisern wehrte er sich, seine traumatischen Erinnerungen auf Papier zu bringen – vielleicht war es die Angst, auf diese Weise die eingebrannten Erlebnisse auszulöschen … Gert erzählte nicht in Allegorien; ihm stand die poetische Sprache nicht zur Verfügung; nur die nackte Sprache der Realität. Ich begriff, welche Dringlichkeit in diesem Erzählen steckte. Er brauchte den Zuhörer bis ans Ende.

In dieser Gemütsverfassung hatte ich mich am 8. Juni aufgemacht nach Berlin; die Schwere der »Atemschaukel« im Gepäck. Herta Müller und ich wurden Zuhörer zweier lebensverwandter Schicksale. Das ließ uns zueinander finden in einer unvergesslichen Stunde: Die Terrasse erweist sich als ideal gewählter Ort für die Begegnung im sanft gebrochenen Sonnenlicht. Als sei uns der Himmel näher, verliert hier oben vieles seine Schwere – die

Maulbeeren, das Meldekraut, die Löcher in den Wolken verlieren ihre Schatten.

Herta Müller erzählt vom täglichen Kühehüten, ganz allein inmitten der Natur: »Mit wem sollte ich sprechen? – Ich war noch ein Kind … Da waren die Tiere, Wolken, die Blumen; ich zählte die Vögel auf den Stromleitungen vor ihrer geheimnisvollen Abreise nach Afrika; ich beobachtete die Schmetterlinge, hörte die Bienen, die Hummeln, den Regen. Ihnen und dem Wind lauschte ich die Töne ab. Bei ihnen bin ich in die Schule gegangen, Tag für Tag, von morgens bis zum Abend …«

Die Angst ist aus dem Blick gewichen; ein Schimmer von Heimweh glänzt in ihren Augen – Heimweh nach dem Ort, wo alle Bäume und Blumen sie kannten, wo sich die Bilder und Stimmen zu Träumen verwoben.

Als habe sie uns gehört, brummt eine dunkle Hummel ins Gespräch. Wie eine kleine Drohne saust sie zwischen uns hin und her …

»Pelzarsch in Schwarz!«, schimpft Herta sie zärtlich.

Sie muss auch *davon* erzählen:

»Während sich meine Mutter schon tagsüber mit dem Ehemann, einem Alkoholiker, herumschlug, da war das Kind besser bei den Kühen aufgehoben und kam erst abends dran, mit Schlägen, die für die Mutter seit der Zwangsarbeit zum Umgang gehörten. Bilder, Albträume, Gedanken, die sich in der Tiefe der frühen Erinnerungen des Kindes abgelagert hatten. Und wer einem Kind zuzuhören versteht, ist verblüfft, mit welch instinktiver Sicherheit es das »Wesentliche« vom Unwesentlichen zu trennen und wiederzugeben weiß. »Je mehr Wörter wir uns nehmen dürfen, desto freier sind wir«, war ein Kernsatz in ihrer Nobelpreisrede.

Nach der Ausstellung »Bild und Wort«, 2013 in Lübeck, habe ich erst viel später verstanden, dass »Der Wörtertisch« eine neue Bühne für ihre Texte bedeutete, auf der sie ihre Collagen bildlich durchspielt: »Es ist für mich mittlerweile selbstverständlich, mit den ausgeschnittenen Wörtern zu schreiben – auf ganz sinnliche Art – weil man jedes Wort anfassen kann … Ich war verblüfft, weil plötzlich einzelne Wörter beginnen, eine ganze Geschichte zu erzählen … Mit den Jahren wurden die Wörter so staubig, dass ich sie nicht mehr benutzen konnte … Dann landeten sie in Schubladen oder im Wörterschränkchen, wo sie dort warten, dass sie endlich in einen Text einsteigen dürfen.«

Sie erzählt von ihren ersten Eindrücken im »fremden Westen«, der Freiheit, geblendet von den schreienden Farben der Werbung, dem Überfluss, sodass sie angesichts der fein gedeckten Tische und luxuriösen Speisekarten in unzähligen Restaurants mit den Tränen kämpfen musste: »Da habe ich kapiert, wie viel Leben uns gestohlen wurde, auch das Gesicht.«

Durch das offene Fenster des Sekretariats dringen Bruchstücke unseres Gesprächs – auch das Lachen.

Ich spreche Herta Müller auf ihren Landsmann, den Dichter Mircea Dinescu, an, der in der Zeit des Aufstands in Rumänien einer war, der den »Pflaumenfresser« Ceauşescu mit vom Thron stieß. Dinescu, der in den 1990er Jahren als Held gefeiert wurde, dem ich 1991 mit der Kamera begegnete, nimmt in meinem Europa-Buch neben seinem fordernden Gedicht einen wichtigen Platz ein:

Erst kürzlich aufgetaucht aus den dunklen Höhlen des
Kommunismus, scheinen wir Osteuropäer noch wild
und orientierungslos wie die Barbaren, die einst vor
Roms Toren standen. Ihr, die ihr jenseits der Tore steht,
geratet nicht in Panik! Wir sind nicht gekommen,
um mit den Waffen zu rasseln oder um Mitleid zu betteln.
Wir wollen euch nur daran erinnern, dass wir Brüder sind.

Vor Kurzem sprach eine Rumänin in abfälligem Ton von ihm, weil er, »dick und vollgefressen«, Schweine mästet, Frauen vernascht wie Wein, den er selber anbaut und verkauft.

»Was hat diese Dame dagegen?«, empört sich Herta Müller. »Er soll wunderbaren Wein machen. Eine Kultur, die durch die Monokultur der Sowjets total zerstört wurde. Früher konnten wir mit Frankreich konkurrieren! Mircea Dinescu war in der Wende ungeheuer wichtig – er riskierte sein Leben. Warum soll er es jetzt nicht genießen? Natürlich hat er Feinde! Wir alle haben Feinde – Sie doch auch?«

»Oh, ja!«, stimme ich ihr zu, »insbesondere die, die sich hinter übertriebener Liebenswürdigkeit und vorgetäuschtem Wohlwollen verbergen. Gehört inzwischen Dinescu zu den ›Vergessenen‹?«

»Vielleicht – er hätte es nicht verdient.«

Das Gespräch fließt unaufhaltsam dahin. Die Zeit verfliegt. Ernest Wichern, der Direktor des Literaturhauses, gesellt sich zu uns – auch er ein Rumäniendeutscher aus dem Banat. Ihn interessiert, was wir miteinander sprechen. Auch er kennt Mircea Dinescu und ist bei dem Namen hellhörig geworden.

Als ich dann glaube, diese intensive Stunde – wie abgemacht – nach sechzig Minuten beenden zu sollen, schaut mich Herta Müller ungläubig an. Ermattet sinkt das winzige schwarze Pelzknäuel, die Hummel, auf ein welkes Blatt …

»War es schlimm?«, fragt eine Mitarbeiterin aus dem Büro.

»Nein, wir hatten ein tolles Gespräch, obwohl mich heute Morgen Angstschmerzen entsetzlich quälten …« – und damit entblößt die Dichterin ihren mageren Bauch, durchschnitten von einer unheimlichen Narbe einer Notoperation 2013 kurz vor einer Lesung in Bern. Ein Stigma, das ihr bleibt wie die wunde Seele.

»Es ist ihr gelungen, dich abzulenken«, erlaubt sich Ernest Wichern zu bemerken. Herta Müller strahlt mich an: »Nein, Sie haben mich weder abgelenkt noch abzulenken versucht. Ich hätte darauf empfindlich reagiert.«

Sie ertappt sich bei einem Anflug von warmer Herzlichkeit, als sie mir die Hand scheu auf die Schulter legt. Sie umarmt mich zum Abschied – erleichtert und glücklich, die »viel zu kurzen sechzig Minuten« ohne Verhör, ohne grelle Scheinwerfer überstanden zu haben und wünscht mir Glück für meine Arbeit.

»Die Hummel Pelzarsch in Schwarz, war auch dabei«, schrieb mir Herta Müller auf die erste Seite der »Atemschaukel«.

Helmut Thielicke
Hamburg · 18. Februar 1986

Auf meine Anfrage am 3. Januar 1986, ob ich ihn mit der Kamera in der ihm liebsten Umgebung besuchen dürfe, schrieb Helmut Thielicke: »Gern – bald! Wenn es Ihnen passt, schlage ich den 18. Februar vor, obwohl ich wegen meiner etwas angegriffenen Gesundheit kein zuverlässiger Kantonist bin … Ich hoffe, Sie kommen nicht umsonst …«

Als ich mich nach unserer Begegnung von Helmut Thielicke, dem gerühmten »Kanzelfürsten« – wie man ihn in Hamburg nannte –, verabschiedete, ahnte ich nicht, dass ich nur wenige Tage danach an seine Frau, Marie Luise Thielicke, zusammen mit einem Kondolenzbrief die letzten Fotografien von Helmut Thielicke schicken sollte.

Als Antwort sandte sie mir mit freundlich begleitenden Worten die gedruckte Predigt zum Trauergottesdienst am 12. März in der Michaeliskirche zu Hamburg. Vor mir liegt der Nachruf von Hauptpastor Dr. Lutz Mohaupt.

Und wieder einmal wandern meine Gedanken in den »Michel«, die vertraute Michaeliskirche, wo ich im Glanz des barocken Goldes, der brennenden Kerzen, der Blumen, der Musik, des flutenden Sonnenlichts, in den vergangenen Jahren Trauerfeiern der großen Gestorbenen dieser Stadt miterleben durfte, da ich sie alle einmal portraitierte: Marion Gräfin Dönhoff, Siegfried Lenz, Ida Ehre, Helmut Schmidt – und nicht zuletzt Helmut Thielicke.

Auf einfühlsame Weise zeichnet Pastor Mohaupt in seinen Worten Helmut Thielicke als großherzigen, humanistischen, kampfbereiten Zeitgenossen, »der wie ein hoch aufragender Leuchtturm die Fahrrinne zum Glauben an Gottes Güte markiert hat.

Schon der so überaus weit gespannte Bogen seines Lebens und Wirkens«, heißt es in der Predigt, »würde uns außer Atem geraten lassen. Denn wo sollte man anfangen, wo enden? Bei dem Theologieprofessor, zu dessen Füßen wir im überfüllten Audimax gesessen haben, voller Spannung an seinen Lippen hängend, oder bei dem Prediger, der hier in der Michaeliskirche, auf dieser Kanzel mit seinen weit ausholenden Gesten und einer Sprachkraft ohnegleichen Tausende in seinen Bann schlug?«

Bei diesem Bild tritt mir wieder meine kirchenkritische Tante Mathilde vor Augen, wie sie sich damals am Sonntagmorgen ihren Hut aufsetzte, um sich still in die Schlange vor dem »Michel« einzureihen.

Während in der Trauerrede an die Warmherzigkeit des Seelsorgers erinnert wird, mit der er sich so vieler angenommen hat, der Zukurzgekommenen oder derjenigen, die die Lasten ihres Lebens vor ihm ausbreiteten, kommt mir wieder der wütende Appell des »Kanzelfürsten« in den Sinn, der im Zusammenhang fehlender, dringend benötigter Studentenheime und anderer Notstände damals, als zur Zeit des ersten Fluges zum Mond ein Hund als Versuchstier durch alle Zeitungen ging:

»Haben wir ein Recht zu diesem Himmelhund ›Leika‹ aufzusehen, dem wir nicht helfen können, und dabei unsere Menschenbrüder zu übersehen, denen wir helfen könnten! …«

»Aber wenn wir so anfangen«, fährt der Pastor in seinem Nachruf fort, »dann darf auch der Autor umfangreicher wissenschaftlicher Werke nicht übergangen werden, auch nicht der aufrechte Gegner des Nationalsozialismus und der Mitbegründer der Theologischen Fakultät in Hamburg, der mit akademischen Würden und öffentlichen Ehrungen reich bedachte Bürger dieser Stadt. Und wenn es denn der Geist Gottes selber gewesen ist, der ihm seinen Mund zum Zeugnis geöffnet, ihm die Fähigkeit geschenkt hat, Menschenherzen aufzuschließen und für das Evangelium in Brand zu stecken, … dann wird er sich gerade deshalb nicht anschicken, in selbstsicherer Pose durch das Tor des himmlischen Jerusalem zu schreiten … Er selbst hat uns dazu angeleitet, hinter solchen Bildern die Tiefendimension menschlicher Existenz wahrzunehmen: ›Stürzt euch, wo immer es geht, in das Kampfesgetümmel mit dem skeptischen Zeitgeist, der nicht wahrhaben will, dass jede ernsthafte Frage menschlicher Existenz letztlich eine theologische Frage ist …‹ In ihm sehen wir nicht nur einen der größten Theologen seiner Generation, der er war! – sondern einen aufrechten Kämpfer für die Menschenwürde, den Glauben, für die Herausforderungen der Zeit …«

Ging es doch schon in seiner Doktorarbeit um »Das Verhältnis von Vernunft und Offenbarung bei Gotthold Ephraim Lessing …«

Selbst unter Katholiken erfuhr Helmut Thielicke höchste Anerkennung und Verehrung. Das zeigte sich ebenso in seinen überfüllten Vorlesungen. Wie mir mein Freund, Prälat Max Eugen Kemper in Rom, Botschaftsrat am Heiligen Stuhl, verriet, hat auch er die Bücher von Helmut Thielicke verschlungen und ihnen bis heute in seiner Bibliothek einen besonderen Platz eingeräumt. Auch ihn zogen die Sprachmacht, die klaren Gedanken in den Bann: »Wie die Welt begann«, »Das Bilderbuch Gottes«, »Wer darf sterben? Grenzfragen der modernen Medizin« – Publikationen, die zum Teil in zwölf Sprachen übersetzt wurden und in der Öffentlichkeit immer wieder Aufsehen erregten. Sein Hauptwerk, die vierbändige »Theologische Ethik«, trug ihm neben dem internationalen Ruhm Gastprofessuren, Einladungen zu Vorträgen in der ganzen Welt ein.

»Schreiben, schreiben«, so steht es in der Trauerrede, »solange es noch ging. Zeugnis ablegen von der Wahrheit, die ihn selbst ergriffen hatte und bis zu seinem Ende beflügelte – eine Schaffenskraft, als würde sie nie versiegen, die immer wieder neu aufbrach, sobald er sich von einem seiner zahllosen Krankenlager erhob.«

Helmut Thielicke wusste um sein theologisches Temperament. Manchmal ist es ihm durchgegangen, wie in seinen Auseinandersetzungen mit den geistigen Vätern der Studentenrevolte der 68er, Marcuse und Adorno. Jahre später, am 6. März 2008, wird im Deutschlandfunk anlässlich des hundertsten Geburtstags des Theologen Helmut Thielicke gedacht:

»Seine Predigten zogen tausende Zuhörer in ihren Bann; die Kernsätze standen montags in der Zeitung … Eine Lücke aber ist nach seinem Tod nie wieder in der Evangelischen Kirche Deutschlands geschlossen worden: die des rhetorisch brillanten, seelsorglich engagierten Kanzelpredigers, der breite Massen in den Gottesdienst zog …, den eine große Sprachmacht auszeichnete – handfest, klar; die ihn, den zuversichtlichen Protestanten, zur Zielscheibe, zum tragischen Opfer der 68er Studentenrevolte machte, obwohl er deren politische Anliegen in mancher Hinsicht teilte.«

Seine Autobiografie »Leben auf einem schönen Stern« liest sich, als habe das Leben selber die Feder geführt. Eine Pointe folgt der anderen; ein unverfälschtes Spiegelbild des Menschlichen-Allzumenschlichen, herzerfrischend. Um dem Wortgewaltigen gut vorbereitet begründete Fragen stellen zu können, nutzte ich die Reise nach Hamburg, um insbesondere jene Seiten aufzuschlagen, die die Lektüre so farbig machen: die Nuancen zarter Momente, des Humors, der Traurigkeit, seiner Lebensfreude, der Verletzbarkeit; die Liebe zur Literatur, zu Theodor Fontane, Joseph Conrad, Matthias Claudius, Wilhelm Busch – ja selbst zu Winston Churchill; vor allem aber seine lebenslange Auseinandersetzung mit Goethe, dem er ein ganzes Buch widmete …

Gleich zu Anfang erzählt der Chronist von einer tiefgreifenden Kindheitserfahrung, verknüpft mit dem Tod des geliebten Großvaters; ein Erlebnis-Bild, eine Szene, an die ich schon bald nach unserer Begegnung auf gespenstische Weise erinnert werden sollte.

Der Kummer, die Angst um den Entschlafenen trieb den kleinen Enkel um: »Meine Mutter suchte meinen kindlichen Abschiedsschmerz dadurch zu mildern, dass sie mir erzählte, wie gut es jetzt der liebe Großvater habe, dass er nun unter den Engeln Gottes sei und ganz gewiss nach mir Ausschau hielte. Zugleich aber wurde mir verboten, das Sterbezimmer zu betreten, weil dort noch sein Leib schliefe und man ihn nicht stören dürfe, er bei den Engeln sei und doch noch daheim in dem vertrauten Bett liege. Das wusste ich in meinem kleinen Kopf nicht zusammenzubringen … So schlich ich mich entgegen dem Verbot heimlich ins Schlafzimmer und nahm bei diesem Unterfangen meine kleine dreijährige Schwester an die Hand. In dem halbverdunkelten Zimmer sah ich zunächst nichts vom Großvater, bis mir klar wurde, dass die Bettdecke auch über sein Gesicht gezogen war. Nun schien mir ein bedrückendes Geheimnis im Zimmer zu geistern, bis ich mich zu dem Entschluss aufraffte, die Decke zur Seite zu ziehen. Schreiend fuhren wir vor dem Anblick zurück. Der Großvater sah ganz fremd aus, aber doch wieder nicht so fremd, dass ich ihn nicht erkannt hätte … Fassungslos, schluchzend und schreiend stürzten wir zu den Erwachsenen, die mich nur unzureichend beruhigen konnten.«

Und weiter berichtet der in Barmen geborene Sohn des Schulrektors und der pietistischen Mutter von seiner Mitgliedschaft in der Jugendgruppe der Gemarker Kirche, jener Kirche, die 1933 unter dem Einfluss des Schweizer Theologen Karl Barth zum Schauplatz der Bekenntnis-Synode gegen die Nazis werden sollte.

Hinreißend schildert der mittlerweile Bejahrte das Erwachen des Fünfzehnjährigen, den unerklärliche Gefühlswallungen im klaren Denken behindern, sobald er die Nähe einer rothaarigen Klassenkameradin ahnt; den es plötzlich treibt, seinen Schopf mit duftender Pomade in Façon zu bringen; der Knabenträumen während der Religionsstunde nachhängt, »deren Langweiligkeit in zunehmend schärferem Kontrast zu dem farbigen Leben der

Bilder steht, die der jäh aktiv werdenden Phantasie entstiegen«; der den frisch erworbenen Bass im Liebesüberschwang in voller Lautstärke einsetzte, um sich selbst und anderen »die Grundgewalt des sonoren Stimmphänomens« zu beweisen; der in seinen Liebessehnsüchten beginnt, Hölderlins Wehmut nachzuempfinden, wenn der Dichter davon sang, dass das Bild der »Seinigen« ihn überwältigt habe, sodass er »ernster aufstand vom Knabenspiel« …

Während seines Studiums der Theologie und Philosophie schwebt Helmut Thielicke jahrelang wegen einer fehlgelaufenen Schilddrüsenoperation zwischen Leben und Tod; er wird in Hörsälen und Laboratorien zu qualvollen Menschenversuchen missbraucht, bis er durch die Einnahme eines neuen, noch nicht erprobten Medikaments am Karfreitag 1933 seine Auferstehung erlebt.

Weiter erinnert sich der Gelehrte an seine prägenden Lebensfreundschaften mit Philosophen und Theologen jener Zeit, mit Carlo Schmid, Romano Guardini und Karl Heim (1874–1958) in Tübingen, dessen gnadenlose Auseinandersetzung mit der Naturwissenschaft selbst Physiker und Biologen nachdenklich machte.

Trotz seiner verdächtigen Mitgliedschaft zur Bekennenden Kirche, von der er sich später distanziert, wird Helmut Thielicke 1936 als Professor für Ethik an die Heidelberger Universität berufen. Als er 1937 heiratet, erreicht ihn eine Grußkarte: »Gottes Segen zur Hochzeit, Ihre Gestapo«. Wenige Jahre später erhält er ein weiteres Schreiben: »Der Führer erwarte von jungen Ehepaaren viele Kinder zwecks Fortbestand der nordischen Rasse, weshalb die bisherige Kinderlosigkeit seiner Frau Liesel nicht ohne berufliche Konsequenzen für ihn bleiben könne …«

Aber als er 1940 durch Carl Goerdeler (1944 hingerichtet) zum Freiburger Kreis der Mitverschwörer gegen Hitler stößt, wird er gewaltsam aus dem Lehramt entfernt und mit Schreib- und Redeverbot zum Schweigen gebracht. Mit heimlichen Predigten in ländlichen Gemeinden gelingt es dem streitbaren Geist, das Redeverbot zu unterwandern. Da es verboten war, seinen Namen zu erwähnen, genügte die Kleinanzeige in der STUTTGARTER ZEITUNG: »Donnerstags halb acht« – und Hunderte strömten in die Ruine der Stiftskirche.

Der Prediger schildert die Bombennächte und beschwört damit auch in mir die Erinnerungen an den Krieg, an seine Opfer, die Zerstörung, den Angriff auf Lübeck 1942 in der Nacht zu Palmsonntag: Ich sehe die lodernden Türme des Doms, der Petrikirche, die Türme von Sankt Marien in sich zusammenstürzen, deren Glocken, vom Feuersturm angetrieben, sich in ihrer Glut in den Abgrund läuten und ihr eigenes Mahnmal in den Steinboden schlugen. Ich vergesse nicht das näher rückende bedrohliche Brummen von hunderten Bombengeschwadern auf meinem einsamen Schulweg, die erst nach dreißig Minuten am blauen Himmel in zehntausend Meter Höhe an der Spitze ihrer gerade gezogenen Kondensstreifen als blinkende winzige Metallkörper sichtbar werden – auf dem Flug zum unbekannten Ziel – Hamburg? München? Stuttgart? Köln? Frankfurt? Bis heute noch habe ich den Brandgeruch des sechzig Kilometer entfernten Hamburger Infernos von 1943 in der Nase. »Der Bombenhagel geht mit grausamer Wucht über die Städte nieder«, schrieb Tisa von der Schulenburg, die Schwester des am 20. Juli hingerichteten Widerstandskämpfers Fritz von der Schulenburg. »Über Deutschland breitete sich ein Leichentuch.«

Im Qualm und Schutt des zerstörten Stuttgart begleitet Thielicke die obdachlos verzweifelt Umherirrenden auf der Suche nach verschollenen Angehörigen. Unvorstellbar ist die Not: »… die Massenbeerdigungen ohne ausreichende Särge markieren nur einen Teil des apokalyptischen Grauens des verbrecherischen Krieges …«

Als beglückend erlebt der Ordinarius für Systematische Theologie die Zeit in Tübingen nach dem Krieg, ebenso sein Amt als

Rektor und Präsident der Westdeutschen Rektorenkonferenz, das ihn während mehrerer Fernost-Reisen auch nach Japan führt.

In der Aufzeichnung des Religionsgesprächs mit »dem vielleicht größten Erforscher des Zen-Buddhismus, S. Hisamatsu« in Kyoto, berichtet Helmut Thielicke vom Bemühen, dem zenbuddhistischen Weltbild, »alles in einem – eins in allem«, nahe zu kommen und in die eigene Sprache, in die des abendländischen Theologen zu übersetzen.

Durch dieses Gesprächsprotokoll klärt sich im Nachhinein auch ein wenig mein diffuses Bild vom Zenbuddhismus, dem ich mich vor einer Auftragsreise nach Kyoto 1997 mithilfe von Vorträgen sowie der Lektüre »Die Kunst des Bogenschießens« von Eugen Herrigel anzunähern versuchte, was selbst während meines dreiwochenlangen Aufenthaltes in Kyoto nicht gelingen sollte, wo ich mich so fremd fühlte wie nirgendwo in meinem Leben zuvor.

Meine Aufgabe war es, dort die den berühmten zenbuddhistischen Tempel »Daisen-in« umsäumenden Gartenanlagen mit ihren charakteristischen Steinsetzungen zu fotografieren, wie es vor mir unzählige Fotografen auf Socken aus derselben Perspektive tausendmal auch schon taten. – Alles, was den Auftrag, meinen Aufenthalt und die entsprechende Genehmigung betraf, war vorher schriftlich vereinbart und bestätigt worden. Dennoch, der Zugang zu dieser Welt wurde nahezu unmöglich durch die Konfrontation im Tempel mit dem kahlköpfigen undurchschaubaren Zen-Priester, der mich als Frau, und noch dazu ihn an Körpergröße überragende Europäerin, unter finsterem Blick mit Verachtung strafte. Er gab vor, nichts von den Verträgen zu wissen, mir darum auch den Zugang verweigern zu müssen. Er forderte mich auf, schweigend in Dauerhocke auf regennassem Holzfußboden auszuharren, bis er unter unzähligen Verbeugungen vor dem höher gestellten Priester versuchte, ihm in der mir so fremden Sprache das Verbot des Zugangs abzuringen und das Fotografieren zu untersagen. Schließlich, nach einem Gespräch unter vier Augen im geheimen Nebenraum, verkündete der Oberpriester auf Englisch: »Wir sind auf dem Weg.« Diese »Weissagung« bedeutete die Erlösung aus der erniedrigenden Haltung sowie den bewilligten Zugang zum Heiligtum, verbunden mit dem strikten Gebot, den Holzsteg um den Tempel nur in Socken betreten und keinen Fuß in den monoton grünen Garten mit seinen symbolträchtigen, in der Natur gefundenen, grauen Steinen setzen zu dürfen …

Zurück nach Europa: 1954 folgt Helmut Thielicke dem Ruf nach Hamburg, um dort als Ordinarius und späterer Rektor der Universität beim Aufbau der Theologischen Fakultät seine ersten Erfahrungen und Begegnungen in einer so vollkommen anderen Stadt (wie Tübingen) zu erleben. Verbunden mit der neuen Aufgabe lernt er den besonderen Charakter der »Königlich Hanseatischen Stadt« und ihrer Bürger kennen, wo man stolz von einer »Volluniversität« sprach, da man sich mit den ehrwürdigen, traditionsreichen Universitätsstädten wie Tübingen und Heidelberg nicht vergleichen konnte.

Mich als Hamburgerin bezaubert, mit welch liebe-humorvollem Blick der neue Hauptpastor von Sankt Michaelis in seinem Buch »die zum schlichten Volk Gehörenden« charakterisiert: die Postboten, Pedelle und vor allem die Handwerker: »… das sind in ihrer Weise Herren, selbstbewusst, höflich, vertrauenswürdig und niemals plump vertraulich oder grob – Hamburger Bürger!«

Starken Eindruck hat auf ihn, den Gottesmann, der Stolz der Hamburger Toilettenfrauen gemacht, die ihre Arbeit als Berufung ansehen, denen er ein »extra Medaillon« widmet, das ich dem geneigten Leser nicht vorenthalten möchte: »… und dann die Toilettenfrauen in Hamburg: selbstbewusst zu ihrem Beruf stehend, nicht zuletzt deshalb, weil er sie in entspannten Phasen zu Beichtmüttern vieler Menschen macht. In St. Pauli-Landungsbrücken befand sich eine Damentoilette, deren Wärterin ein treues Mitglied der Michel-Gemeinde war. Diese Toilette wurde aus irgendwelchen Gründen abgerissen, worauf die Frau verzweifelt zu ihrem Pastor stürzte und ihm ihr Herz ausschüttete: ›Mein ganzer Lebensinhalt ist futsch. Ich habe für meine Toilette gelebt!‹ Sie hatte ein lutherisches Berufsethos – mitten in den Gefilden der Kloake – und hatte damit den Reformator sehr genau verstanden. – Der Pastor versuchte nun, wie es seines Amtes war, sie zu trösten, wollte sich aber gleichzeitig als ein Mann der Tat bewähren und alles tun, um der Frau ihren Lebensinhalt zurückzugeben. Deshalb antichambrierte er bis zum Senat hinauf, um sich für eine Wiedererrichtung dieser nützlichen Institution einzusetzen. Er nahm Spott und nachsichtiges Lächeln der sich darüber Wundernden auf sich, dass ein Pastor seine seelsorgerliche Arbeit bis in diese Bereiche ausdehnte. Und siehe da: Seine Mühe war nicht vergeblich. In der Nähe des alten Standplatzes wurde eine neue und noch schönere Damentoilette erbaut, sodass die Frau überglücklich weiterhin ihrer Berufung leben konnte. Der hilfsbereite Pfarrer ließ mich, den Kollegen, ihre Postkarte lesen: ›Werter Herr Pastor! Lade Sie Montag früh 8 Uhr zur Geschäftseröffnung ein. Mit Dankesgruß Ihre …‹«

Bei der Einrichtung der Theologischen Fakultät lernt der neue Ordinarius auch die »Stadthäupter« kennen, »die das Sagen hatten«: Hamburger Handelsherren, Senatoren, Banker, Reeder, Künstler, berühmte Mäzene. An ihnen zeigte sich das Königliche des Hanseatischen Kaufmanns, der wusste, welche Verpflichtung gewachsener Reichtum auferlegt – wie »der aller Protzerei abholde Reichtum in den gepflegten traditionsbewussten Häusern, der den Gast ebenso beglückte wie die menschliche Warmherzigkeit des Umgangs und dem Freimut der Gespräche«.

Aber bei aller Heiterkeit werfen die brandgefährlichen Tumulte, die entwürdigenden Hetzkampagnen der 68er Studentenrevolte während des Gottesdienstes in der Michaeliskirche, lebenslang einen dunklen Schatten über die Erinnerungen …

Mit dem »Leben auf einem schönen Stern«, meine Reiselektüre, war die Zeit wie im Flug vergangen. Ehe ich mich versah, war ich in Hamburg angekommen:

Ein verschneiter stiller Tag. Eine kleine Backstein-Villa in Wellingsbüttel, wie sie mir in Hamburger Vororten vertraut ist.

Frau Thielicke mit ihren dunklen, auffallend großen Augen empfängt mich freundlich und ohne viele Worte. Sogleich weist sie mich auf den labilen Gesundheitszustand ihres Mannes hin. Sie öffnet die Tür zu einem kleinen Zimmer, in dem die alles beherrschenden Büchermassen keinen Lichtstrahl einlassen. Dahinter tut sich ein heller Erker auf. In schlanker Größe, mit gewinnendem Lächeln erhebt sich Helmut Thielicke hinter seinem Schreibtisch. Der freundlich prüfende Blick verrät: ich bin willkommen.

»Sie erinnern mich ungeheuer an Rosemarie Clausen, die mich in früheren Zeiten besuchte – die ich sehr gern mag und als Fotografin besonders schätze.« – Mit dieser Bemerkung, die er in abgewandelter Form mehrfach wiederholt, hätte er mir kein liebenswürdigeres Kompliment machen können. Die große Künstlerin, die ich auch portraitierte, ist die Einzige, die, wenn ich überhaupt eines nennen müsste, mein Vorbild sein könnte. Ihr künstlerischer, einfühlender Blick erreichte die verborgenen Schichten eines Charakters, die sich im Bildnis der Persönlichkeit eindringlich widerspiegeln. Unvergleichlich bleiben für mich ihre Portraits von Gustaf Gründgens als Mephisto, von Will Quadflieg als Faust, im damals weltberühmten Deutschen Schauspielhaus.

Der »Faust« führt uns direkt zu seinem Buch »Goethe und das Christentum«, über das Helmut Thielicke, der Autor, sagte: »Es war für mich eine schöne und erfüllende Aufgabe, den Ertrag eines jahrzehntelangen Umgangs mit Goethe in diesem kleinen Buch Gestalt werden zu lassen«, in dem der Theologe das Verhältnis von Goethe zur Religion – vor allem zum Christentum – untersucht.

Gedanken, denen ich mit besonderer Aufmerksamkeit nachgegangen war, die in ihrer Vieldimensionalität auf mich ebenso anregend wirkten wie die von Carl Friedrich von Weizsäcker. Er war der Erste, dem ich auf dem Weg zu den bedeutenden Persönlichkeiten unserer Zeit begegnete, dessen Aufsatz über »Die Wahlverwandtschaften« aus der Sicht des Naturwissenschaftlers mir die Augen auf eine erhellende Weise öffnete.

Beide, der Philosoph und der Theologe, hatten zur gleichen Zeit einen Lehrstuhl in Hamburg inne. Auffallend ist, dass keiner der großen Geister den anderen in irgendeinem Zusammenhang einmal erwähnt.

In seinem Buch will Helmut Thielicke »das Mehr an Dimensionen in Goethes Verständnis der Humanität« finden. Dabei geht es stets um das Problem der menschlichen Identität, sobald Religionen hinzukommen. »Goethes Verhältnis und Aussagen zum Christentum wechseln und decken sich oft mit den Erfahrungen in jeweiligen Lebensabschnitten«, stellt der Autor fest.

»Sie legen, Herr Professor, Ihren Überlegungen ein Zitat aus Goethes Brief an Friedrich Heinrich Jacobi (1743–1819) zugrunde: ›Ich für mich kann, bei den mannigfaltigen Richtungen meines Wesens, nicht an einer Denkweise genug haben. Als Dichter und Künstler bin ich Polytheist – Pantheist hingegen als Naturforscher – und eins so entschieden als das andere‹ … Die Ehrfurcht, die für Sie als Theologe eine zentrale Rolle einnimmt, verstehen Sie bei Goethe als sein religiöses Grundgefühl. In diesem Zusammenhang zitieren Sie den Dichter: ›Ehrfurcht vor dem, was über uns, neben uns und unter uns ist …‹?«

»Ja, so ist es«, bestätigt Helmut Thielicke, »damit verkörpert die Trinität die höchste Einheit der drei göttlichen Instanzen.«

»Auf die Frage in ›Wilhelm Meisters Wanderjahren‹: ›Zu welcher von diesen Religionen bekennt ihr euch denn insbesondere?‹ antwortet einer der Oberen: ›Zu allen dreien, denn sie zusammen bringen eigentlich die wahre Religion hervor‹. Wenn ich Sie richtig verstehe, Herr Pastor, interessiert Sie vor allem ›die Vieldimensionalität, der Pantheismus an diesem großen *Geist*‹; hätten Sie bei Ihren Untersuchungen und Betrachtungen Goethe gern als Christen entdeckt?«

»Nein«, heißt die klare Antwort, »das habe ich nicht einmal gehofft! Ich habe diese Arbeit aus reiner Lust und Vergnügen betrieben!« –

Zwei Graugänse – keine Seltenheit in Hamburg – ziehen im Tiefflug übers Haus hinweg. Sie lassen Goethe in die Ferne rücken. Mittlerweile genießen diese Tiere ähnlichen Kultstatus wie ihr »Schutzpatron«, der allbekannte Verhaltensforscher Konrad Lorenz, dem ich auch einmal in seiner gansfarbenen Kluft inmitten der grauen Gänseschar in Seewiesen mit der Kamera nahe rücken durfte. Ihr rauer Schrei ruft im Gottesmann die Erinnerung an ein skurriles Erlebnis mit dem »Gänsevater« wach, der auf Einladung der Hamburger »Volluniversität« bei einem Symposion zum Thema »Schuldproblem« das Katheder bestieg:

Im Unterschied zu seinem Outfit in freier Wildbahn machte hier die markante, weißbärtige Erscheinung von Konrad Lorenz, im klassischen Maßanzug – dem Stil der ehrwürdigen Hansestadt angemessen –, eine imposante Figur, die im Laufe ihres bemerkenswerten Vortrags, um die Gefühlslage animalischer Seelen zu verdeutlichen, verzückte Tierschreie ausstieß! Wie der begnadete Erzähler sehe auch ich den erschreckten Blick einiger geheimrätlicher Emeriti bildhaft vor mir, die diese im akademischen Raum neuartige Verwandlung fassungslos hinnahmen.

Nach wie vor stellt sich der Seelsorger und Protestant mit unerbittlichem Scharfblick dem Geist der Zeit, wenn er in unserem Gespräch Papst Johannes Paul II. kritisiert, der sich »schrecklich modern gegenüber der Presse gibt – aber in Wirklichkeit so entsetzlich reaktionär ist, wie es in seiner Predigt gegen die ›Pille‹ deutlich wurde; ein weites Feld, wie wir wissen. – Auch ein Doktorand hat es mit mir nicht immer leicht«, meint er lachend:

»Wenn ich ihm sage: Sollten Sie zum Examen in geflickten Jeans erscheinen, sind Sie im Nachteil, weil ich in dieser Aufmachung gegen Sie eingestellt bin.«

Neben diesem Scherz muss mir mein Gegenüber von den Schwierigkeiten mit seinen Kindern während der sechziger Jahre erzählen – speziell mit seinem »Revoluzzer-Sohn«, Wolfram, »der jetzt Sozialpädagoge oder so etwas Ähnliches ist. Alles, was mit dem Wort ›sozio‹ anfängt, möchte man mit der Silbe ›path‹ ergänzen. Unser Verhältnis hat sich mit der Zeit glücklicherweise positiv entwickelt, nachdem dieser Sohn – man stelle sich vor – wenn früher die Rede auf den Vater kam, antwortete: ›Ich wünsche nicht als Verwandter von Helmut Thielicke angesprochen zu werden.‹« Ich wusste, wie sehr ihn die Auseinandersetzung mit dem eigenen Sohn gesundheitlich, nervlich und seelisch aufgerieben hat.

So schwer es mir fällt – aber in Rücksicht auf den Gesundheitszustand des streitbaren Zeitzeugen – müssen wir zum Ende unseres nachdenkenswerten Gesprächs finden. Scheinbar nicht erschöpft, mit seinem liebenswürdigen Lächeln nimmt er meine Hand. Wir nehmen Abschied voneinander.

Marie Luise Thielicke flüstert mir zu: »Mein Mann hat seit Langem nicht einen so guten Tag gehabt. Das Gespräch belebt ihn. Er wird sogleich die Überarbeitung an seinem Buch ›Theologische Ethik‹ von 1957 wieder aufnehmen. Die Unrast seiner Seele lässt ihn nicht zur Ruhe kommen …« Sie weiß, dass seine Tage hier auf Erden gezählt sind.

Es ist der 23. Februar 1986. Ich stehe im Labor, eingenebelt im Dunkelkammerdunst und Geruch der Chemikalien, um die Fotografien von Helmut Thielicke auszuarbeiten. Das Radio hält den Draht zur taghellen Außenwelt:

Voller Spannung starre ich auf das belichtete Fotopapier im Entwicklerbad – von Minute zu Minute tritt es deutlicher aus der Silberschicht hervor –, jetzt ist es klar zu erkennen! Kein Trugbild! Das Bildnis blickt mich an – während ins Dunkel hinein eine Stimme verkündet: »Heute, am frühen Morgen, verstarb Helmut Thielicke im Alter von sechsundsiebzig Jahren in seinem Haus in Wellingsbüttel …«

Ein unsagbarer Schauder erfasst mich: Träum ich oder wach ich? Der Leser wird sich erinnern; so fing die Geschichte des kleinen Enkels an:

»Nun schien mir ein bedrückendes Geheimnis im Zimmer zu geistern – Schatten von Tod und Endlichkeit …« Fassungslos stürze ich ins grelle Tageslicht.

Und immer, wenn ich an die Begegnung mit Helmut Thielicke denke, ist es dieses Bild, das als Erstes aus den tiefen Schichten des Bewusstseins auftaucht. Es sollte noch unheimlicher kommen: Die verworrenen Erinnerungsbilder lassen sich kaum zusammensetzen …

Auf den Dank für die Fotografien mit der beigefügten Trauerrede erreichte mich nach mehreren Wochen ein weiterer Brief von Frau Thielicke mit der vorsichtigen Frage, ob ich mir vorstellen könne, die Totenmaske des Heimgegangenen zu fotografieren. Ich sei die Letzte gewesen, die ihren Mann an seinem Schreibtisch portraitierte? Mir stockte der Atem. Ich war zu keiner Antwort fähig. … Ich hatte Helmut Thielicke in so großartiger Erinnerung … In einem weiteren Brief wurde ich auf überaus feinsinnige Weise an den vorangegangenen erinnert. Schließlich nahm ich eine Reise nach Hamburg zum Anlass, mich auf das Unvorstellbare einzulassen:

Es ist Sommer. Die Witwe erwartet mich zum Tee: Vogelgesang dringt in das stille Haus. Im Gedanken an das Bevorstehende fällt mir das Reden schwer. Ich bin wie gelähmt …

Marie Luise Thielicke öffnet die Tür zum Erkerzimmer –

»Ich lasse Sie jetzt allein.« Sie schließt die Tür. Stille – erdrückende Stille.

Auf dem Platz der einst »lebenslang klappernden Schreibmaschine«, die vor wenigen Monaten das einschneidende Kindheitserlebnis mit dem toten Großvater aufs Papier tippte, wölbt sich ein frisch gebügeltes kariertes Geschirrtuch.

Ein grausiges Bild wiederholt sich … zögernd, mit geschlossenen Augen, ziehe ich behutsam das Tuch zur Seite: Die Totenmaske des Heimgegangenen – kalkweiß – starr »und doch zu erkennen« – daneben sein letztes Buch: »Auf der Suche nach dem verlorenen Wort«.

Frère Roger Schutz
Taizé · 28. Juni 1991

Sehr verehrter Frère Roger,

Ich wende mich an Sie, wie auch an andere einflussnehmende Europäer, die Kraft ihres Wortes für eine friedliche Welt und die Versöhnung der Menschen aller Glaubensrichtungen kämpfen.

Wer hat überzeugender den Weg zur gelebten Ökumene gewiesen! Schon während des Zweiten Weltkrieges boten Sie politisch Verfolgten und Widerstandskämpfern versteckten Unterschlupf, um schließlich 1949 in Taizé eine Gemeinschaft von Brüdern ins Leben zu rufen, deren Ziel der gegenseitige Austausch und die Verständigung der gespaltenen Kirchen ist.

Taizé wurde zum Zentrum der Begegnung, der Toleranz, zum Inbegriff aktiver Nächstenliebe, wo auch später, 1972, Kriegswitwen und Waisenkinder aus Vietnam einen Ort des Friedens fanden. – Wie viele Jugendliche, die ohne Orientierung zwischen den Problemen unserer Zeit hin und her irren, haben in Taizé ihren Weg gefunden! ... Freunde erzählten erfüllt von ihrem Erlebnis an diesem Ort.

Auch ich habe den Wunsch, das Leben in Taizé kennenzulernen und gleichzeitig die vorsichtige Bitte, Ihnen dort persönlich begegnen und Sie in Ihrer Welt fotografisch portraitieren zu dürfen (für mein geplantes Buch »Europa beim Wort genommen«).

Mit aller Intensität arbeite ich an diesem faszinierenden Thema und erlebe zugleich die Bereitschaft der Europäer, auf diese Weise an einem gemeinsamen, verbindenden Gedanken mitwirken zu wollen. ...

Der Brief mit der Zusage ließ nicht lange auf sich warten.

Nach einer für die Jahreszeit ungewöhnlich stürmischen Autofahrt von Clermont-Ferrand landete ich auf dem Hügel von Taizé, von dem aus sich ein weiter Blick über bestellte Felder und Obstbäume auf die ferne bergige Landschaft bietet. Der Ort selbst gleicht einem Camp mit Parkplätzen, unterschiedlichen Zeltgruppen, barackenähnlichen Anlagen, überdachten Refugien mit Bänken und Stühlen für Versammlungen und Gespräche im Schatten alter Bäume. Auf einem schwarzen Brett vor einer Bude sind aktuelle Nachrichten und persönliche Mitteilungen zu lesen. Im kleinen, seitlich gelegenen Haus der Verwaltung meldet sich der Gast bei einem Bruder an, der auch für den Telefondienst zuständig ist. Auf freundliche, bestimmte Art wird mir unmissverständlich klargemacht, dass ich zwei Tage am Leben in Taizé teilnehmen müsse, bevor sich Frère Roger mir zeigen würde! Ich erhalte einen Plan, auf dem das gesamte Gelände mit allen Gebäuden und deren Bestimmung bezeichnet ist; auf einem weiteren Plan das Programm des Tagesablaufs.

Essensgeruch verrät die nahe Großküche. Die gesamte Anlage zieht sich an einem Feldweg entlang. Alle »Gehäuse« sind mit einfachen Mitteln und zweckmäßiger Technik ausgestattet. Zwei mit Blech beschlagene Zwiebeltürme auf einem langgestreckten Flachdach überragen das gesamte Anwesen: die »Versöhnungskirche« im modernen Barackenstil. Daneben der Glockenturm, ein schmales, hohes, überdachtes Holzgerüst mit dem Geläut. In der Nähe die »Exposition« – eine vergleichsweise komfortable Baracke – mit einem nach Sprachen geordneten Bücherangebot und einer großen Auswahl von Schallplatten: auf Französisch, Englisch, Spanisch, Holländisch, Deutsch, Italienisch, auch Schwedisch, Finnisch und Polnisch. In einer anderen Abteilung Kunsthandwerk, Postkarten und Anhänger in der eigenwilligen Form des Kreuzes von Taizé, das nahezu alle Besucher wie ein Erkennungszeichen tragen. Mit dem Verkauf dieses Angebots wird der größte Teil der Kosten in Taizé finanziert. Ein wenig

Landwirtschaft betreibt einer der Brüder mit umliegenden Bauern in einer Genossenschaft. Spenden sind unerwünscht! – Zwei kürzlich erworbene einfache Häuser am Ende der Straße dienen als Gästehäuser für ältere und besondere Besucher. So hat auch einmal Wojtyła, der spätere Papst Johannes Paul II., dort gewohnt – für längere Zeit auch Metropolit Damaskinos Papandreou. Heute habe ich die Ehre! Die Inneneinrichtung besteht aus einem höchst spartanischen WC, einer Dusche mit kaltem und warmem Wasser, einer Waschküche, einem Zimmer mit zwei Eisenbetten, einer Glühbirne an der Decke; und auf den Fensterbänken dicke tote Fliegen, eingeflogen mit den Schwaden der Landluft; dazu Spinnweben von staunenswerter Schönheit in allen Ecken. Außerdem werden diese Häuser nur zu bestimmten Tages- und Nachtzeiten auf- und abgeschlossen.

Überall versammeln sich junge Menschen – Pärchen, Familien aller Nationen im internationalen Einheitslook: Jeans, T-Shirts, Turnschuhe.

Etwa hundert Brüder organisieren, delegieren, oder führen Aufsicht, ohne dass sie sich durch ihre Freizeitkleidung von den Gästen unterscheiden. Meist sind es gutaussehende jüngere Männer, die sich in ihrem Ordensgelübde zu Armut, Ehelosigkeit und Gehorsam bekannt haben. Zum Zeichen des Zölibats tragen sie einen goldenen Ring am Finger.

Die Bibelstunden und Gespräche finden in mehreren Sprachen statt. Gestern waren etwa tausend Polen in Bussen angereist.

Alles in Taizé läuft nach einem unauffällig strengen Programm ab: Dreimal täglich zu festgesetzten Zeiten Gebetsstunden oder Messen; Essensausgabe, Öffnungszeiten der Pizza Bar, der »Exposition« und der Gästehäuser. Es wird ungern geduldet, wenn jemand zum Zweck einer Besorgung oder wegen eines Ausflugs das Terrain verlässt. Mich treffen fassungslose Blicke, als ich für zwei Stunden die nahegelegenen Ruinen des ursprünglichen Klosters Cluny besuchen möchte. Seitdem werde ich als

»Journalistin« geführt. Zugegeben, mit meinen rotlackierten Nägeln und geschminkten Lippen komme ich mir vor wie ein Leuchtfleck in dieser Gemeinschaft, in der jeder mit jedem redet.

Das Treffen mit Frère Roger sollte erst nach einem zuvor geführten Gespräch mit Bruder Wolfgang am nächsten Morgen um 9.30 Uhr im »Gelben Haus« stattfinden; genügend Zeit also, um mir vom Leben und von den Zielen der Communauté ein genaueres Bild zu machen, indem ich umhergehe, den Bibelgesprächen lausche, die Menschen aufmerksam beobachte während der Mahlzeiten, der Messen und Gebete. Am meisten jedoch interessiert mich die Kirche, wer sich dort versammelt und was darin vorgeht – die mystische Atmosphäre: Der nach hinten ansteigende, lange Raum ist mit braunem Filz ausgelegt, sodass die Gläubigen im Gebet darauf knien, hocken, sitzen, oder auch langgestreckt liegen können. Beim Betreten des Andachtsraumes fällt der Blick unwillkürlich auf die vordere Schmalseite, wo sich sonst in herkömmlichen Kirchen der Chor und der Altar befinden. Hier bildet eine wabenähnliche Konstruktion die Wand, in der Tag und Nacht hunderte flackernde Kerzen den Raum in warmes gelbes Licht tauchen und einen Duft von Bienenwachs verströmen. Von der Decke hängen in versetzten Abständen rötlich-orangefarbene Stoffbahnen herab.

Wo bin ich? Täuscht mich die Erinnerung an eine Zeremonie in einem zenbuddhistischen Tempel in Kyoto? Die ikonenähnlichen Tafeln mit dem Bildnis der Mutter Gottes sprechen jedoch von einem christlichen Ort.

Die Mitte des Raumes bildet ein großes Oval, in dem mehrere Fußbänkchen aufgestellt sind, während ringsherum, wie in einer Arena, Stufenreihen ansteigen. Durch die mit transparenten Bambusmatten verhangenen Fensterreihen unter der Decke dringt diffuses Licht. Es steigert die mystische Stimmung. – Es ist Nachmittag. Vereinzelt knien junge Menschen, ins Gebet versunken, auf den Bänkchen. Andere liegen hingestreckt auf dem

Bauch, die Arme nach vorn um den Kopf geschlungen. Ein kleines Mädchen betet andächtig in einer Nische, während ein Junge ihm etwas vorliest.

Nachdem sich das Auge an das Dämmerlicht gewöhnt hat, erkenne ich einzelne Brüder in ihrer weißen, schlichten Kutte. Vor jedem ein junger Mensch, der in unhörbarem Flüsterton seine Probleme ablädt; er beichtet, um von dem Bruder Trost und Zuspruch zu empfangen. Gedämpfte Musik von Johann Sebastian Bach schirmt die Gespräche ab. Über jedem der »Beichtbrüder« Hinweise auf die jeweilige Sprache: Deutsch – Englisch – Französisch – Italienisch – Polnisch …

Pünktlich um 19.00 Uhr ruft draußen die Glocke zum Abendbrot – zu warmem, trockenem Reis mit Erbsen und Möhren, einem hartgekochten Ei, einem Klacks süßen Quark, Weißbrot, Wasser und für den Vitaminbedarf eine Apfelsine.

Eine Polin meines Alters, des Deutschen mächtig, gesellt sich zu mir. Sie ist für eine Woche mit dem Bus hierhergekommen – zum ersten Mal in den Westen, nach Frankreich, in der freudigen Erwartung, endlich ihren Fuß in das Gelobte Land von Frédéric Chopin setzen und Frankreich erkunden zu dürfen. Doch hier an diesem Ort wird ihr Wunsch Illusion bleiben. In Etagenbetten teilt sie sich mit zwanzig Personen einen Raum mit einer Waschgelegenheit. Auf welche Weise hätten sonst tausend Besucher untergebracht werden können?

Anna ist Kummer und Einfachheit gewohnt. Sie erzählt von den bescheidenen Verhältnissen in Polen, von ihrer Arbeitslosigkeit, von ihrem Sohn und seiner jungen Familie daheim, die nun auch noch mit ihr unter einem Dach wohnen muss: »Ich werde nur noch zu Hause sein und auf leichtere Zeiten warten müssen.« Sie trägt ein silbernes Medaillon mit dem Bild ihres Papstes, Johannes Paul II. Sie möchte meine Meinung über ihn hören. Sie weiß nichts von seinem wütenden Auftritt vor wenigen Wochen in Polen! Seine unverantwortliche Aids-Politik in Afrika hat sie verdrängt, findet aber nun durch unser Gespräch seine diesbezügliche Haltung »unmenschlich«. Sie ist, wie so viele Polinnen, eine hübsche, barocke, lebensfrohe Frau, macht modernen Tanz, ist fromm und sucht im gesegneten Deutschland eine verantwortungsvolle Tätigkeit: Altenbetreuung, Kinderbeaufsichtigung, Chauffeur spielen. Ob ich ihr etwas vermitteln könne?

Nach dem Picknick im Freien machen wir uns auf zum Abendgebet um 21.00 Uhr. Alle, das heißt mehr als tausend Gläubige, strömen in die Kirche, nehmen Platz rund ums Oval, auf dem Boden, auf Stufen, Bänken – hockend, kniend, sitzend oder liegend. Draußen wird auf hochgehaltenen Schildern für »Silence« gesorgt! Durch einen Seiteneingang erscheinen die Brüder, einer nach dem anderen in ihrer schlichten, wundervoll dekorativen weißen Kutte. Sie lassen sich innerhalb des Ovals auf den kleinen Gebetsbänkchen in der ihnen eigenen knienden Haltung nieder, den Blick auf die im Kerzenlicht flackernde »Chorwand« gerichtet. Auch dieses geordnete Bild im Zentrum des Raumes verbreitet magische Stille – Frieden. Ich sehe Frère Roger eintreten, schnellen Schrittes auf einen Kreis vieler Kinder im hinteren Teil des Ovals zueilen und in ihrer Mitte Platz nehmen.

Am Eingang hatte man uns ein schmales Heft mit Gesängen von Taizé und einen Zettel mit dem Psalm bzw. dem Gebet des Tages in die Hand gedrückt. Nacheinander stimmen die Brüder in verschiedenen Sprachen ihren Gesang an, auf den in mehrfachen Variationen die Gemeinde antwortet und schließlich alle in einen Kanon einfallen. An einem Pult verliest einer der Brüder das Abendgebet, die Gemeinde erhebt sich, wendet sich im Chor der Lichterwand zu. Gleich betenden Männern in der Moschee, kniend Körper und Kopf auf den Boden geneigt, verharren sie schweigend im Gebet, bis sich nach endlosen zwei Minuten ein Bruder aufrichtet, wieder zum Gesang anhebt, in den die Gläubigen inbrünstig einstimmen. An anderen Wochentagen wäre damit die Feier beendet. Aber es ist Freitagabend. Das bedeutet, in Taizé wird an jedem Wochenende die gesamte Karfreitag-Osterliturgie zelebriert:

Von Neuem erheben sich die Gläubigen, die Brüder verlassen durch einen Seitengang den Raum. Mit einem schweren Holzkreuz kehren sie zurück, legen es der Länge nach feierlich in die Mitte des Ovals, zünden darauf Kerzen an, fallen betend auf die Knie. Unsicher, zögernd folgt die Gemeinde ihrem Beispiel. Der Kreis wächst. So geht es oftmals bis Mitternacht, währenddessen manch einer unauffällig die Kirche verlässt – zu einem Spaziergang oder zu einem Treffen in der Cafeteria. Pärchen finden sich zusammen bei einem Glas Wein, andere musizieren auf der Gitarre. Die Nacht macht sie frei.

Um 8.30 Uhr am nächsten Morgen ist das obligate Morgengebet in der Kirche nicht so zahlreich besucht wie am Abend zuvor. Wie sehr werde ich an meine Kindertage im Pastorenhaus zu Lübeck erinnert, wo ich allmorgendlich vor der Schule, ganz verschlafen, zusammen mit der neunköpfigen Kinderschar, dem Küster, der Organistin und der Frau Pastor wie die Orgelpfeifen auf der ersten Bank vor dem Herrn Pastor mit dem übergroßen Kopf in der hanseatischen, gestärkten Halskrause, die Gemeinde bildete. Damals wusste ich noch nichts von Taizé.

Das Frühstück mit Kakao und Weißbrot muss ich versäumen, da Bruder Wolfgang mich um 9.30 Uhr noch vor dem geplanten Treffen mit Frère Roger im »Gelben Haus« erwartet, um mit mir das Prozedere zu besprechen. Er führt mich in den dahinter verborgenen Garten inmitten wilder Rosen, leuchtender Sommerblumen und Unkräuter. Bunte Schmetterlinge und das Summen der Bienen im Lavendel stimmen mich auf die erwartete Begegnung ein.

Von hier aus sieht man auf die angrenzenden dörflichen Häuser, in denen jene Brüder wohnen, die nach jahrelanger, aufopferungsvoller Arbeit bei den Ärmsten der Welt aus den Slums in Asien, Afrika und Südamerika nach Taizé zurückkehren.

Das Haus von Frère Roger unterscheidet sich von den umliegenden bescheidenen Häusern nur durch zwei kleine Türme, die Frère Roger wegen ihrer »herausragenden Pracht« einmal abreißen lassen wollte.

Auf einer Bank muss ich Bruder Wolfgang noch einmal mein Europa-Projekt erklären, das dem Gedanken »Taizé« in gewisser Weise entgegenzukommen scheint. Normalerweise lehne Frère Roger Publicity ab, obwohl er inzwischen einsehen musste, dass ohne die Medien die Botschaft von Taizé niemals in alle Länder gedrungen wäre, tausende und abertausende junge Menschen nie den Weg nach Taizé gefunden hätten. Als ich meine Freude über die Zusage von Frère Roger zum Ausdruck bringe, meint Bruder Wolfgang, das mache wohl auch die Art und Weise, wie jemand sich an ihn wende und sein Anliegen erkläre. Außerdem gehöre die Bereitschaft auch zum Kanon des Dienens. Einen bescheidenen Wunsch habe Frère Roger jedoch geäußert: Wenn es mir möglich wäre, würde er sich über nicht so strenge Bilder freuen.

Mich interessiert, zu welchen Bedingungen man in die Communauté aufgenommen wird. »Eine Aufnahme ist weder abhängig vom Bekenntnis, noch sind ein abgeschlossenes Studium oder eine perfekte Berufsausbildung Bedingung.« Er, Bruder Wolfgang, sei nach dem Ersatzdienst nach Taizé gekommen, habe dort vier Jahre gelebt und nebenher in Lyon und Straßburg ein Theologiestudium, wie einst Frère Roger in Lausanne, absolviert. Ein anderer Bruder habe zum Beispiel gar keine herkömmliche Berufsausbildung: »Er hat seine Begabung im Umgang mit den Ärmsten entdeckt und lebt seitdem bei und mit ihnen in den Favelas in Rio de Janeiro oder in den Slums von Kalkutta. Andere wiederum sind pädagogisch besonders begabt. Sie leiten die Gespräche und Veranstaltungen. Bildung, das heißt eine fundierte Allgemeinbildung, ist jedoch eine wichtige Voraussetzung!«

In der Einfachheit von Taizé, wo die Nähe des Allmächtigen spürbar wird, soll man, abgeschirmt von den Erschütterungen unserer Zeit, den Weg zu Gott finden.

In ihrer Botschaft liege der Schwerpunkt vor allem auf der Versöhnung der gespaltenen Kirchen, auf dem Einklang zwischen der katholischen und orthodoxen Kirche. Zwar spricht man es nicht offen aus, aber schließlich kommt die Mehrzahl der Besucher, wie die Polen, aus katholischen Ländern. Mit dem Begriff »Ökumene« möchte man die Menschen hier nicht verunsichern. Dies gehört unter anderem zu den Themen des 1970 gegründeten, alljährlich stattfindenden »Jugendkonzils«.

Frère Roger selber, der Jüngste von neun Geschwistern, aus einem reformierten Pfarrhaus stammend, gründete als unabhängiger reformierter Schweizer Protestant die Communauté und suchte damit gleichzeitig die unauflösliche Verbindung zur katholischen und orthodoxen Tradition. Im Austausch mit der römisch-katholischen Kirche scheint dieser Traum wahr zu werden.

Manchmal, erklärt Bruder Wolfgang, kam es auch schon zu harten Konfrontationen: Zum Beispiel hatte man einmal einen Gedanken von Bischof Desmond Tutu aufgegriffen und aus Südafrika Gruppen sowohl aus der weißen als auch aus der schwarzen Bevölkerung nach Taizé eingeladen, die, ohne es vorher zu ahnen, dort aufeinandertrafen. »Für jede ohne gefährliche Zwischenfälle überstandene Nacht haben wir Gott gedankt und trotz der wahnsinnigen Spannung versucht, Gespräche aufzubauen und schließlich erleichtert aufgeatmet, als die zwei Wochen halbwegs gut überstanden waren!« So etwas könne man nicht beliebig wiederholen! Man müsse einsehen, dass nur wenige zum Märtyrer geboren sind.

In seinem, seiner Meinung nach »allzu prächtigen«, schlichten Haus empfängt mich der stille, bewundernswerte und seelenvolle Mann, der weiß Gott nicht mit einem besonders auffallenden

Gesicht gesegnet ist – ein Gesicht, das nichts als sich selbst aus-drückt. Ich habe ihn schon am Tag zuvor durch das Blätterwerk der abgrenzenden Hecke wie eine weiße Erscheinung vorbeizie-hen gesehen.

Jetzt, im direkten Gegenüber erscheint mir Frère Roger in der weißen Kutte wie der von Henri Matisse mit sparsamen, dunkel-fließenden Linien gezeichnete Saint Dominique in der Chapelle in St. Paul de Vence. Das schlichte, weiße Gewand mit der Kapuze passt wie eine Komposition zu dem flächigen, blassen Gesicht, umrahmt vom gescheitelten weißsilbrigen Haar. Symmetrisch breiten sich die vielen kleinen Falten über das Antlitz, in dem sich wie aus einem tiefen Grund die graugrünen Augen auf das Gegen-über richten – aufmerksam und sanft! So dachte ich mir in mei-ner Phantasie den Heiligen Franziskus von Assisi. Es fällt schwer, in diesem Zusammenhang nicht von einem »inneren Leuchten« zu sprechen, von einem Strahlen. Die bläulichen Lippen, die Blässe – Zeichen gesundheitlicher Zartheit – die warme Stimme, die Haltung der Arme und Hände – wie bei Matisse – weiche harmonisch stilisierte Flächen. Merkwürdig, schon im ersten Augenblick sehe ich in diesem Gesicht ein vollkommenes Bild-nis. Erstaunlicherweise spricht Frère Roger als Schweizer nicht Deutsch.

Wie Bruder Wolfgang vorausgesagt hat, versteht Frère Roger seine Bereitschaft zum Portrait als eine Geste des Dienens. Ich bemerke plötzlich eine leichte Unruhe in ihm. Am liebsten möchte er zusammen mit einem Kind fotografiert werden. Es sollte der kleine neunjährige Junge aus dem Dorf sein. – Nach wenigen Minuten erscheint der hübsche dunkelhaarige, son-nengebräunte Liebling mit den riesigen schwarzen Augen. Lie-bevoll legt Frère Roger den Arm um ihn, zieht ihn behutsam an sich, nimmt die kleine braune Hand in seine weiße und dankt ihm für seine Postkarte. »Hat er sie nicht wunderschön geschrieben?«

Ein wenig verlegen schlägt der kleine Kerl die Augen nieder, sodass ich nur noch die langen schwarzen Wimpern und die vollkommen geformten Brauen darüber sehe.

»Ist er nicht schön? Oh, alle Kinder sind schön, ich habe sie so unendlich lieb und am liebsten immer bei mir!«, strahlt der Gottesmann.

»Das weiß ich, ich kenne das Bild mit Ihrer kleinen Freundin aus Bangladesch. Mutter Teresa übergab sie Ihnen!«

»Ja, ich nahm sie damals mit. Sie hatte niemanden, keine Eltern, keine Geschwister – nichts. Sechzehn Jahre war sie bei uns, jetzt ist sie neunzehn und lebt in Belgien. Auch meine Schwester Geneviève wohnt in der Nähe. Ihr ganzes Leben lang hat sie Waisenkinder in ihrem Haus aufgenommen. Die ersten besuchten uns vor Kurzem. Sie sind schon Großmütter und kamen mit ihren Enkelkindern. – Dieser kleine Freund hat eine glockenreine Stimme. Oft singt er in der Kirche ganz allein mit seinem hellen Sopran den Part, den sonst ein Bruder übernimmt. – Möchten Sie, dass wir vielleicht einmal die Position ändern?«

»Ja, bitte, und, wenn Sie erlauben, einmal auch ohne den Jungen!« Es geht mir um die klare Silhouette dieses von seiner Mission gänzlich durchdrungenen Mannes. Auch dies versteht er.

Ich frage, ob sich die eindrucksvolle Form des Rituals in der Kirche im Laufe der Zeit erst allmählich entwickelt hat und worauf sie zurückzuführen sei?

»Wir versuchen, die einfache Form der urchristlichen Kirche wiederzuentdecken. Auch das auf den Boden Legen des Kreuzes ist heute noch in vielen orientalischen Kirchen üblich.« Es freut ihn, dass aus meiner Sicht die Klänge des Gesangs mit den Farbtönen und der Wärme der Lichter in seiner Kirche eine wunderbar harmonische Verbindung eingehen.

»Aber die Kirche ist doch nicht wirklich schön; sie ist einfach. Ich hatte ursprünglich andere Vorstellungen, aber sie durfte nicht viel kosten.«

Die innere Uhr meldet sich. Das Mittagsgebet ruft! Der kleine Liebling ist inzwischen unauffällig verschwunden. Trotz der Eile muss Frère Roger das versäumte Zeichen der Gastfreundschaft mit einer Tasse Tee nachholen. Jedoch ist ein Tee nicht so rasch zubereitet. Stattdessen treibt er nebenan eine Keksdose auf. Ich bedanke mich. Nein, er habe mir zu danken und umfasst meine Hände. Er bittet mich, mit ihm zusammen vor der Ikone der Mutter Gottes in der Nische seines Zimmers gemeinsam ein Gebet zu sprechen – auf Lateinisch. Ein Dankgebet mit einer Bitte. – Vielleicht für mich? – Vor der Ikone flackert eine Kerze in einem Glas; von hinten leuchtet Licht durch Zweige, die das Bild umkränzen. – Außer der niedrigen Liege und einem runden Tisch aus Kiefernholz mit zwei dazugehörenden Stühlen befindet sich nichts in diesem Raum. Nur Helligkeit! In meiner Erinnerung waren da noch zwei Bücherborde an der Wand.

Draußen erwartete mich meine polnische Freundin:

»Wie ist er?«

»Er ist so, wie er aussieht, wie der Heilige Franziskus.«

»Wirklich?«

»Ja.«

Auf ihren Wunsch nahm ich noch am Mittagsgebet Teil und wahrhaftig, der kleine Liebling sang gänzlich frei und glockenhell durchs Mikrophon; Töne, die mich noch auf der Rückfahrt nach Clermont-Ferrand begleiteten.

Alle diese stillen Bilder stehen in der Erinnerung wieder auf – ebenso das ergreifende Bild während der Trauerzeremonie für Papst Johannes Paul II. am 8. April 2005 auf dem Petersplatz in Rom, als der Kardinaldekan, Joseph Ratzinger und zukünftige Papst, Benedikt XVI., vor aller Welt dem neunzigjährigen, protestantischen Bruder, Frère Roger, in seinem Rollstuhl die Kommunion reichte!

Bald darauf passierte das Unfassbare – als am 21. August 2005, der Mord an Frère Roger während des Gebets in der Messe die

Welt erschütterte. Im Namen der »Versöhnung«, für die der Begründer der »Communauté von Taizé« lebte, wurde das Gebet fortgesetzt und ein Gesang angestimmt.

Stille wurde über das Verbrechen gebreitet. – Entsetzen überschattet meine Bilder.

Gleb Jakunin

Moskau · 24. Juli 1991

»Dank einer wundersamen Kreuzung der Schicksale wurde diese Aufnahme, das Fotoportrait, im ›Weißen Haus‹ in Moskau gemacht, kurz bevor es zum Zeichen und Epizentrum der Demokratie wurde. Zehntausende von Bürgern umringten es, bereit, ihr Leben hinzugeben, und das in der Geschichte einzigartige Böse – ward zunichte.

Die alttestamentarischen Prophetien sind nicht selten und immer wieder neu ausgelegt worden. Und bezieht sich der Traum des Nebukadnezar (Dan. 2,31–35) nicht auf jenen grandiosen Zusammenbruch? Hier nun meine Fassung, die ich in weiter Ferne während der Verbannung in Jakutien gedichtet habe:

Ein riesig Götzenbild gewaltig,
Mit dröhnend-dräuend blauer Borte,
In überwältigendem Glanz –
Mit hoffnungsgellendem Geläut.
Gold,
dann
Silber,
Eisen, Ton und Erz –
Teufelssilber
Herrlich nützlich –
Nützlich!
Doch eine Spur blieb nicht zurück –
Schmelze.«

Jakunin setzt hinzu: »Die Seele der Menschheit wird sich im Jahre 1992 gewiss und gänzlich vom kommunistischen Weg trennen.«

Die Lebensgeschichte von Gleb Jakunin, einem Priester der russisch-orthodoxen Kirche – »in inniger Umarmung mit dem Staat« –, gibt einen tiefen Einblick in die Abgründe des Stalinregimes und die Verwicklung und Seilschaften der Kirche in die gemeinsamen Machenschaften.

Gleb Jakunin, »Gottesdiener« der russisch-orthodoxen Kirche, kämpfte bis ans Ende seiner Tage um die Wahrheit. Nach seiner Entlassung aus der Verbannung wurde er 1990 neben seiner Rolle als Geistlicher sowohl zum Abgeordneten des Obersten Sowjet der Russischen Föderation als auch zum Vorsitzenden des Parlamentarischen Ausschusses für Gewissensfreiheit gewählt. Er war Mitverfasser des Gesetzes für die Freiheit der Konfessionen und kämpfte um den Wiederaufbau und die Öffnung der seit 1917 tausendfach zerstörten Kirchen und Klöster.

Selbst nach dem Putsch 1991, als Boris Jelzin hoch oben auf dem Panzer die bedingungslose Stunde der Demokratie ausrief, während Michail Gorbatschow auf der Krim in seinem eigenen Sommerhaus gefangen gehalten wurde, ließ sich Pater Gleb in seiner Wahrheitssuche nicht aufhalten. Sein untrüglicher Scharfblick deckte in den Archiven die Zusammenarbeit des KGB mit der Führung des Moskauer Patriarchen Alexei II. auf. Wenig später machte Jakunin die Verstrickung der russisch-orthodoxen Kirche in den weltweiten Tabakschmuggel öffentlich.

Die Rache der entlarvten »Gottesmänner« war ihm sicher – die Anathematisierung (Exkommunikation) 1993. Als Antwort darauf gründete er im September 2000 gemeinsam mit dem Metropoliten Stefan Linnizki und Kiriak Temerzidi die »Orthodoxe Kirche der Wiedergeburt« – eine Kirche befreit von Bürokratie und leeren Ritualen.

Letzteres geschah erst nach unserer Begegnung im »Weißen Haus« 1991, in das Olga mich als Dolmetscherin begleitete. Während wir auf »Father Gleb« warten, erklärt sie mir ihre Sicht auf die fragwürdige Rolle der russisch-orthodoxen Kirche, für die sie nichts als Verachtung übrighat. Gleichzeitig zeigt sie die Unterschiede, aber auch die Parallelen zwischen der russisch-orthodoxen Kirche und den westeuropäischen Kirchen auf: Nicht nur Stalin, sondern auch seine Nachfolger haben sich bis heute den Einfluss der Kirche und ihrer Vertreter zunutze gemacht, sodass der Patriarch und seine »Vasallen«, also die Metropoliten und Priester, einerseits nur Verachtung verdienten, andererseits höchst gefährlich seien. So hat zum Beispiel der Metropolit von Zagorsk vor den Unruhen der Volksabstimmung in Vilnius kurzerhand den dort hochgeschätzten, einflussreichen Bischof in eine Gemeinde nach Sibirien versetzt. Und er handelte damit auch im Sinne von Gorbatschow! Die Rechnung ging auf. Alle seine verunsicherten Anhänger haben daraufhin gar nicht gewählt.

Als Pater Gleb 1965 zusammen mit dem Priester Nikolai Eschliman in einem offenen Brief an den Patriarchen und die sowjetischen Machthaber gegen die Verfolgung der Gläubigen und Verletzung der Menschenrechte protestierte, wurde er als Erstes seines Priesteramtes enthoben, um schließlich im Jahr 1979 wegen »antisowjetischer Agitation und Propaganda« zu sechs Jahren Strafhaft nach Jakutien »entfernt« zu werden, mit dem Ziel, ihn in totaler Isolation bei Wintertemperaturen von minus fünfzig Grad Celsius in einer selbstgebauten Hütte gänzlich »unschädlich« zu machen. Unter Gorbatschow wurde er 1987 amnestiert.

»Father Gleb« erscheint im schwarzen, abgetragenen Priesterrock, auf der Brust an langer Kette das orthodoxe Kreuz. Dichtes, rotes, graumeliertes Haar und der rote, kurz geschnittene Vollbart umrahmen ein fremdes, verhärtetes Gesicht. Unter halbgeschlossenen Lidern mustern schwarze stechende Augen ihr Gegenüber. Der feste Händedruck, der ausholende Schritt im Rhythmus mit den ausgreifenden Armen signalisieren Entschlossenheit. Ein geprüfter Gottesmann, der schlimme Zeiten durchlebt und schließlich uberlebt hat. Härte und Spitzeltum haben seinen Scharfblick geschult. Kein Lächeln spielt in diesem Gesicht.

Andrej Sinjawskij, der Dissident, den ich 1991 in Paris traf, wusste davon: »Im Gefängnis, da, wo nichts mehr übrigbleibt, da schält das Leiden das Gesicht heraus, und es reckt sich dem Betrachter entgegen.« (»Eine Stimme im Chor«, 2009).

»Wollen Sie mich hier draußen fotografieren?«, fragt der Pope.

Nein, ich würde sein enges Büro vorziehen, auf diese Weise seien wir einander näher. Auf dem Weg dorthin machen wir auf einem langen Gang halt: »Father Gleb« bekreuzigt sich und weist uns in einer Ausstellung in die Geschichte und Rolle der orthodoxen Kirche im Zarenreich ein, die in Fotografien, Schriften, Stichen anschaulich dokumentiert ist.

Den Mittelpunkt der Ausstellung bildet das nach frischer Ölfarbe riechende Gemälde der 1917 ermordeten Zarenfamilie. Die Gesichter umstrahlt wie auf alten Ikonen ein goldener Heiligenschein. Darunter ein Weckglas mit sieben welken Rosen in fauligem Wasser, so, wie man es am Puschkin-Denkmal und auch unter der Gedenktafel neben der Haustür des Atomphysikers, des »Vaters der Sowjetischen Wasserstoffbombe« und Friedensnobelpreisträgers, Andrej Dimitrijewitsch Sacharow (1926 bis 1989), zu jeder Jahreszeit sieht.

In einer Vitrine zeigt eine große Fotografie die Schwester der Zarin, Jelisaweta Fjodorowna, und die Zarin Alexandra Fjodorowna als weißgekleidete Nonnen – beide Prinzessinnen aus dem Hause Hessen-Darmstadt. Ich bin erschüttert, gleichzeitig merkwürdig berührt und irritiert. Aber, wie Olga mir erklärt, feiert die Zarenfamilie schon seit längerer Zeit in allen politischen Lagern »Wiederauferstehung«. Auf Texttafeln wird die Geschichte der Ermordung der siebenköpfigen Zarenfamilie, ihrer Angehörigen und mehrerer Bediensteter in der Nacht vom 16. auf den 17. Juli 1918, im Keller des Ipatjew-Hauses in Jekaterinburg, erklärt. Anschließend wurden, wie Olga übersetzt, die Leichen von den Mördern, den Bolschewiki, versteckt. Dieses Verbrechen geschah auf dem Höhepunkt der Oktoberrevolution unter Lenin und seinem engsten Mitstreiter Nikolaj Iljitsch Bucharin, dessen um viele Jahre jüngerer Frau, Anna Larina Bucharina, ich in den nächsten Tagen persönlich begegnen sollte; ihr, die noch ihren Mann über dem aufgebahrten Lenin weinen sah. – Ihr entsetzliches Schicksal in siebenundzwanzig Jahre langer Verbannung in Sibirien schilderte ich in einem anderen Zusammenhang.

Die unablässige Suche der Historiker nach den verschwundenen Leichen führte schließlich zu dem unter Baumstämmen verdeckten Erdloch im nahegelegenen Wald des Ipatjew-Hauses. Obwohl die Hingerichteten von den Mördern durch ätzenden Kalk unkenntlich gemacht worden waren, ergaben Gentests lebender Romanows – vor allem aber die Blutprobe des nächsten, noch lebenden Verwandten der Zarin, Prinz Philip Mountbatten, dem Gemahl von Königin Elisabeth II. von Großbritannien, den fatalen Beweis für das schauerliche Verbrechen.

1977 veranlasste Boris Jelzin – ein Sohn der Stadt Jekaterinburg – den Abriss des Ipatjew-Hauses als sogenanntes »historisch unbedeutendes Gebäude«, nachdem es seit Jahren zum Wallfahrtsort Tausender geworden war. Aufgrund ihres Martyriums wurde die Zarenfamilie später, im Jahre 2000, heiliggesprochen. Über dem Ort des Verbrechens leuchten heute die goldenen Türme der »Kathedrale im Blut«.

Schweigend verlassen wir die Ausstellung.

Oben im Büro, in dem ein blonder junger Mann, gekleidet wie ein Mormone, und eine blonde Sekretärin für ihren Herrn, Gleb Jakunin, arbeiten, setzt dieser sich an seinen Schreibtisch, um mit schwungvoller Gebärde überdimensional große Briefumschläge zu öffnen. Vor ihm die althergebrachte russische Rechenmaschine mit den aufgereihten großen schwarzen und weißen Perlen – der »Russische Computer«, wie er bis heute überall im riesigen russischen Reich in Läden, auf den Märkten seine Nützlichkeit beweist.

Pater Gleb drängt mich nicht, aber ich spüre, dass heute noch einiges zu erledigen ist. Eingeweiht in die Machenschaften und Rolle der Kirche gelingt es mir, gezielt Fragen zu stellen zu den Unterschieden zwischen der römisch-katholischen, der griechisch-orthodoxen und der russisch-orthodoxen Kirche, ihrer heutigen Rolle und Bedeutung, sowie zu den Problemen mit den unierten Kirchen und deren Forderung nach Rückgabe ihrer Besitztümer und Gotteshäuser.

Kurz und sachlich beantwortet »Father Gleb« meine Fragen. Er betont, dass im Anfang die russisch-orthodoxe Kirche und die griechisch-orthodoxe Kirche zusammengehörten, bis sich im 15. Jahrhundert die russisch-orthodoxe Kirche von Konstantinopel lossagte. Wie in der Ukraine so spielten heute auch in den baltischen Ländern die gegensätzlichen Strömungen der verschiedenen Kirchen politisch eine einflussreiche Rolle; nicht zu vergessen der Protestantismus! Zum Unterschied des unabdingbaren Zölibats der römisch-katholischen Priester sei in seiner Kirche die Ehe für die Geistlichen in den unteren Rängen Pflicht, während Ehelosigkeit nur für die Spitze der Hierarchie gelte.

Um unser leibliches Wohl besorgt, lädt uns »Father Gleb« ins Kantinenbuffet ein. Der blonde Jüngling, Glebs Diener und Lastenträger, hat uns zu begleiten, vor allem um die alte Aktentasche seines Herrn zu schleppen. Olga stößt mich an: »Look, how he is carrying the luggage of his master. That's impossible, incredible!« – Als Kind des Sozialismus ist sie empört: »He shouldn't degrade himself by doing that!« – »Na, und?« – Ich kann in dieser Art des Dienens nichts Entwürdigendes finden und denke an die wahrlich ver-rückte Situation in Straßburg im Europaparlament, als Kaiserliche Hoheit Otto von Habsburg persönlich meine Tasche schulterte, ohne dass es seinen dicken, jungen Assistenten störte.

Nach einigen Fotos an der frischen Luft verabschiedet sich »Father Gleb« kurz und freundlich mit dem Gruß: »Gott mit euch«, den Olga voller Widerwillen übersetzt. Der »Diener« hat uns in die Kantine zu begleiten. Dort, neben Blinis und rosa Würsten, möchte er unbedingt folgende Geschichte loswerden:

»Nach einer heiligen Messe in der Epiphanias-Kathedrale in Moskau findet seit gestern, dem 23. Juli (1991) bis zum 1. August, die schrittweise Überführung der sterblichen Reste des Heiligen Serafim von Sarow – des bedeutendsten russischen Mystikers (1759–1833) – ins Kloster Diwejewo in der Nähe von Gorki, statt. Vor seinem Tod hatte Sankt Serafim prophezeit, dass sein Leichnam eines Tages vom Kloster Diwejewo für siebzig Jahre an einen geheimen Ort entführt werden würde und damit schweres Leid über das russische Volk kommen werde. – Und wahrlich, nachdem 1921 Kommunisten das Grab geschändet hatten, tauchten am 11. Januar 1991 die Gebeine in einer Kiste in der Kasaner Kathedrale in Leningrad, dem damaligen ›Museum für die Geschichte des Atheismus‹, wieder auf und wurden vorübergehend nach Moskau überführt, um in diesen Tagen in einer schweigenden Prozession an die ursprüngliche Grablege Diwejewo zurückbegleitet zu werden.«

Der Schriftsteller, Andrej Bitow, resümierte am nächsten Tag:

»Jedes Leben in Russland kann erzählt werden als eine Kette von Wundern. Das Absurde ist unsere echte Natur – es ist unsere Wirklichkeit. Russland hat zu viele Leben hinter sich. Was ist die Wirklichkeit?«

Im Laufe der Erlösungsgeschichte haben wir die Buffetausgabe erreicht, versorgen uns mit ein paar Brotscheiben, süßen Brötchen, mit Kaffee, Tee und undefinierbar gefärbten Salatgemischen, während Olga ohne Zögern fünf graue Würstchen direkt in ihrer Handtasche neben Lippenstift, Kamm und Puder versenkt (für ihren Sohn!).

Ein schmächtiger, interessant aussehender Mann winkt uns an seinen Tisch: »Dimitrij«, ein alter Freund und Mitstreiter von Olga während der hoffnungsschweren Aufbruchszeit

»Glasnost und Perestroika«. Mittlerweile hat er es jedoch zum starken Mitstreiter an der Seite von Boris Jelzin und Pater Gleb gebracht.

Gezielt schießt Olga ihre Fragen auf Dimitrij ab: ob er aus religiösen oder politischen Gründen für Pater Gleb arbeite? In erster Linie seien es, wie der Freund betont, religiöse Gründe. In der Woche gehe Gleb seinem politischen Auftrag nach, am Wochenende seiner priesterlichen Pflicht in einer Kirche außerhalb von Moskau. Sie will wissen, ob diese Stelle, außerhalb von Moskau, selbst gewählt oder vom Patriarchen bestimmt wurde.

»Selbstverständlich vom Patriarchen!« Sie hat es nicht anders erwartet. Verunsichert versucht Dimitrij detailliert den Zwiespalt zwischen den verschiedenen, neuerdings aufkommenden religiösen Strömungen und deren Nutzbarkeit für das Ziel manch eines Politikers zu erklären. Diese versuchten nur, wirft Olga ein, unter dem Deckmantel »Toleranz« und Vorgabe einer gewissen Frömmigkeit – wie es Boris Jelzin mit einer Kerze unter dem Heiligen Wladimir während der Tausendjahrfeier der russisch-orthodoxen Kirche vorspielte –, ihre politischen Absichten durchzusetzen. (Heute hat Wladimir Putin, »der Gläubige«, diese Rolle übernommen.) Die religiösen Bewegungen und Demonstrationen lieferten auch den Medien für Werbefilme willkommenes Material. Die kirchliche Trauung, mittlerweile zur Mode geworden, werde von der Presse überschwänglich kommentiert; die alten Liturgien und Choräle feierten Auferstehung. Das alles – weiß Olga – sei kein Beweis der Rückkehr zum Glauben, sondern der Auswuchs irgendwelcher Sehnsüchte nach Jahren nie erfüllter Versprechungen.

Die Entdeckung der westlichen modernen Rock- und Schlagermusik entzündete weitere Träume und Wünsche, willkommenes Futter für die Medien, um es als Teufelswerk Amerikas zu dämonisieren, während im Rausch der scheinbar wiedergewonnenen Freiheit die Chancen für eine Demokratie durch Leichtsinn,

Gedankenlosigkeit, Vergnügungswut, Konsumrausch, Bestechung, Alkohol und Drogen verspielt werden, wie Olga bis heute immer wieder traurig resümiert.

Wie er, Dimitrij, sich den Weg in eine Demokratie und das Vertrauen der Gläubigen in eine rosige, hoffnungsvolle Zukunft vorstelle nach Jahren brutaler Christenverfolgung und Massenvernichtung seit 1917 und der Zerstörung tausender Kirchen und Klöster? Die leere Parole eines ins Schicksal Ergebenen ist die Antwort: »Man muss dem Volk die Freiheit der ›Selbstverwirklichung‹ lassen.«

Viktor Jerofejew fragt in der FRANKFURTER ALLGEMEINEN ZEITUNG: »Wird Russland jemals Russland sein? Unser Volk ist in allem gut – nur besitzt es keinerlei politisches Bewusstsein, weshalb es ein hervorragendes Ziel für Manipulationen ist. Europa lebt in einer sich wandelnden Geschichte – wir aber leben in einem ewigen Märchen! Selbst Stalin hat sich aus einer politischen Figur in eine Märchengestalt verwandelt. ›Freiheit‹ ist ein gefährliches Wort!«

Wie lange noch wird Olga ihre Zweifel und Gedanken ungestraft frei aussprechen können?? Und so bleibt alles im Nebel unbestimmter Vorstellungen auf dem Boden der bewährten Politik der Härte: Spitzeltum, Verachtung der Würde und des Rechts auf Selbstbestimmung der Menschen.

Während ich heute, am 12. Februar 2016, auf die Begegnung im »Weißen Haus« vor fünfundzwanzig Jahren zurückschaue und, wie schon damals, 1991, das Gedanken- und Wort-Gestrüpp mit meinem westlich geprägten Blick zu durchdringen versuche, meine Gedanken wieder bei Gleb Jakunin, dem Wahrheitssuchenden, sind, erfasst die Welt ungläubiges Staunen: Zum ersten Mal nach tausend Jahren, treffen sich ein Patriarch der russisch-orthodoxen und ein Papst der römisch-katholischen Kirche auf dem Flughafen von Havanna zu einem Gespräch! Kiril I. und Papst Franziskus.

»Die Begegnung der beiden Religionshäupter ist ein weltgeschichtlich einmaliger Augenblick angesichts einer großen gemeinsamen Gefahr, der Gewalt radikaler Islamisten.« (DIE WELT, 12. 2. 2016)

»Dank einer wundersamen Kreuzung der Schicksale« … So fing die Geschichte an. – Wunder oder Zufall?

Sofia Gubaidulina

Appen · 1. Juni 2017

Den folgenden Brief übergab ich vertrauensvoll dem Verleger des Sikorski Verlags, Hans-Ulrich Duffek, der auf den passenden Moment warten wollte, um der meist Unerreichbaren in der selbstverordneten Klausur mein Anliegen, auf welche Weise auch immer, nahezubringen.

Wann ihm dieser Moment günstig erschien, blieb ein Geheimnis. Schob er den Brief unter ihre Tür? Die vielversprechende Botschaft hieß: »Halten Sie sich bereit für ein Treffen mit Sofia Gubaidulina am 1. Juni inmitten der Natur am Rand eines Dorfes in Schleswig-Holstein.«

Bei glühend heißem Wetter hielt das Taxi nach ca. einer Stunde Fahrt in Appen, jenseits der Großstadt Hamburg, in einer Straße, die aufgrund der vorherigen Ortsbeschreibung die mutmaßliche Adresse sein könnte.

Glücklicherweise war ich zu früh, sodass ich mich in Ruhe auf die Suche nach einem Haus ohne Hausnummer, ohne Namensschild, ohne Telefonnummer, in einen zugewachsenen Seitenweg begab, bis schließlich durch wucherndes Gebüsch das Stück von einem Dach ein »Anwesen« verriet. Ich erinnere mich nicht, auf welche Weise ich mich bemerkbar machte.

Eine kleine, alte Tür öffnet sich; im engen, schummrigen Eingang schauen mich dunkle, glänzende Knopfaugen an. Tatsächlich, Sofia Gubaidulina erwartet mich! Mit freundlichen Worten leitet sie mich in ihr »Empfangszimmer«, der hellste Raum in ihrem zugewachsenen Universum, mit einem einzigen Fenster, an dem unsere Begegnung offensichtlich vorgesehen ist.

Die Gunst der Stunde kommt mir zu Hilfe: Um diese Zeit bahnen sich die Sonnenstrahlen durch das dichte Gezweig einen Weg

4. Oktober, 2016

Verehrte Sofia Gubaidulina,

Wie Sie in Ihrer „Lebensbilanz" bekennen, fühlen
Sie sich von ständiger Eile getrieben, die Ihre Kraft
unter dem Druck des bevorstehenden 85. Geburtstags
am 18. Oktober und dem damit verbundenen anstren-
genden Programm in besonderem Maß fordert. – Ihre
ganze Konzentration, jede kostbare Minute, gilt der
Arbeit am großen Oratorium über „Liebe und Hass"
das in Tallin zur Uraufführung und später in Dresden
zur Erstaufführung kommen soll – eine Art Vermächt-
nis, ein verzweifelter Ruf an die Welt, endlich Frieden
zu schließen. Wie sehr sehnt sich die Menschheit in dieser Zeit nach einem Signal, das die mörderischen Waffen zum Schweigen bringt!
Sie haben selber Hass, Bespitzelung des KGB, die Unterdrückung des Glaubens während des grauenvollen
Stalinregimes durchlitten und überlebt, indem Sie ziel-
gerichtet der inneren Stimme als einer göttlichen Berufung folgten und damit Befreiung im musikalischen
Schaffen und den Weg zum christlichen Glauben fanden,
der Sie bis heute zu einer überzeugenden Musik inspiriert:
wie zum Oratorium „Die Johannespassion". Es folgte

„Johannes-Ostern" - ein Diptychon über Tod und Auferstehung; Klangwelten von magischer Kraft, bei deren Aufführung ich mir wünschte, Ihr Gast sein zu dürfen?
Wer einmal (wie ich), während der bitteren Jahre 1990/1991
in der Sowjetunion war, dort Gesichtern begegnete wie
dem von Jelena Bonner, Bella Schmadulina, Andrej
Sinjawskij und Gleb Jakunin, - gezeichnet wie Hunderttausende andere von den Jahren in Straflagern und
Verbannung, der hat eine Vorstellung von der Kraftquelle, die
Ihnen innewohnt, um in jener Zeit und darüber hinaus
im Vertrauen auf die göttliche Macht Tondichtungen von
einzigartiger Bildstärke und Weite schaffen zu können; -
grenzenlos wie der Gesang des Orpheus, so daß Luigi
Nono 1986 nach der Aufführung Ihrer Symphonie
„Stimmen...Verstummen," Ihre Hand ergriff und ausrief:
„Mit zu bewundernder innerlicher Kraft bleibt, explo-
diert und trifft diese Musik ..."; Luigi Nono, der lange
Zeit als glühender Verfechter marxistischer Ideale ab-
solut im Gegensatz zu Ihrem religiösen Verständnis
der Musik stand und erst später zu anderen fernen
Klangebenen fand, die kosmischen Gesetzen folgen.
Auf welch ein Leben blicken Sie zurück! Sie nennen es
eine „Pilgerreise zwischen der realen Welt und Ihrem
Seelenleben", auf der die Musik sie als strahlender
Stern über alle Hindernisse hinweg aus der

(russischen) Teilrepublik Tatarstan über Moskau,
und 1991 schließlich bis in die Nähe von Hamburg
führte, wo Sie bis heute, fern vom Mainstream,
als lebende Legende der zeitgenössischen Musik
den inneren Strom der Töne in Kompositionen übertragen.
Dort möchte ich Sie besuchen, und ich frage Sie, verehrte
Sofia Gubaidulina, wären Sie bereit und würden Sie
mir die Gelegenheit geben, Ihnen in Ihrer so eigenen
Welt mit der Kamera begegnen zu dürfen – ohne
Blitzlicht, ohne störenden technischen Aufwand –
allein bei gutem Tageslicht für Photographien in
Schwarz-Weiß?
Mit Spannung, Geduld und ein wenig Hoffnung war-
te ich auf Ihre Antwort.
Ihre

Ingrid v. Kruse

auf unseren Platz, auf den kleinen runden Tisch unter dem Schutz einer verblichenen Schondecke, in der sich ein russisches Folkloremuster kaum sichtbar abzeichnet.

Dort nimmt die zarte Tonkünstlerin in ihrer schwarzen Bluse mit großen weißen Punkten auf einem Küchenstuhl Platz, während mir, dem Gast, ihr gegenüber das gewaltige unverrückbare Ungetüm eines Sessels in bräunlichem Plüsch, der räumlichen Farbstimmung angepasst, vorbehalten ist – eingeklemmt zwischen Tisch und einem Instrumentenkasten. Damit ist unser Abstand – man könnte es auch Nähe nennen – festgelegt. Eine Treppe führt in einen geheimnisvollen Bereich nach oben, wo das Geschenk von Mstislaw Rostropowitsch, der berühmte Steinway-Flügel, residiert.

Nachdem ich mein Buch »Venedig – Stimmen zwischen Stein und Meer«, versehen mit einem Lesezeichen auf der Seite des Portraits von Luigi Nono, überreicht habe, erscheine ich ihr wie ein Bote von einem fernen Stern.

Beseelt erinnert sich die wundersame russische Tonkünstlerin an ihre Begegnung mit dem berühmten Neutöner, dem Schüler von Arnold Schönberg und Anton Webern, der neben Johann Sebastian Bach und Dmitri Schostakowitsch auch für Gubaidulina wegweisend war. Mir bleibt die persönliche Begegnung mit Luigi Nono 1984 in San Lorenzo unmittelbar vor der Uraufführung seines letzten Werkes »Prometeo – die Tragödie des Hörens« unvergessen.

Ich erzähle von meinem traumähnlichen Erlebnis an der Grablege auf San Michele gegenüber von Venedig, seiner Stadt. Traurig, seinen letzten Ort auf Erden nicht zu kennen, ruft Sofia in die Stille hinein: »Can you hear us, Luigi?«, wie der Titel ihres musikalischen Nachrufs (1991), ein Zusammenklang hoher, tiefer langanhaltender Gongschläge. Obwohl sich Nonos Musik wesentlich von ihrer religiös geprägten unterscheidet, fühlt sie sich mit dem strengen Avantgardisten vor dem Hintergrund seines »Tonschreitens auf kosmischen Wellen« durch eine tiefe Seelenverwandtschaft verbunden, mit ihm, der einstmals bekannte: »Wie ich die Steine oder den Himmel von Venedig höre – als Verhältnisse von Wellen … Schwingungen … Die Farben zusammen mit dem Klang im unendlichen Raum in Tiepolos Himmel! Das ist Wunder! Fliegen, in den unendlichen Raum wandern … Ja, fliegen … entdecken … das ist das magische Wort!«

Sofias Augen leuchten. Wenn sie von Musik, von Menschen erzählt, bekommt ihr Gesicht etwas Mädchenhaftes.

Auch wenn sie von Dmitri Schostakowitsch spricht, wird die freundlich aufgeregte Stimme noch wärmer; Schostakowitsch, der ihr im spitzeldurchsetzten Moskau in jenen grauen Jahren, als ihre Musik als »pflichtvergessen« abgeurteilt wurde, den wichtigsten Rat ihres Lebens gab: »Er sagte, ich solle zu mir selbst finden – unabhängig von anderen Meinungen. Das war bis heute für meinen Weg unglaublich wichtig … Er war ein sehr guter Mensch, nicht nur ein guter Komponist …«

Ich frage die Einsiedlerin nach den Gründen ihrer strengen Abgeschiedenheit, ihrem Bedürfnis nach Stille. Ihre Antwort erstaunt mich:

»Das Schweigen bringt mich zurück in meine Kindheit, in die absolute Trostlosigkeit, zu meinem Vater, in einen Ort namens Tschistopol (in der russischen Teilrepublik Tatarstan), ohne Grün, ohne einen Strauch, wo Hunger und Armut herrschten, wo als Spielzeug ein zerbrochenes Möbelstück herhalten musste. Meine Mutter war Lehrerin. Mein Vater, der Sohn eines Mullahs, ein Tatare, war Landvermesser, der als gebildeter Moslem, von Stalins Spitzeln ständig verfolgt, sich ins Schweigen vergrub. Selbst auf langen Wanderungen mit mir, seiner kleinen Tochter, sprach der geliebte Vater kein Wort. Das Schweigen verband und verbindet uns bis heute.« – Sie weist auf das Foto. »Ich habe gelernt, der Stille zu lauschen. Diese Erfahrung macht mein Leben reich – ein Leben zwischen Luft und Gott.«

Unwiderstehlich zieht es sie in ihre Eremitage – in die Stille – kein Anruf, kein Rückruf, keine E-Mail, Funkstille. Nicht einmal von ihren Kindern lässt sie sich telefonisch erreichen. Sie müssen auf ihr Zeichen warten.

»Ich brauche nichts weiter als einen Tisch, Stuhl, einen Stift und Papier«, erklärt sie mir. »Ohne die Aufgabe für Gott hat das Leben keinen Sinn.« – »Oh mein Gott, nichts kann mich von Deiner Liebe trennen«, so beginnt »Das einfache Gebet«.

In ihrem Dorf, unter den zermürbenden Lebensumständen der Stalin-Epoche, träumte Sofia davon, Musikerin zu werden. »Ich erinnere mich sehr gut daran«, erzählt sie, »wie ich auf dem völlig kahlen Hof saß und in den Himmel schaute. Die Erde verschwand irgendwohin und ich ging gleichsam den Himmel entlang. Ich habe in diesen Jahren oft gebetet – zu Hause, wenn ich allein war. Ich trug den Wunsch, Komponistin zu werden, tief in mir, war aber klein, schüchtern und gehemmt. So betete ich, dass Gott mir aus dieser hoffnungslosen Situation auf den Weg helfen solle.«

Und die Gebete wurden erhört. Zunächst studierte sie von 1949 bis 1954 am Kasaner Konservatorium Klavier; von 1954 bis 1963 am Moskauer Konservatorium Komposition. Während ihres Studiums war ihr morgendliches Ritual das Klavierspiel, was bis heute, wie sie sagt, zu ihrem Tagesrhythmus gehört: »Heilige Stunden der Sammlung – eine Art Gottesdienst.« – »Wenn Sofia am Flügel saß und Schuberts G-Dur-Sonate spielte, war es, als ob sie betete«, erzählte später eine Mitschülerin.

Auf Drängen ihrer Freundin, der einst im religionsfeindlichen Sowjetrussland zum christlichen Glauben übergetretenen jüdischen Pianistin, Maria Judina, nahm Sofia Gubaidulina 1961 (mit dreißig Jahren) die orthodoxe Taufe an. Während des gottlosen Systems Stalins hielt sie unbeirrbar am christlichen Glauben fest, gegen alle damit verbundenen Schikanen. Um den Hunger zu überleben, schlug sie sich mit Kompositionen von Filmmusik durch. Obwohl zunächst mit einem Stalin-Stipendium ausgezeichnet, wurde sie als Komponistin »kaltgestellt«. Jedoch Dmitri Schostakowitsch ermutigte sie, ihren »Irrweg« unerschrocken fortzusetzen über alle Hindernisse hinweg, bis Gidon Kremer, der später zu ihrem Erfolg im Westen beitrug, mit seinem Wunsch nach einem Violinkonzert aus ihrer Feder eine kostbare Quelle zum Sprudeln brachte, als er sich einst in einem Moskauer Taxi nach hinten wandte und die schwarzhaarige Frau, die da saß, fragte: »Warum schreiben Sie nicht einmal ein Violinkonzert?« Ihm, dem weltberühmten Geiger, widmete sie das »Offertorium« (»Opfer«) für Violine, Cello und Orchester, das er 1980 in Wien mit sensationellem Erfolg aufführte. Anne Sophie Mutter beschenkte die Komponistin 2008 mit einem zweiten Violinkonzert, »Präsens«.

Sie schaut mich an, ist nur unserem Gespräch zugewandt. Das Klacken der Kamera kann sie nicht stören. Ihre Hingabe gilt allein der inneren Einkehr, dem Verweilen im Geistigen, dem Belauschen der Stille, dem Hall der Sterne – der Schaffung einer Musik »zwischen Himmel und Erde« – jenseits aller avantgardistischen Gebote sowie der Zwölftonmusik.

Auf einsamen Wanderungen durch die Natur hebt die Stille an zu klingen im Nebel, im Schnee, »der Gesang der Sonne«, der Wolken. Im Schweigen der Erde lauscht sie der Regie der Töne, dem Wispern des Weißdorns, dem Gaukeltanz der Schmetterlinge; Schwingungen, die sie, die Tondichterin, als filigranes Noten-Bild aufs Papier überträgt, zart und rätselhaft: oftmals wie eine Zeichnung von Paul Klee. Nie ist sie einsam – »ist es doch, als ob jeder Baum zu ihr spräche«.

Tove Jansson, die wunderbare finnische (Kinderbuch-)Autorin, verlor sich in ihren Träumen ebenso in das Schweigen des Winterschlafs, »von dem man oben nichts weiß: Das Meer schlief unter dem Eis, und zwischen den Wurzeln der Erde tief unten träumten alle kleinen Tiere vom Frühling: Sie lauschte, und es schien ihr, als sänge die Stille selbst und mit einem sehr leisen Ton …«

Auch der Dichter und Orgelbauer Hans Henny Jahnn belauschte die Natur: »Das Schönste aber war der Ton des Wassers, das Lispeln der Blätter und das traurige Schweigen der herabschauenden Berge. … Nirgendwo ist mir so viel Trost aus der Tiefe gekommen. Ich lauschte und vernahm den schwermütigen Ton wunderbarer Harmonien. … Im Hause angekommen brachte ich das Gehörte in fieberhafter Eile zu Papier.«

Der Dichter hat die Sprache, Gubaidulina die Musik, um den Gesang der Natur in Symphonien zu verwandeln, indem sie danach die Instrumente auswählt, Stimmen hinzuerfindet, um das polyphone Gewebe zu verdichten – den Traum aus Wasser, Stein, Erde, Sonne, Blumen …

Ich erzähle von meiner ersten Begegnung mit ihrer Musik – »Klänge des Waldes« – für Flöte und Klavier (1978): Helle Panflötentöne wie im Morgentau – Glissandi vom Klavier Harfentönen gleich – das Klopfen der Regentropfen – ihr Echo – fern, dann nahe … Bald danach erlebte ich eine schwirrend symphonische Dichtung im Mariendom, angelegt auf die Wirkung im Kirchenraum. Das Brausen des Orgelklangs, der Schall der Trompeten, Posaunen, der Hörner … zogen mich in ihren Bann. Das lyrische Bild vom Wald als einem Dom! – Gong und Glockenschläge kamen nah und verhallten in der Ferne … Wald- und Meeresrauschen, das sich im hohen Gewölbe bricht.

So mag Sofia Gubaidulina in ihrer Entrücktheit auch die Stimme Gottes in den Posaunen von Jericho vernommen haben, die ganze Mauern zum Einsturz brachten (Josua 6,26) im »Hohelied der Liebe«, wo es heißt: »Wenn ich in den Sprachen der Menschen und Engel redete, hätte aber der Liebe nicht, wäre ich dröhnendes Erz oder eine lärmende Pauke …« (Korinther 1,13)

Um endgültig ein Werk absegnen zu können, ist der zarten Fünfundachtzigjährigen keine Reise zu weit, um bei den Proben in enger Zusammenarbeit mit dem jeweiligen Dirigenten und

Orchester die verborgenen Feinheiten, wie sie ihr vorschweben, abzustimmen, da manch ein Zeichen in der Partitur der persönlichen Auffassung des Interpreten unterliegt; wie beim hochgeschätzten Boston Symphonieorchester, (»das sehr präzise nach der Notation spielt«), möglicherweise aber nicht »den seelischen Hauch« der Komposition erkennt – vor allem das Legato als intensivierendes Gestaltungselement. Um mir zum besseren Verstehen die Rolle des für sie besonders sensiblen Legato zu demonstrieren, entströmt der zierlichen Person ein langgezogener, dunkel vibrierender Ton, der ein ganzes Kirchenschiff zum Klingen bringen könnte; ihr Zeichen für »Gedehnte Zeit« … Ein Saxophonist vom Sächsischen Staatsorchester Dresden weiß ein Lied davon zu singen, wenn Sofia Gubaidulina während der Probe mit der eigenen Stimme unerbittlich die gewünschte Intensität des für sie »evidenten Legato« vortönt, das in seiner extremen Ausformung kaum von einem Musiker eins zu eins nachgespielt werden kann!

Dennoch, Sofia Gubaidulina bezaubert, überzeugt in ihrer außergewöhnlichen Bescheidenheit, ihrer Reinheit, in ihrer unangepassten Lebensweise. »Sie besteht aus ganz unverdorbenen Gedanken, Urteilen, Ideen, Taten, Worten und Werken«, bezeugt die Pianistin Maria Judina. Vom inneren Auftrag angetrieben, vergisst die Tondichterin Zeit und Stunde. Wann sie schläft, weiß niemand – auch nicht, wann sie in ihrem Schaffensdrang Nahrung zu sich nimmt … Tage werden zu Nächten, Nächte zu Tagen. Im Einssein mit ihrer spirituellen Welt im Spannungsfeld zwischen Mystik, Glauben, Kreativität und ihrer Verwurzelung in Tatarstan mit seinen tausendjährigen Überlieferungen, entsteht eine Musik jenseits aller westlichen avantgardistischen Gebote – in der Balance zwischen Asien und Europa, zwischen Orient und Okzident.

Im Jahr 2000 wurde Gubaidulina zusammen mit Tan Dun, Osvaldo Golijov und Wolfgang Rihm von der Internationalen Bachakademie Stuttgart mit einem Kompositionsauftrag betraut, zum Gedächtnis von J. S. Bach.

Ihr Beitrag war die anfangs erwähnte »Johannes-Passion«. Wie sie mir sichtbar erregt mit großen Augen erzählt, brachte sie dieses Auftragswerk in einen zerreißenden Gewissenskonflikt.

Im Zentrum der Leidensgeschichte steht, wie in der orthodoxen Kirche, die Passion. Es sollte sich um ein oratorisch dramaturgisches, liturgisches Werk unter Einsatz von Musikinstrumenten handeln, das jedoch mit den ausschließlich gesungenen Liturgien der russisch-orthodoxen Kirche nicht vereinbar war, wo die machtvolle Stimme des Geistlichen hinter prächtigen Ikonostasen zusammen mit dem andachtsvollen Chor der herbeiströmenden Gläubigen den Kirchenraum in Schwingungen versetzen, wie ich es einst selber im verschneiten Kloster Zagorsk während einer Messe erlebte.

Nachdem Sofia im altrussischen Kloster Walaan den Rat der Mönche und deren Einverständnis eingeholt hatte, entschied sie sich für ein überkonfessionelles Werk. Sie betont, dass dieses wie auch ihre anderen Sakralwerke als rein religiöse und nicht kirchliche zu verstehen und damit unabhängig vom Rahmen des Aufführungsortes sind.

Dennoch, auch ohne im Gesang die russische Sprache zu verstehen, in der das Oratorium verfasst und aufgeführt wurde, wird es durch die unnachahmlich bebende Tiefe der Männer- und dem inniglich flehenden Klang der Frauenstimmen, dem anhaltenden, über allem schwebenden, sonoren, mystischen Geist der Orthodoxie, zu einem Werk, das nur in der Seele einer leidgeprüften, zutiefst gläubigen, großen »russischen Tondichterin« durchlebt werden konnte.

In ihrer »Johannes-Passion« gewinnt der Kreuzweg des geschundenen Heilands eine weitere mystisch aufgeladene Dramatik, indem die Komponistin der Szene des Verrats und der Geißelung die Apokalypse, das Gottesgericht, voranstellt und damit das Unabwendbare, den Verrat an Gottes Sohn, in eine atemnehmende, beunruhigende Dimension steigert. Endzeitstimmung herrscht – bleiernes Schwarz einer Sonnenfinsternis – überblendet vom ausgefeilten Bühnenlicht.

Auf die »Johannes-Passion« folgte 2002 die Auferstehungsgeschichte – »Johannes-Ostern«, der Schwerpunkt in der Ostkirche, dem Gubaidulina, wie in der »Johannes-Passion«, wiederum das Kreuz als Struktur und Form zugrunde legte, so wie am Ende ihrer wortlosen »Sieben Worte« von 1982 das Einschlagen der Nägel des Gekreuzigten unüberhörbar ist.

Im Zentrum ihres Denkens und ihrer Musik steht das Kreuz – im christlichen Glauben Geheimnis und Paradox zugleich: Glückssymbol und Marterpfahl! Zeichen des Todes, »aber eines Todes, der zum Sieg führt«.

Sofia mir gegenüber scheint völlig entrückt – sie sieht mich nicht. Die zart rosé überpuderten Wangen glühen, wenn sie mithilfe ihrer alten, über Kreuz gelegten Arme das Zeichen des christlichen Glaubens erklärt; das Symbol, das dem römischen Kaiser Konstantin I. (um 280–337) vor der Schlacht gegen Maxentius (312) in einer Vision erschien, während eine himmlische Stimme prophezeite: »In diesem Zeichen wirst du siegen.« Zum Dank schenkte der Kaiser Byzanz seinen Namen »Konstantinopel«. Er machte es damit zum Zentrum und Ausgangspunkt der Orthodoxie, von wo aus sie ihren Weg über Kiew bis ins Zarenreich nahm, dessen Bahnen sich mit den deutschen seit Jahrhunderten in vielerlei Hinsicht »kreuzten«; auf kultureller Ebene, der Politik, im Handel; in den Augen von Sofia Gubaidulina die ideale Voraussetzung einer fruchtbaren Verbindung metaphysischer Seelentiefe und kreativem, rationalem Ordnungsdenken (eine Synthese der Sinne und der Vernunft). In der Heirat (1745) des russischen Thronfolgers, des späteren Zaren Peter III., mit Sophie Friederike Auguste aus dem Hause »Von Anhalt-Zerbst«, die nach dem Sturz und der Ermordung des Zaren zur Kaiserin »Katharina die Große« (1762–1796) aufstieg, sieht die Tatarin das exemplarische Beispiel einer machtpolitisch vollkommen geglückten »Kreuzung« zwischen dem russischen Reich und Deutschland.

Ich versuche, ihren eigenwilligen Gedanken zu folgen, während hin und wieder der Auslöser klickt.

»Die Vertikale des Kreuzsymbols«, wird mir erklärt, »verkörpert die mystische Ebene der russisch-orthodoxen Philosophie, das Göttliche; während die Horizontale als Zeichen für Kreativität, rationales, kritisches Denken der Deutschen mit ihrem angeborenen Ordnungssinn steht.« Und darum ist die Tatarin Sofia Gubaidulina in Deutschland am richtigen Ort!

»Im Kreuz selbst«, wird mir erklärt, »im Punkt der Überschneidung der Vertikalen (des Göttlichen) mit der Horizontalen (dem Irdischen) manifestiert sich die absolute Liebe der totalen Aufopferung.« Sofia Gubaidulina sieht das Zeichen des Kreuzes als Aufforderung, ihr Leben und ihre Fähigkeiten in den Dienst Gottes und der Menschen zu stellen. Ihre Hingabe ist total! Ihre pechschwarzen Augen glänzen: »Damit wird das Komponieren gleichsam zum sakralen Akt.«

Schon bald nach unserer Begegnung in ihrem verwunschenen Haus sollte ich die Einsiedlerin von einer ganz anderen Seite erleben – während der Internationalen Schostakowitsch-Tage in Gohrisch, wo Dmitri Schostakowitsch 1955 sein achtes Streichquartett schuf.

Neben vierundzwanzig Präludien und Fugen von Dmitri Schostakowitsch (1906–1975) und Kompositionen von Mieczysław Weinberg (1919–1996) wird das Programm vor allem zu einer Feier des Werkes von Sofia Gubaidulina: »In Erwartung« (1993), für Saxophonquartett und sechs Schlagzeuger; »Verwandlung«, – nach einem Gesang von Franz von Assisi, entdeckt in einem Kloster im Iran (2004), für Posaune, Saxophonquartett, Violoncello, Kontrabass und Tam-Tam; »Einfaches Gebet«, für Sprecher, zwei Violoncelli, Kontrabass, Klavier und zwei Schlagzeuger. Die Sächsische Staatskapelle Dresden spielt virtuos unter der Leitung von Thomas Sanderling mit einem sensationellen Instrumentenaufgebot. Abgesehen von diesem Klangzauber geben die phantastischen Konstruktionen der Instrumente aus unterschiedlichstem Material, in teilweise gewaltigen Formaten, ein staunenerregendes Bühnenbild. Der Aufführungsort die Scheune in Gohrisch.

In der Pause steht das Interview auf dem Programm: Das Schweigen ist von ihr gefallen. Trotz der spürbaren inneren Erregung steht die zarte, eiserne Persönlichkeit in aufgerichteter Haltung jedem Journalisten Rede und Antwort: bestimmt, gleichzeitig bescheiden, durchdrungen vom Feuer ihrer religiösen Aufgabe. Unbeugsam im Gottesglauben genießt sie mit irdischer Freude die Würdigung ihres Werkes vor einem faszinierten Publikum. Auf die Frage nach dem Kern ihres Glaubens offenbart Sofia Gubaidulina ihre ganze Seele, indem sie die letzten Zeilen vom »Einfachen Gebet« zitiert: »… dass nicht ich geliebt werde, sondern dass ich andere liebe – dass nicht ich verstanden werde, – sondern dass ich die anderen verstehe – hilf mir, dorthin Liebe zu bringen, wo Hass herrscht«.

»Ein Gottesdienst« – höre ich neben mir …

»Ja, so ist es«, antworte ich mit Sir Simon Rattle: »Sie ist ein Mensch, der immer wieder überrascht. Ich würde sie einen ›fliegenden Einsiedler‹ nennen, denn sie befindet sich immer auf einer Umlaufbahn und besucht nur gelegentlich terra ferma. Sie ist nicht der Typ, der in einer Höhle bleibt. Für sie ist es wichtiger, zum Licht zu schauen. Und ab und zu kommt sie zu uns auf die Erde und bringt uns Licht und geht dann wieder auf ihre Umlaufbahn …«

Und dann zitiert der Engländer Shakespeare:

»Die Musik ist der Liebe Nahrung – spielt weiter!«

Moskauer Skizzen
Moskau · 1991–1993

Wider alle Warnungen reiste ich das erste Mal im Juli 1991 aufs Geratewohl nach Moskau. Elisabeth Borchers, Cheflektorin im Suhrkamp Verlag, hatte mir empfohlen, vom Hotel aus im Progress-Verlag nach einem Lektor namens »Andrej« zu fragen. Dort wurde ich mit dem Hinweis abgefertigt, der Kollege sei nicht mehr an seinem Platz. Wenn ich unbedingt mit jemandem auf Englisch sprechen wollte, sollte ich des Nachts gegen zwei Uhr Olga Trojanowa anrufen, die mich daraufhin, während des nächtlichen Gesprächs, zum nächsten Vormittag in den Verlag bestellte. Die Dauerhitze im ganzen Gebäude im Winter wie im Sommer traf mich wie ein Schlag. In der Gewissheit, die Heizung nie wieder anstellen zu können, stellte man sie vorsichtshalber gar nicht erst aus. »Lüften« war ein Fremdwort, da die Fenster, einmal geöffnet, sich nie wieder schließen lassen würden. Noch beständiger hielt sich der braune Nikotinbelag in den Verlagsräumen, ebenso in den Bergen von Papier.

All das minderte nicht Olgas unermüdlichen Einsatz für mein Europa-Projekt. Sie war begeistert und zu jeder Hilfe bereit, die zuallererst darin bestand, an Persönlichkeiten zu denken, die unbedingt zu diesem Vorhaben gehörten, deren Adressen und geheime Verbindungen sie alle in ihren vielen kleinen, handgeschriebenen Telefonbüchern verwahrte. Auf diese Weise kam es zu Begegnungen, an die ich im Traum nicht gedacht hatte. Als Journalistin zur Zeit der Perestroika hatte Olga Zugang zu den geheimsten Adressen.

Sie bat um zwei Tage Bedenkzeit, um einen strategischen Plan auszuarbeiten, der allein von ihr in konkrete Begegnungen umgesetzt werden konnte. Ich durfte ihrer Hilfe sicher sein, ihrer Fürsorge, ihres Verantwortungsbewusstseins für die Fremde. Die undurchsichtige Eigendynamik der Kontakte innerhalb von zwei Tagen in der riesigen Stadt im Osten Europas, bleibt für mich ein Rätsel. Niemandem war etwas zu viel, wenn es um meine Sache ging. Olga öffnete mir mit »ihrem eigenen Schlüssel« Türen zu Begegnungen, von denen ich nicht einmal geträumt hatte.

Wie es ihr gelang, mich mit Anna Larina Bucharina zusammenzubringen, der von unendlichem Leid (während der stalinistischen Schreckensherrschaft) geprägten Witwe von Nikolaj Iwanowitsch Bucharin, dem engsten Freund und Mitstreiter Lenins, erscheint mir noch heute wie ein Wunder.

Einmal entschuldigte sich Olga für zwei Tage, um einer Freundin, deren Mann plötzlich auf der Datscha an Herzversagen gestorben war, bei der Suche nach einem Begräbnisplatz behilflich zu sein. So wie es im gesamten Moskau kein Telefonbuch gab, so existierte auch kein Begräbnisinstitut. Ohne Beziehungen, ohne Dollars, ohne Bestechung, war kein Platz für die letzte Ruhe zu haben. So musste man oftmals die Toten auf illegale Weise an verschwiegenem Ort vergraben. – Zu dieser Zeit lag die Julihitze wie Blei über dem Einheitsgrau der Stadt.

Als ich Olga nach zwei Tagen wiedertraf, musste ich sie fotografieren. Sie erschien mir verändert: »You can't imagine, it was like a night-mare! My poor friend herself had to take the frozen body of her husband in her broken car to some kind of cemetery near Moskau. I accompanied her on that trip.«

Ein Abend (1991) mit Olga bei Jurij Kurajtin, dem Dostojewski-Forscher und politisch engagierten Freund. – Unvergesslich!

Am Nachmittag hatte uns Aleksandr Adamowitsch auf das Geburtstagsfest bei dem Dostojewski-Forscher Kurajtin aufmerksam gemacht. Ich sollte doch mitkommen, es würde ein typischer Abend unter Moskauer Freunden werden. – Als Olga uns telefonisch anmeldete, meinte Jurij: Wenn wir ihn betrunken akzeptierten, dann seien wir willkommen:

Wieder ein elendes, verwahrlostes, geruchgeschwängertes Treppenhaus in einem modernen Plattenhochhaus, wie sie überall in und um Moskau das Bild verderben. – Reizend, mit altmodischem Handkuss, begrüßte mich Jurij. Er bat mich, doch deutsch zu sprechen. »Gern, warum nicht!« – aber viel weiter kamen wir auf diese Weise nicht. Sein mächtiger Kopf, seine auffallend großen dunklen Augen, dazu ein gut geschnittener dichter Vollbart, machten eine starke Erscheinung. In verschiedenen Zimmern saßen in Gruppen schon eine Menge Gäste. Das Gedränge gab den Durchblick für die Kamera nicht frei. Dennoch, nichts sollte dem eigenen Scharf-Blick entgehen:

Durch eine offene Tür entdeckte Olga ihren »Feind Valery« mit seinem mädchenhaften Gesicht in einem Wust von wildem schwarzem Kraushaar. Sein lockeres weißes Hemd lässig aufgeknöpft – wie ein Dichter. Galina erzählte mir hinter vorgehaltener Hand, dass er als Waise in einer Industriestadt aufgewachsen sei und vor zwei Jahren eine junge politische Gruppe gebildet habe, die bereits durch massive Auftritte unangenehm aufgefallen sei. Deren angebliches Hauptanliegen war es, für die Basis einer gesunden Mittelschicht mit gemäßigtem Privatbesitz zu kämpfen, da sich allein darauf eine echte Demokratie aufbauen lasse. Außerdem sei er Herausgeber einer Wochenzeitschrift mit dem Titel CONTINENT. Es dauert nicht lange und schon sitzt er bei uns, um mir mit Olga als Dolmetscherin seine Überzeugung aufzudrängen.

In der Küche ist Lara rauchend tätig, die jüngere Lebensgefährtin von Adamowitsch, in üppiger Aufmachung. Sie »vertritt« die Hausfrau, die als Spanischexpertin für zwei Monate nach Argentinien abgeflogen ist. Es riecht aus allen Töpfen, es duftet aus dem Backofen. Um den kleinen Küchentisch müssen neun, nicht nur schmal gebaute Personen Platz nehmen. Auf dem Tisch türmen sich neben Soljanka, Dickmilch und grauem Brot zerschnittene Paprikaschoten mit frischen Sellerieblättern, Salzgurken, Kirschen, Tomaten, daneben warme Pellkartoffeln, Ölsardinen, Rote Bete. Zum Wodka gibt es eine Art Süßwein. Im Laufe des Abends wächst der lustige Kreis noch um eine Korrespondentin von EL PAIS und um ein Italiener-Paar. Er, der berühmte Chiesa von LA STAMPA; sie, eine zierliche schwarzhaarige Kesse von LA REPUBBLICA, die wie ein kleines Mädchen ihre reizenden Beinchen unter arg gelüftetem Rock hin und her schwenkt. Als Geburtstagsgeschenk für Jurij haben sie aus Italien eine köstliche, mit Grand Marnier getränkte Torte mitgebracht, bombastisch eingehüllt in knisterndes Zellophanpapier. Jeder langt nach Belieben zu. Schnell löst der Wodka die Zungen. Als Gastgeber und Geburtstagskind ergreift Jurij sein Glas und das Wort, um bedächtig mit zitternder Stimme eine Rede zu halten: auf dass doch diese Menschen an seinem Tische alle gute Freunde werden.

… Dann hält Andrej Jewlinski, der Gestalter des Wirtschaftsprogramms von Gorbatschow, eine nachdenkliche Ansprache mit folgendem Resümee: Da er wisse, dass Gorbatschow nicht das ganze Volk hinter sich habe, finde seine Arbeit auf dem derzeitigen Gipfeltreffen in London möglicherweise bald ein Ende … Und weiter geht die Rede mit traurig gesenktem Blick: Jetzt aber müsse er an seinen Vater denken, der so früh gestorben sei. Alles hört ergriffen zu, ist er hier doch ein besonders prominenter Gast, der schon bald die Runde wieder verlassen muss. – Es wird gegessen und getrunken, bis sich nun Jurij berufen fühlt, all derer zu gedenken, die, wie auch er, ihren Vater so früh verloren haben. Darauf meldet sich Valery zu Wort. Alles hört schweigend hin: Er aber möchte hier doch zu bedenken geben, dass er ohne jeden Vater aufwachsen musste. Für ihn sei Jurij praktisch ein Vater und Anna Bucharina sei seine Großmutter. Jurij kommen nun die Tränen, man streichelt ihm sanft die Glatze … Dann aber: Also nein! – Wenn Anna Bucharina Valerys Großmutter sei, möchte er lieber nicht sein Vater sein. Aber im Grunde ergreift ihn Valerys Bekenntnis zutiefst.

Die Frauen wachen klaren Auges über die gewichtige Männerrunde, die sich nach jedem schlagkräftigen Gedankenausbruch ein volles Glas genehmigt. Jurij verstummt nach und nach. Von Tränen überwältigt, verschwindet er schließlich im Bad. Doch schon bald sitzt er still lauschend wieder in der Runde. Als ihn von Neuem die Rührung übermannt, küsst er der kessen Italienerin die kleine braune Hand. Dafür legt sie die Arme wärmend um ihn; den Kopf schmiegt sie zärtlich an die breite Männerbrust. Nach und nach verschwinden die Herren, und wir Frauen sind allein. – Ob das hier so üblich sei, möchte ich wissen? – »Nein!« – Die Spanierin begibt sich zur entfernten Männerrunde; sie protestiert energisch mit rauchiger Stimme. Unmerklich trudeln die Herren peu à peu wieder ein. Man hatte, so ganz unter sich, noch reichlicher dem Wodka zusprechen können. Vor wieder vollständiger Runde eröffnet Chiesa aus der Ecke lauernd, die Debatte: Warum er, Jewlinski, denn nicht mit nach London gefahren sei? Ob er sich drücken wollte? Ein gravierender Fehler sei das gewesen! … Ein willkommener Moment, um die leidenschaftliche Debatte kräftig mit Wodka anzuheizen, bis schließlich der arme Jewlinski wieder ums Wort bittet, um nun lang und ergreifend seine tieferen Gründe der aufgewühlten Gesellschaft auseinanderzusetzen. Alle sind sich einig, man hat einen gewichtigen Politiker vor sich, der, wenn er auch nicht besonders brillant aussieht, Bedeutendes zu verkünden hat – eine Stunde und fünfzehn Minuten lang! »Ein besonderer Glücksfall für dich«, meint Olga, »in einer solchen Runde einem Mann mit einer großen Zukunft zuhören zu dürfen – dazu dem berühmten Chiesa! Dieser Abend könnte einmal in die Geschichte eingehen!« …

Nun bin auch ich ergriffen! … Ein Anlass, endlich die italienische Geburtstagstorte zu enthüllen, von der schon bald nichts mehr übrig ist. Dies wiederum ein Anlass für Jurij, hinter vors Gesicht geschlagenen Händen unter Tränen noch einmal Denkwürdiges an die Runde zu richten, so rührend, dass sich alle in die Arme fallen, lachend, schluchzend, sich küssend und einander die Glatzen streichelnd, während die Wodkaflaschen kreisen und ich im Zigarettenrauch zu ersticken drohe.

Aber wo ist der »Champanska« (Schampanskoje) im Wodkastrom untergegangen, das Mitbringsel von Jewlinskij? … Im Zimmerdunst leicht angewärmt, schäumt der süße Trank bald umso aufbrausender in den Gläsern …

In diesem Moment schlägt es zwölf! Das ist für alle das Zeichen, aufzubrechen. Olga stoppt ein Taxi, lässt mich jedoch erst einsteigen, nachdem sie mit dem Fahrer eine bestimmte Rubelsumme ausgehandelt und sich davon überzeugt hat, dass er mich im ungebremsten nächtlichen Hindernisrennen durch die Schlaglöcher sicher zum Hotel »Aerostar« transportieren wird.

Jewgenij Popow ist mein Ziel am nächsten Tag (24. Juli 1991). Sein Buch, »Das Herz des Patrioten«, ist bereits in deutscher Übersetzung im S. Fischer Verlag erschienen; weitere Bücher wie »Die Wunderschönheit des Lebens« sollten folgen.

Er wurde 1946 in Krasnojarsk in Sibirien geboren, wo schon seine Großeltern gelebt hatten. Sein Großvater, ein Pope, wurde 1918 erschlagen. Mit siebzehn ging Jewgenij nach Moskau, um dort Geologie zu studieren.

Auf eigene Weise gläubig, existiert Gott für ihn. »Er wird die augenblickliche schwierige Situation auf den rechten Weg bringen …« Eine Ikone gehört in Jewgenijs Lebensbild. Nach seinem Verständnis gibt es für den russischen Menschen Prioritäten in folgender Rangordnung: Gott – Bücher – Wodka – Sexualität.

Er hat etwas Kindliches, Treuherziges in seinem Blick. Er strahlt vor Glück über seinen kleinen Sohn: »Genau ein Jahr, zehn Monate, fünfundzwanzig Tage plus fünf Stunden alt.«

Zehn Jahre haben sie auf ihn gewartet. Neun Monate nach ihrer ersten Münchenreise kam dann der ersehnte Sohn. »Gott hat geholfen.«

Obwohl Jewgenij in der Stadt ein »Studio« hat, arbeitet er am liebsten, um dem Gottessöhnchen nahe sein zu können, im Parterre eines Neubaus, im »ökologisch sauberen Gebiet«, dreißig Minuten vom Moskauer Zentrum entfernt. Dahin sollte es gehen: Treffpunkt um 13.00 Uhr am Puschkin-Denkmal, zu dessen Füßen zu jeder Jahreszeit bescheidene Blumen in Weckgläsern den großen Dichter grüßen. Ganz in der Nähe verkauft eine alte Frau in zwei Marmeladengläsern ein paar geerntete Johannisbeeren und eine Melone aus ihrem Datscha-Gärtchen. Unser ausgemachtes Erkennungszeichen: Popow mit schwarzem Vollbart und Glatze, ich im blauen T-Shirt.

Wir fahren in seinem Auto zu seiner Wohnung »im Grünen«. Danach würde er mich pünktlich um 16.00 Uhr zur Filmemacherin Marina Goldowskaja bringen. So geht es in voller Fahrt im harten Zick-Zack-Kurs um die gefährlichen Schlaglöcher nach auswärts – vorbei am gestürzten Dzierżyński-Monument. An den trüben Scheiben poltern in Augenhöhe bedrohlich nahe die riesigen Fahrgestelle und dreckverkrusteten Reifen der Lastwagen vorbei; unter den verrosteten Karosserien schwanken an verrosteten Drähten zerbeulte Eimer als Auffangbecken für Öl, Benzin und auslaufendes Kühlwasser.

Plötzlich muss mein Fahrer halten, steigt aus, reißt eine baumelnde Plastikkappe vom Rücklicht, um sie vorm gänzlichen Abfallen zu retten und sie abends in der Dunkelheit wieder zur Hand zu haben. »Man muss an alles denken« … Dann geht es in wilder Fahrt weiter über den Stadtrand hinaus, vorbei an nicht enden wollenden gleichförmig grauen Wohnblocks – links die neuen für Schriftsteller, Dissidenten und Verlagsangehörige. Ein auffällig gut ausgestatteter Bau im Gegensatz zu den gegenüberliegenden ärmlichen Arbeiterblocks ist Kommunisten und

Funktionären vorbehalten. Da könne ich wohl die Wut auf die Kommunisten verstehen, zu denen auch Gorbatschow gehöre!

Weiter, vorbei am »Wild Market«, wo unsichtbar hinter dekorativen Aufbauten von Obst und Gemüse Geschäfte gemacht werden; dann vereinzelte Läden, die als solche nur an den Schlangen geduldig anstehender Menschen zu erkennen sind. Ich vermute hinter einem Fenster mit aufgemalten Wellenlinien und stilisierten Schuppen ein Fischgeschäft. Schließlich sind wir im Meer verwahrloster grauer Plattenbauten am Ziel – im Grünen in einem Wald von Brennnesseln.

Die Wohnung, wie überall, verstaubt in chaotischem Zustand; Haufen von Zigarettenkippen, was für eine gewisse Gemütlichkeit spricht, anders der Fahrstuhl, in dem sich jemand im Wodkarausch wohl erst kürzlich entleert hat.

Liebevoll bereitet Popow den Kaffee. Die schönsten Tassen und vergoldete Teelöffel werden aufgetischt. Die Zigaretten fehlen nicht. Aus einem Emailletopf, der hauptsächlich aus Roststellen besteht, wird Kaffee eingeschenkt; dazu werden winzige, verlockende Mokkabohnen geknabbert. Die uralte Schreibmaschine mit mehreren fehlenden Tasten, die aufgehäuften Manuskriptzettel für einen Artikel in der Neuen Zürcher Zeitung und Popows erwartungsvolles, der Kamera zugewandtes Gesicht, runden das Stillleben ab. Seinem gutmütigen Blick bleibt er in jeder Position treu.

Ludmila, seine »hochgebildete« Frau, erholt sich zurzeit auf der Datscha im Intellektuellendistrikt, nachdem sie beschlossen hat, für fünf bis sechs Wochen weder ein Bett zu machen, noch zu kochen und schon gar nicht zu putzen … Für einen Besuch dort bleibt keine Zeit. Eilig verlassen wir die Schriftstellerstätte.

Die fehlenden Scheiben in den verrosteten Hauseingängen vermisst niemand; auch nicht die herausgebrochenen Stücke in den Stufen; die lockeren und herumliegenden Fliesen halten sich schon seit Jahren, ebenso die Reste von Pappkartons, Plastiktüten und -bechern; umgestülpte Mülltonnen drinnen und draußen.

Die Grünanlagen in diesem »ökologisch sauberen Gebiet« bilden die Brennnesselwälder und verkümmerter Löwenzahn. Jewgenij schwärmt von der Zartheit der Pusteblumen. Er hat, wie er sagt, Sinn für Natur. Darum werden diese Zustände – hoffentlich auch in besseren Zeiten – weiterleben. Wir befinden uns schließlich im elitären Viertel der Intellektuellen! Was das Innere der Wohnungen betrifft, da gibt es im Einzelfall bemerkenswerte Unterschiede, wie beim Historiker Michail Gefter, der alles im Haushalt mehr oder weniger unbenutzt lässt, um die alte Ordnung unter dem Staub nicht zu stören.

Ganz anders bei der feinen, gepflegten Dokumentarfilmerin Marina Goldowskaja, zu der mich Jewgenij, wie versprochen, pünktlich bringen wird. Sie hängt an ihren alten schönen Möbeln und möchte sie erhalten. Wir sind auf dem Weg zu ihr in die Stadt, wo ich sie ohne Popows Hilfe nie gefunden hätte. Kurioserweise öffnen sich mit dem vorgegebenen Code die Türen in drei von uns irrtümlicherweise aufgesuchten Häusern. Beim vierten Versuch steht Marina Goldowskaja in der Tür, strahlend, zauberhaft anzusehen im rosa gestreiften Hemdblusenkleid mit weißem Kragen – erfrischend gepflegt und schön. Ihr Vater war zu Stalins Zeiten ein großer Film-Manager, ihre Mutter Dramaturgin. Ich betrete eine andere Welt.

Marina Goldowskaja ist die Autorin des späteren Dokumentarfilms über die Journalistin und Menschenrechtskämpferin Anna Politkowskaja, die am 7. Oktober 2006 – wie 1998 die Politikerin Galina Starowoitowa – im eigenen Hausflur erschossen wurde.

Marina, von der Olga sagt, »she is another«, steht in einem Meer von Blumen. Die Rosen neben dem Foto mit ihr und dem Sohn haben einen besonderen Platz. »Rote Rosen zum fünfzigsten Geburtstag von meinem Sohn!« – Das Foto war in der Frankfurter Allgemeinen Zeitung erschienen im Zusammenhang mit der Preisverleihung für ihren aufsehenerregenden Dokumentarfilm »Gulag«, in dem sie Interviews und Fotos von den wenigen Überlebenden aus dem Gulag zeigt, aufgenommen an den Orten der damaligen Gefängnisse und Zwangsarbeitslager in Sibirien und Archangelsk. Diese Dokumente der Horrorjahre der stalinistischen Schreckensherrschaft, über die sechzig Jahre Schweigen herrschte, wurden 1985 durch einen Zufall gefunden, eingewickelt in Packpapier, mit Sackband verschnürt. Der Film wurde schon in Paris und in den USA gezeigt.

Marina lässt einen Ausschnitt über Video ablaufen, um mir den wunderschönen alten Oleg Wassiljewitsch Wolkow (Portrait S. 162) vorzuführen, dort in Archangelsk, vor dem Hintergrund seines Gefängnisses, dem riesigen heruntergekommenen christlichen Kloster in der Seenlandschaft des eisigen Nordens.

Er ist einer der wenigen übrig gebliebenen Aristokraten, 1900 in Sankt Petersburg geboren als Sohn eines Gutsbesitzers und Direktors des größten baltischen Stahl- und Eisenwerkes. Von den fünf Geschwistern hat nur er überlebt. Sie wurden sowohl von einer französischen und englischen als auch von einer deutschen Gouvernante erzogen. Mit seinen Eltern und Geschwistern wurde neben Deutsch meist Französisch gesprochen. Doch nach 1914 war Deutsch tabu. Von 1918 bis 1923 war er Landarbeiter auf seinem ehemaligen Gut. Danach war er bis zu seiner Verhaftung 1927 als Übersetzer und Dolmetscher für die griechische Botschaft in Moskau tätig. Sein Buch war vor Kurzem auch in Frankreich unter dem Titel »Les ténèbres« erschienen (der russische Titel: »Pogruschenije wo tmu«, Versinken in Finsternis), in dem er sich an seine dreißig Jahre in Gefängnissen und Arbeitslagern von 1927 bis 1957 erinnert – in Sibirien, im Süden und im Gulag.

Popow, Bitow und jetzt Marina hatten mir schon von der Legende »Wolkow« erzählt, von seiner beeindruckenden Schönheit und seiner erschütternden Lebensgeschichte. Ich sollte und musste ihn sehen, diesen kultivierten, großen alten Mann aus einer anderen Zeit. Ohne mein Zutun war für den folgenden Tag schon alles organisiert ungeachtet meiner Verabredungen mit

Elim Klimow, dem international ausgezeichneten Filmregisseur, und mit Jelena Bonner! Aber – das bestätigt auch Marina – vor zwölf Uhr sei Oleg nie empfangsbereit, denn bis dahin brauche er die Zeit, sich in seine Form zu bringen.

Mit dem Taxi fuhr ich hinaus zu der Datscha im Intellektuellenviertel, wo auch das Haus von Boris Pasternak, Andrej Bitow und Jewgenij Popow steht.

Ich sehe mich in Anton Tschechows Bühnenwelt: Ein Landhaus im Birkenwald, zwischen Büschen, hohem Gras und Unkraut. Kein Schimmer von einer Gartenanlage; brüchige Korbstühle, getretene Wege ums Haus und zum Nachbarn; Lichtungen, auf die Regen, Schnee oder Sonnenstrahlen fallen … Die Klingel funktioniert. »Ingriiid!«, ruft mir eine kleine, zierliche junge Frau in knappen Jeans mit heller Stimme entgegen … Und noch einmal ruft sie durchs ganze Haus: »Ingriiid!« Sie bittet mich herein, und sogleich ist eine junge blonde Dame mit ebenmäßig breitem Gesicht und feiner Perlenkette zur Stelle. Sie spricht Französisch ebenso gut wie ein sympathischer, blasser junger Mann, »The Poet«, Englisch spricht. Im niedrigen Zimmer des Hausherrn zwei junge Journalistinnen vom Fernsehen; in seinem Korb ein alter großer, weißer Jagdhund mit rosa Lidern über traurigen Augen. Alles auf kleinstem Raum zwischen Treppe, Küche und Eingang. Man hat sich auf einen längeren Besuch mit Tee, Kuchen, Wodka und einem Essen eingestellt. In der winzigen Küche sind schon ein besonderer Tee aus Waldbeeren, dazu selbstgemachte Marmelade und feine Törtchen bereitet, während mein Taxi, wie abgemacht, eine Stunde auf mich warten soll. Oleg hat oben noch mit sich zu tun, das passende Kleidungsstück fehlt noch für den Auftritt.

Und dann erscheint er, in seiner Gepflegtheit, in aufrechter Haltung mit sicherem Gang; beeindruckend der wache Blick aus blauen Augen, der schmale Kopf, das edle Profil, der silbrige gepflegte Vollbart und so schöne Hände, als hätten sie niemals

Arbeit gekannt. Die Erscheinung eines Einundneunzigjährigen! Keine Bühne hätte ihn schöner herstellen können. Ich muss ihn immer wieder ansehen in seiner stilvollen, nicht mehr ganz neuen, dennoch eleganten braunen Hausjacke, eingefasst mit sandfarbenem Paspel; Kordelschlingen zum Knöpfen, ein schmaler Schalkragen über dem hellblauen klassischen Hemd, dazu die braun-beige gestreifte Krawatte.

Wo sollte ich die Fotos machen? – »Draußen und drinnen«, heißt es … »Der Poet« schleppt einen ramponierten Stuhl aus den fünfziger Jahren ins Unkraut. Der weiße Hund nimmt selbstverständlich zu Füßen seines Herrn Platz. Wolkows junge Frau glättet noch eine Silbersträhne. Alles ist endlich in Ordnung, alle sind in heiterer Stimmung. Auf Französisch und Deutsch geht das Gespräch hin und her – über das Buch, das in Frankreich große Erfolge feiert.

Jetzt aber ist es Zeit für einen anständigen Wodka! Ich muss sie enttäuschen; mein »Fahrer« wartet. Doch das will man einfach nicht zur Kenntnis nehmen. Nachdem auch das Foto am bescheidenen Schreibtisch aus Kunststoffholz entstanden und ich auf Wunsch der jungen Frau den schönen Herrn Gemahl im Profil abgelichtet habe, muss ich mich, auch wenn ich das als unhöflich empfinde, verabschieden. Nur zu gern hätte ich noch länger an diesem literarischen Ort mit den liebenswürdigen Menschen und dem russischen Abendessen verweilt, in Tschechows Welt.

*

Natalja Saz (1903–1993)
6. November 1991: Eine weitere Aufführung.

Die Gründerin des ersten professionellen Musiktheaters für Kinder reiste noch mit neunundachtzig Jahren durch die Welt. Am heutigen Tag sollte sie um fünf Uhr morgens wieder in Moskau landen. Aus diesem Grunde hatte ich meine Abreise für viel Geld um zwei Tage verschoben.

Natalja Saz, die Tochter des von Konstantin Stanislawski und Max Reinhard hochgeschätzten Komponisten Ilja Saz, wurde 1903 in Irkutsk geboren, und schon mit fünfzehn Jahren, kurz nach der Oktoberrevolution, zur Leiterin des Moskauer Kindertheaters ernannt. Auf ihren Wunsch komponierte Sergei Prokofjew 1936 »Peter und der Wolf«. Sie schrieb den Märchentext dazu. 1931 inszenierte sie auf Einladung von Otto Klemperer in der Kroll-Oper in Berlin Verdis »Falstaff« sowie andere Opern in Japan und am Teatro Colón in Buenos Aires. Obwohl sie, der Legende nach, Stalins Geliebte gewesen sein soll, ging der bittere Kelch jahrelanger Verbannung auch an ihr nicht vorüber.

Inzwischen wussten wir, dass diese berühmte Dame, ausgezeichnet mit allen nur denkbaren sozialistischen Orden, in der Nacht sicher gelandet war. Doch ob das geplante Manöver mit ihr glücken würde, war bis zur letzten Sekunde ungewiss. Die Märchendramaturgin war für ihr unberechenbares Temperament und unvorhersehbare Wutausbrüche bekannt.

Niemand nahm den Hörer ab. Die vermutete Adresse befand sich bei Olga. Also fuhr ich mitsamt meinem Gepäck zum Progress Verlag, wo Olga völlig übernächtigt über ihrem Schreibtisch hing. Da aber ihr Telefon immer wieder versagte, hatte auch sie keine Nachricht von Natalja Saz. – Ein trüber Tag, Schneematsch auf den Straßen, noch trüber die von Zigarettenrauch geschwängerte Luft im Büro. Tanja traf ein in meinem königsblauen Strickkleid, hustete wie ein Ross, um als Erstes gierig zur nächsten Zigarette zu greifen und so die nötige Arbeitsatmosphäre herzustellen. Die Uhr zeigte 12.30 Uhr – um 16 Uhr sollte meine Aeroflot-Maschine starten! Olga hatte die wahrscheinlich »präzise« Adresse ausfindig gemacht.

In Begleitung von Tanja besteige ich die von Jurij, unserem Fahrer, organisierte Polter-Kiste, um auf gut Glück Natalja Saz

im berühmten stalinistischen Kathedralbau zu überfallen. In gewohnter Weise geht die Hatz mit der »präzisen Adresse« von einem Quartier zum nächsten, jedes Mal auf das Funktionieren der komfortablen Aufzüge vertrauend.

Die Klingel funktioniert! Eine riesig hohe Plastik-Mahagonitür mit grausig-üppigen »Gold«-Beschlägen; im Flur billige Lampen nach dem Vorbild prächtiger Lüster aus blühendem Muranoglas. Zunächst regt sich nichts – dann aber öffnet ein kolossal aufgedunsener junger Mann in hautengem, quergestreiftem T-Shirt. Über die Pantoffeln quellen nackte, fette Füße; über schläfrig gutmütigen Augen steht die gegelte Stoppelfrisur. Man scheint uns zu erwarten! – Den Flur versperren neben lauter skurrilen Andenken pralle Reisetaschen, Schrankkoffer und Kartons. Der Dicke bittet uns in ein kleines, altertümliches Boudoir mit weiteren seltsamen Souvenirs, Auszeichnungen in Silberrahmen und einem Klavier, gekrönt von abenteuerlichen Trophäen und Kuriositäten aus aller Welt.

Er bittet um Geduld, Natalja werde uns in wenigen Minuten empfangen … Er verschwindet, die Zeit verrinnt. Hinter verschlossenen Flügeltüren, in erahnten hinteren Gemächern, herrscht Aktivität – eine geheime Kostümierungszeremonie unter Föhngeräusch, Papiergeknister, Wassergeplätscher … Immer wieder erscheint der Dicke, um aus irgendeinem Karton oder Koffer eilig etwas hervorzuwühlen. Natalja Saz wird offensichtlich hergestellt. Mir selber wird unter dem Zeitdruck ganz heiß. Wie lange kann das Theater noch dauern? Tanja gibt dem Gehetzten ein Zeichen. »Ja, ja, nur noch die Schuhe.«

Da erscheint sie, die legendäre Künstlerin mit dunkler Stimme – weiß Gott keine Schönheit: klein, hässlich, doch zu ihrem Glück nur sparsam angemalt; das durchsichtige Gespinst ihrer Haare dunkelrot. Mit großer Gebärde tritt sie uns im Bleyleanzug entgegen. Wir sollen bitte entschuldigen – aber sie könne uns jetzt nur quasi schlafend empfangen: »Die ganze Welt ist eine

Bühne!« Als erfahrene Tragödin weiß sie selbst die Schläfrigkeit zu einem Auftritt zu inszenieren:

Also, Natalja Saz kehrt nahezu schlafend von einer großen Reise in ihre Wohnung zurück. Die Dame von Welt schnappt sich einen üppigen silbergrauen Pelzmantel vom nächsten Haken, stülpt sich vor einem blinden venezianischen Spiegel mit großer Gebärde die dazu passende hohe Pelzmütze auf das dunkelrote Haar, und die rauchig dunkle Stimme repetiert die allerorts wiederholten Auskünfte – sie sitzen ihr quasi schon im Blut. Die Namen unvergessener Begegnungen mit Berühmtheiten während ihrer großen Zeit nach der Oktoberrevolution perlen nur so aus ihr heraus, ohne Punkt und Komma: Sergej Eisenstein, Albert Einstein, mit dem sie musizierte, Erwin Piscator, Max Reinhard, Walter Felsenstein, Hugo von Hofmannsthal, Konstantin Stanislawski und Igor Strawinski, Otto Klemperer … Die klangvollen Namen nehmen kein Ende in Deutsch oder Französisch, wie es gerade kommt … Ich habe Mühe, mit der Kamera Schritt zu halten.

Rollenwechsel: Die Tragödin legt die Pelzkappe ab und wechselt zum Klavier, setzt die Füße aufs Pedal während sie, zur Aufnahme bereit, im Halbschlaf das Gesicht unabwendbar auf mich richtet. Fragen und meine Bewunderung prallen an ihr ab: »Mir ist es egal, wie alt ich bin! – Ich weiß, dass meine Bücher, vor allem meine Aufführungen, jungen Menschen dazu verholfen haben, zu ›beflügelten Menschen‹ heranzuwachsen. Man bewundert die ungebremste Reiselust in meinem Alter! Sie sehen, mir macht es Spaß!«

Zehn Minuten später drängt Tanja zum Aufbruch. Natalja Saz nimmt dies gar nicht wahr, agiert weiter, immer weiter. Sie nimmt es auch nicht wahr, als ich mich abrupt verabschiede und ihr verspreche, das Buch mit ihren Erinnerungen zu kaufen. Weitere zehn Minuten sind verstrichen. Wahrscheinlich hat Natalja wie eine aufgezogene alte Puppe weiter und weiter erzählt und posiert, um schließlich im Finale in einen Tiefschlaf zu sinken.

In weiser Voraussicht hat unser Fahrer den Motor gar nicht erst abgestellt. Wer konnte schon wissen, wann dieser im entscheidenden Moment den Geist aufgibt? Ich sollte doch unbedingt meine Maschine bekommen!

Jurij stürzte uns ins stinkende, schmutzige Verkehrschaos vor dem morgigen Nationalfeiertag. Die Zeit wurde knapp, die Ampelanlagen waren ausgefallen. Beim Anfahren und Schalten rüttelte die Kupplung bedrohlich. Tanja und Jurij rauchten im Akkord eine Zigarette nach der anderen. Wegen des Hustens mussten die Fenster geschlossen bleiben …

Wir stießen in eine Einbahnstraße in entgegengesetzter Richtung … Jurij und seine Klapperkiste ließen sich nicht bremsen, nur weiter, weiter … Auf verbotenem Wege »kratzten« wir in letzter Minute pünktlich die Kurve …, und ich erreichte meinen Flug.

*

Tiermarkt

Zur Ausstellungseröffnung »Europa beim Wort genommen«, im eiskalten Dezember 1993, reiste ich wieder einmal für einige Tage nach Moskau. Das Thermometer zeigte minus 28° Celsius. Um zum Puschkin-Museum zu fahren, begaben wir uns zur Metro-Station »Metropol«. Am Eingang stand, ohne sichtbaren Grund, in einen voluminösen, wattierten Steppmantel gehüllt, eine Frau von gewaltigem Umfang unter einer ebenso gewaltigen Pelzkappe. Ich musste sie anschauen. Da schlug sie über ihrem mächtigen Busen den Mantel auf und stellte ihr blaugefrorenes Dekolletee und darin den Wurf fünf nackter Hundebabys mit noch geschlossenen Augen zur Schau, die hinter dem sogleich wieder zugeschlagenen Pelz weiterträumten. Dem nächsten Passanten wurde der gleiche Einblick erlaubt. Einige Schritte weiter eine ähnlich ausstaffierte, elend aussehende Frau. Anstatt eines Hundewurfs kuschelten sich am schmächtigen Busen vier kleine Kätzchen. – Weiter im Untergrund andere Anbieter mit zitternden Kreaturen am warmen, tierlieben Herzen. Während Olga erklärte:»They want to sell them« und ich den Auslöser abdrückte, versuchte man, mir hinterrücks die Kamera zu entreißen. Mit dem Riss im Film war meine seltene Ausbeute dahin …

*

Zagorsk

Für den Tag darauf hatte Olga einen Studenten, Sascha, beauftragt, mich in seinem maroden Auto zum sechzig Kilometer entfernten»Dreifaltigkeits-Sergius-Kloster« hin- und am Abend wieder zurückzufahren.

Auf dem Weg zu beiden Seiten vereinzelt alte Dörfer mit ihren kleinen geduckten Holzhäusern, wie man sie aus verwunschenen russischen Märchenbüchern kennt, sie jedoch hier in ihrer Armseligkeit, einsam zwischen endlosen gepflügten Ackerflächen, mit anderen Augen sieht. Verfallen die wie von Spitzen durchbrochenen Fensterrahmen und Giebel, abgeblättert die Farben. Die Verschalung der Häuschen bildeten einstmals fischgrätartig zusammengefügte Holzbretter in Russischgrün, Blau, Türkis oder Tiefrot. Hier und dort durchsichtige Birkenwälder, deren Stämme mit den beschneiten Erdschollen ein graphisches Muster bilden.

Wir fahren auf Zagorsk zu – eines der größten orthodoxen Zentren, 1340 von Sergius von Radonesch als Einsiedelei gegründet, 1919 von den Kommunisten aufgelöst und bis 1991»Zagorsk« genannt.

In der Ferne im unendlichen Schnee entsteht ein Märchen gegen den bleichen steinernen Himmel: das Kloster, die weißen Kirchen, umgeben von einer weißen Mauer. Goldene Zwiebeltürme, kleinere und größere – mächtige blaue Kuppeln mit goldenen Sternen besät; eine Silhouette aus Rhythmen inmitten von Industrie, Rauch und Grau, in dem die leidgestählten Menschen leben. Die letzte Freiheit, der Glaube, wurde ihnen genommen.

Durch die Mauern dringt Gesang – Perlen alter Klänge – Stimmen hoffnungsschwer bebend in der Unendlichkeit Russlands ... Im Innern der Klosteranlage überwölben Baldachine in Stein oder Holzschnitzerei den Eingang der Kirchen, die Wohn- und Andachtsgebäude der alten Zaren sowie eine heilige Quelle.

Mir begegnen Menschen aller Altersklassen – junge geschminkte Frauen, Kinder, die Gesichter von Mönchen unwirklich finster und gleichzeitig schön mit den mächtigen Bärten ...

Dann zieht es mich in die älteste der sieben Kirchen: Kerzengeruch strömt mir entgegen. In der niedrigen Vorhalle sitzen aufgereiht Alte – hauptsächlich Frauen – in groben Strümpfen, Filzstiefeln; Kopftücher formen die Gesichter zum Oval. Sie sitzen da, teils schlafend mit gesenktem Kopf ins Gebet vertieft oder in stille Gedanken; die verarbeiteten Hände gefaltet, rot gefroren mit zersplitterten Nägeln, gestützt auf ihren Stock.

Vielleicht ist dies der einzige warme Raum, in dem sie still nebeneinander den Tag überstehen und im Gold-Grün-Weiß einer alten Welt ihren Sehnsüchten, dem Wunsch nach Trost und Geborgenheit, nachhängen, geschützt vor der eisigen Härte des Lebens draußen.

Die Kamera unauffällig griffbereit in der Tasche, betrete ich den Andachtsraum: mir gegenüber die mächtige Ikonostase. Davor Geistliche. Sie halten das große griechische Kreuz, das die Vorbeiziehenden dreimal küssen. Im gebrochenen Schein des Ikonengoldes ziehen die Gläubigen weiter, neigen sich zu einem Schrein, um auch diesen zu küssen. – Welch eine Demut wirkt in ihnen!

Die Menschen gehen ein und aus mit handgeschriebenen Gesangsstrophen auf Fetzen von Packpapier. Still sind sie ...

Eine Frau stimmt hell einen Gesang an. Andächtig hören ihr alle zu, um dann im Chor mit vollem Ton einzustimmen. Ein junger Mann auf Krücken stürmt herein, hebt an zu singen – überstimmt alle – unsagbar – »ein Chor von Seelen«, wie Anna Achmatowa und Mandelstam sie einst hörten: »… der endlose Atem russischer Seelen – Tränen hinter tränenlosen Blicken …«

In einer Nische beschreibt ein Mann in Windeseile weitere Packpapierfetzen. Ein Greis mit weißem Haar und langem Bart, mit traurigem Gesicht, tastet sich zum Schrein: Das Bücken zum Kuss des Heiligtums bereitet ihm Mühe. Er findet den Ausgang nicht. Der junge Mann auf seinen Krücken hilft ihm hinaus. Eine alte Frau hat einen Klapphocker mitgebracht, um den ganzen Tag unter den Frommen vor ihrer Ikone im Gebet zu verharren – »Schmerz heißt hier die Liebe der Menschen …« (Nikolai Alexejewitsch Nekrassow). Es ist mir unmöglich, die Kamera auf sie zu richten.

Ich brauchte die Lichtbilder nicht mehr. Die Seelen wurden zum inneren Bild.

Viktor Jerofejew
Moskau · 19. Juli 1991

Viktor Jerofejew, einer der erfolgreichsten Schriftsteller der damals jüngeren Generation, geboren 1947 in Moskau als Sohn eines der höchstgestellten sowjetischen Diplomaten, des Botschafters und persönlichen Dolmetschers von Stalin in Paris und Wien, gründete 1976 mit Andrej Bitow, Jewgenij Popow und Fasil Iskander – an der Zensur vorbei – den »gefährlichen« Literaten-Almanach METROPOL. Es war der erste Versuch, Literatur unzensiert zu veröffentlichen; ein Skandal, der dem Vater – der Nomenklatura verpflichtet – den Botschafterposten in Wien kostete. Viktor Jerofejew selber, wie auch seine Freunde, wurden aus dem Schriftstellerverband der UdSSR ausgeschlossen. – Jedoch dann, im Zeichen von Glasnost, konnten sie sehr bald über die Grenzen hinaus publizieren.

Ich traf Viktor Jerofejew am 19. Juli 1991 in seiner Moskauer Wohnung. Er überrascht mich mit seinem nahezu westeuropäischen Aussehen und Auftreten, seiner schlanken großen Gestalt, seinen selbstbewussten, nonchalanten Bewegungen, einem – damals noch – schmalen Gesicht.

Sein schrill grotesker Roman »Die Moskauer Schönheit« – Verruchte und Heilige in einer Person –, der 1990 im Westen großes Aufsehen erregte, ließ mich einen schillernden Autor ahnen. Weitere provozierende Publikationen folgten.

Er ist gerade aus den USA zurückgekehrt und hat offensichtlich eine wilde Nacht hinter sich. Sein gesamtes Gepäck liegt ausgebreitet auf dem Boden, Herrenunterwäsche der teuersten Marken. Pausenlos rauchend lässt er sich mein geplantes Europa-Projekt erklären. Er befindet es als seiner würdig. Auch seine Freunde, Jewgenij Popow, die Dichterin Bella Achmadulina und Andrej

Bitow sieht er in diesem Kreis. Umgehend verabredet er für mich telefonisch ein späteres Treffen mit ihnen.

»Glasnost hat uns alle zusammengeschweißt. Dazu gehören auch«, wie er sagt, »Michail Gefter, Lew Kopelew, Heinrich Böll.« Jelena Bonner hingegen, die Menschenrechtskämpferin und Frau des Atomphysikers Andrej Sacharow, findet keine Sympathie, auch nicht Maria, die durchsetzungsstarke, »simple« Frau von Andrej Sinjawskij. Die Freunde sind sich darin einig: »Im Gegensatz zu Andrej Sinjawskij fehlt dem Dissidenten Lew Kopelew ein gewisser Tiefgang, das heißt, ohne Bart bleibt nicht viel von ihm übrig …« Diese höchst imposante Erscheinung traf ich 1985 in Köln.

Mit der Erzählung »Leben mit einem Idioten« lieferte Viktor Jerofejew 1992 das Libretto für die Oper von Alfred Schnittke, die mich in einer der ersten Aufführungen stark berührte.

»Wie wirkten sich die Publikation des Literaturalmanachs METROPOL und die Folgen auf das persönliche Verhältnis zu Ihrem Vater aus, wie denkt er heute?«, frage ich den immer wieder skandalumwitterten Sohn.

»Der ist o. k., durchaus liberal gesinnt.« Dennoch erzählt Viktor Jerofejew von einem Kindheitserlebnis, das er untrennbar mit seinem Vater verbindet:

»Der gemeinsame Besuch beim einbalsamierten Stalin neben Lenin im Mausoleum – wie im Theater mit Eintrittskarten für Privilegierte. Sie lagen da wie in einem Doppelbett! Ein Bild des Grauens!«

Der »Stalinismus« bedeutet in seiner Erinnerung an die frühen Kindertage in Moskau ein »Paradies mit tollen Dienstwagen, schwarzem Kaviar und glanzvollen Empfängen«. Aufgrund der hohen politischen Funktion seines Vaters auf dem glatten Parkett der Diplomatie genoss der privilegierte Sohn während der fünf Jahre in Paris eine neue Seite des Luxus mit Chauffeur, untertänigem Dienstpersonal, dem Besuch einer elitären Schule, wo er zum ersten Mal die aufrührerischen Schriften von Sartre, Heidegger und Karl Jaspers las – weit ab von der Not und Armut der von Verbannung und »Säuberung« bedrohten Menschen in der stalinistischen Sowjetunion.

Wenn auch diese frühen Jahre der zwiespältigen Biografie Viktor Jerofejew in seiner neuen Rolle als liberalen Intellektuellen vor innere Konflikte stellen, so bilden sie den unerschöpflichen Nährboden für immer neue Bücher, die ihn mittlerweile zu einer schillernden Schlüsselfigur der russischen Gegenwartsliteratur machten; zu einer Figur, die sich ungeniert und allzu gern mit dem Namen des viel zu früh verstorbenen, hochgeschätzten russischen Autors, Valentin Jerofejew, verwechseln lässt.

2004 erschien das aufsehenerregende, seinem Vater gewidmete Buch »Der gute Stalin«, in dem es um die Geschichte der Familie geht. »Schon im ersten Satz habe ich meinen Vater ermordet«, hörte ich Viktor Jerofejew in einem Interview, während er in seinem Buch von einer »glücklichen stalinistischen Kindheit« und seinen wilden sexuellen Erfahrungen schwärmt.

Im Spannungsfeld zwischen seinem exzessiven Luxusleben in seiner Kindheit und Jugend, der liberalen Reformbewegung »Perestroika« und der heraufziehenden Macht der Oligarchie, erlebte ich ihn und konnte mich nicht von einem gewissen Unbehagen in seiner Nähe frei machen.

Er lebt nach wie vor in und von der Provokation. Allein wie er sich vor mir halb liegend auf dem durchgelegenen Ledersofa reckt und streckt, sich in gewollt lässiger Art mit geschlossenen Augen ständig eine neue Zigarette anzündet, sie dann bis zur Hälfte angeraucht, lose zwischen Zeige- und Mittelfinger hängend, verglühen lässt …

Mittlerweile ist der umstrittene, dennoch gefragte Autor siebzig geworden. Als sein bester Freund, der oppositionelle liberale Politiker Boris Nemtsow, am 27. Februar 2015 einem Mordanschlag zum Opfer fiel, holte Viktor Jerofejew zu riskantesten

Anschuldigungen gegen das politische Regime aus. Er weiß, dass sie seinem Image als unberechenbarem, sogenanntem »literarischen Dissidenten« und kritischem Freidenker mehr nützen als schaden. Wenn er zum Beispiel sechsundzwanzig Jahre nach unserer Begegnung vom »Zünden literarischer Bomben« spricht, vor dem Erstarken der orthodoxen Kirche warnt, seine geliebte Heimatstadt Moskau, in der er selber allzu gern ausschweifend lebt, »die Hure Babylon« und Russland »nach der Apokalypse eine fröhliche Hölle« nennt; wenn er in seiner Wut gegen die Staatsmacht Dostojewski zitiert: »Das Regime macht aus der Persönlichkeit eine zitternde Kreatur« und schließlich den russischen Dichter und Diplomaten aus dem neunzehnten Jahrhundert, Fjodor Tjutschew, uns mit den Worten grüßen lässt:

Mit dem Verstand ist Russland nicht zu fassen,
Gewöhnlich Maß misst es nicht aus:
Man muss ihm sein Besonderes lassen
Das heißt, dass man an Russland glaubt.

Ludmila Stefanowna Petruschewskaja

Moskau · 30. Oktober 1991

»Mitten in der Nacht wachte ich auf, die Nacht ist meine Zeit, das Rendezvous mit den Sternen und mit Gott, die Zeit des Gesprächs, ich zeichne alles auf … In der Wohnung ist vollkommene Stille, der Kühlschrank ist abgeschaltet, nebenan dumpfe Schläge: Nachbarin Njura hackt den Kindern Knochen für die Suppe …, als pochte das Schicksal an die Pforte.«

»Meine Zeit ist die Nacht« – so der Titel einer Erzählung von Ludmila Stefanowna Petruschewskaja. »Dieses Buch ist gleichsam ein Wahnsinnsprotokoll«, heißt es im Klappentext, »das Psychogramm einer Frau, die im Überlebenskampf für sich und die Familie geschändet und gedemütigt wurde.«

In ihrer Erzählung »Der schwarze Mantel« erkenne ich Ludmila Petruschewskaja und ihr traumatisches Innenleben wieder. Die Abgründe ihrer Phantasien rufen die Bilder der Begegnung mit einer skurrilen Erscheinung in Moskau wieder auf und erklären mir im Rückblick diese seltsam rätselvolle Dichterin.

Umgetrieben vom Tag findet sie allein in der Nacht zu sich selbst. Dann kriechen die Schreckensbilder aus dem Unterbewusstsein hervor, in Schichten, die ich voneinander lösen muss, um eine Ordnung in meine Erinnerungen bringen zu können.

Traumatische Bilder von Erlebnissen umnachten und belagern sie auch am Tag, die sie in ihren Märchen und Erzählungen (wie »Der schwarze Mantel«) darstellen muss, um sie dann aus der Distanz schmerzlos wahrnehmen zu können. Während der abendlichen Auftritte im Kabarett muss sie in flotten Rhythmen im grellen Bühnenlicht ihren Hass, die Wut ausspielen. Albträume, von denen es kein Entrinnen gibt, sind ihr Lebenselixier. In einem Interview erinnert sie sich an Tristan und Isolde:

Der Tag schmerzt – die Nacht heilt.
Das Dunkel tröstet, geht in den Schlaf über,
in das letzte Vergessen und Erleben,
in den Traum, in den Tod. (Tristan und Isolde)

Auch »Der schwarze Mantel« umhüllt eine Geisterwelt im eisigen, lautlosen Totenreich: Ein kleines Mädchen in einem schwarzen Mantel steht frierend auf einer unbekannten Chaussee, im Winter; es ist Abend. Ein Lastwagen taucht hinter einer Kurve auf und hält. Der Fahrer öffnet die Tür. Neben ihm sitzt schon eine andere Gestalt. »Ich passe nicht mehr hinein«, sagt das Mädchen voller Angst.

Der Fahrer, spindeldürr, mit kahlem Schädel, bleckt die Zähne; er lacht vollkommen lautlos: »Keine Bange, mein Kamerad ist auch nur Haut und Knochen.« Das Mädchen steigt ein. Der unheimliche Beifahrer rückt zur Seite. Sein Gesicht ist hinter der heruntergezogenen schwarzen Kapuze nicht zu sehen. Das Auto rast im Dunkel geräuschlos durch den Schnee. Sie kommen auf einem Bahnhof an. Das Mädchen setzt die Geisterfahrt in einem Zug fort. Der Zug hält irgendwo in einer menschenleeren Gegend mit Häusern ohne Dächer. Die Fenster erscheinen als schwarze Löcher in der geisterhaften Straßenbeleuchtung über aufgegrabener Erde – Abgründe! Ringsum Finsternis. Der einzige Ausgang ein Tunnel: »… das Mädchen lief leichtfüßig, immer tiefer in den Tunnel, berührte kaum den Boden, rannte wie im Schlaf an Gruben, Spaten, Tragbahren vorbei …«

Das Mädchen steht am Straßenrand. Da hält plötzlich wieder der Lastwagen vor ihr mit den ihr einzigen bekannten Gestalten in der gottverlassenen Gegend. Der Fahrer öffnet die Tür: »Steig ein, ich bring dich nach Hause« … Das Mädchen kann sich an nichts erinnern; woher es kommt, wohin es will … In der Dunkelheit erkennt es eine Frau mit einem brennenden Zündholz.

»Wie kommt man hier heraus?«, fragt das Mädchen. »Indem man aufwacht«, antwortete die Frau, »doch das gelingt nicht immer. Aber solange das Streichholz brennt, kannst du dich noch retten; du darfst bloß nicht atmen. … Der schwarze Mantel erlöst dich von allem Leid.«

Was sich in diesem Albtraum abspielt, erlebte ich ähnlich in Wirklichkeit während einer »Geisterfahrt« im fremden, per Handzeichen gestoppten Vehikel durchs nächtliche Moskau – damals, am 15. November 1991, nach der denkwürdigen Begegnung mit Eduard Schewardnadse:

Auf dem Rücksitz, eingezwängt zwischen zwei unheimlichen Gestalten verschiedener Herkunft und Sprachen – einem grinsenden Mongolen und einer korpulenten, hochbusigen Frau – und hinter einem in Zigarrenqualm eingenebelten Fahrer ohne Zähne, der kaum über das Lenkrad ragte. Das Gefährt jagte in der Dunkelheit durch Schneematsch und tiefe Schlaglöcher. Die Straßenlaternen wurden immer seltener. Plötzlich stoppte die Fuhre in einem Gebüsch, wo der Zahnlose mit einem Schlauch aus einem versteckten Tank Benzin absaugte. Das Auto raste weiter durch die Finsternis, ohne dass ich wusste, wohin, während meine dicke Nachbarin mit der riesigen Pelzkappe auf roter Perücke mir zur Beruhigung aus ihrer prallen Plastiktüte ein Bonbon zusteckte. Endlich, wie eine Fata Morgana, erstrahlten in der Ferne am pechschwarzen Himmel die Leuchtbuchstaben »Aerostar«! Mein Hotel! – Vor mir zog ein blasser junger Mann seinen abgewetzten Zylinder …

Zurück zu Ludmila Petruschewskaja – zu ihrer Biografie: darin erklärt sich das Wesen der gequälten Seele. Sie, die Dichterin und Künstlerin, 1938 in Moskau geboren, entstammt einer alten Moskauer Intellektuellenfamilie, die vom russischen Staat über drei Generationen zu »Volksfeinden« erklärt und durch Stalins Terror zerstört wurde. Im Zuge der Kriegsereignisse wurde sie in ein Waisenhaus bei Ufa verschlagen und kehrte nach dem Krieg nach Moskau zurück, studierte dort Journalistik und schrieb für Rundfunk und Fernsehen. Mit ihren Prosatexten der sechziger Jahre, die unter der Hand verbreitet wurden, war sie eine der populärsten Figuren des russischen Underground. Die Gnadenlosigkeit ihres kritischen Blicks, die brillanten Monologe und ihre Auftritte im Kabarett machten Ludmila Petruschewskaja in jener Zeit nach Bulgakow zur meistgespielten Bühnenautorin der Sowjetunion. Heute zählt Ludmila Petruschewskaja zu den bekanntesten Autorinnen Russlands.

Nachdem 1974 und 1982 gegen sie ein Publikationsverbot verhängt worden war, wurde sie später mit großen internationalen Preisen als Verfasserin von Drehbüchern ausgezeichnet, u. a. zusammen mit dem Regisseur Juri Norstein bei der Berlinale 2009 für »Skaska Skasok« in der Sonderreihe »Winter adé – Filmische Vorboten der Wende«. Zu ihrem Oeuvre gehören neben den in dreißig Sprachen übersetzten Erzählungen wie »Netze und Fallen« (1974/1982), »Die liebe Dame« (1987), »Der Schwarze Mantel« (1999) auch Kindermärchen, wie »Der Mann, der wie eine Rose roch« (2015). Erst mit der Perestroika gelang ihr der Durchbruch mit Bühnenstücken wie »Liebe«, »Musikstunden«, »Drei Mädchen in Blau«; vor allem aber mit »Cinzano«.

Im Westen ist sie nur noch wenigen bekannt.

In Moskau sollte ich ihr begegnen: Olga hatte das Treffen vorbereitet – wollte sich aber in weiser Voraussicht frühmorgens noch einmal telefonisch unserer Verabredung vergewissern. »Man weiß nie, ob …« Jedoch das Telefon gab nur ein ständiges Besetztzeichen her.

Also machten wir uns auf. Auch diesmal wurde uns die verzweiflungsvolle Suche nach einer Wohnung im eintönig grauen Wohnblock nicht erspart. Zu allem Unglück fand Olga keinen Code – und damit auch keinen Einlass!

Zufällig trat aus irgendeiner Tür eine Frau. Wir huschten hinein, und irgendwo, auf irgendeiner Etage, hinter irgendeiner Tür witterte Olga Ludmila Petruschewskaja. Olga läutete. Eine Kinderstimme meldete sich. »Oh, she seems to be there – she is very special«, flüsterte Olga.

Eine völlig übernächtigte, unfrisierte Dame mittleren Alters in einem abgetragenen schwarzen Chenille-Morgenrock über einem fadenscheinigen Negligé, öffnet.

Wie ein Gewitter geht ein Wortschwall auf uns nieder, der eigentlich nicht uns gelten soll, sondern dem Versagen der Moskauer Infrastruktur. Heutzutage sei alles, aber auch alles eine einzige Katastrophe. Da hätten wir zu allem Unglück noch gefehlt.

Ihr Mann hatte soeben vor ihrem Haus einen Unfall gebaut – glücklicherweise ohne Verletzung! Alle Anrufe bei der Polizei, der Versicherung, beim Abschleppdienst liefen ins Leere.

Während des nicht enden wollenden Gezeters schrillt pausenlos das Telefon und das kleine zarte, neunjährige Töchterchen eilt und hüpft wie gejagt zwischen Küche und Flur hin und her. Darüber gerät Ludmila noch mehr in Rage:

»Sie kommen am Tag der Katastrophen! Seit heute Morgen läuft kein Wasser! Die Leitung ist verstopft! Ver-stopf-f-t!« Wie eine Furie rauft sie sich die rotgefärbte Frisur: »Die Haarwäsche muss ausfallen!«, verkündet sie – »Ebenso die Morgentoilette!« Also bleibt sie, wie sie ist, im übernächtigten Urzustand, im gnadenlosen Zwielicht der Wirklichkeit. Galina wünscht mir Erfolg und entschwindet.

»Kommen Sie in die Küche!«, ruft die aufgebrachte Dichterin – wie in ihrem eigenen Theaterstück. Die Stimmung ist unerträglich, dazu das gedehnte laute Gähnen. Gläser und Teller vom gestrigen Abendessen stehen noch auf dem Tisch – draußen das trübe Wetter: eine einzige Trostlosigkeit. Zunächst wird Kaffee gekocht, hier – wider alles Erwarten – ohne den mittlerweile vertrauten automatischen Griff zur Zigarette und ohne das obligate Gläschen »Wuditschka« zum Aufwärmen. Wir sitzen am Küchentisch. Ludmila rührt in der Kaffeetasse. Ein stummer Wellensittich zupft am staubigen Gefieder. Schleppend kommen wir ins Gespräch, während sich Ludmila aus undefinierbaren, zerkleinerten Zutaten eine Art Aufschnitt zusammenstellt, das dem Futter für die kratzende Katze unter dem Tisch nicht unähnlich ist, und damit happenweise ihr Brot belegt. Das Telefon gibt keine Ruh.

Ich wage den Versuch, die düstere Morgenstimmung aufzuhellen, indem ich die Dichterin zur bevorstehenden Verleihung des Puschkin-Preises des Stifters Alfred Toepfer in Hamburg beglückwünsche.

»Wer ist dieser Mann?«, fragt sie voller Misstrauen.

»Der Inhaber einer alten Hamburger Überseefirma, neunzig Jahre alt, ohne ein einziges Haar auf dem Kopf, der es sich zur Aufgabe gemacht hat, russische Kulturträger mit einem Preis zu krönen.«

»Soo alt?«

Ach, ihr persönlich brächte die Auszeichnung nichts als Neid und Missgunst der Kollegen, ganz zu schweigen von der Gefahr vor Überfällen sowie von den Schwierigkeiten mit dem Konto. Im Übrigen habe sie genügend Förderer und hilfsbereite Freunde – aber auch damit sei nur Ärger verbunden. Ohne Vertrag würden ihre Werke mittlerweile bei Fischer verlegt.

Wir sprechen meist Französisch, das Ludmila, im Gegensatz zu mir, glänzend beherrscht. Außerdem nimmt sie zusammen mit ihrer kleinen Tochter jede Woche Privatstunden in Englisch.

In der Wasserleitung gluckst es vielversprechend. »Gott sei Dank, Wasser!« Geflissentlich überhört Ludmila meinen Jubelschrei. Stattdessen versucht sie mich davon zu überzeugen, dass ihre bitteren Theaterstücke und Essays weder biografische Züge noch irgendetwas mit ihrem persönlichen Leben zu tun haben. Sie möchte nicht wie ihre literarischen Figuren als Trinkerin, als süchtige Raucherin, Betrogene, Nackte, grausame Mutter, als verlassenes Kind und als billige Journalistin dastehen. Die schonungslosen Inhalte ihrer Werke resultierten lediglich aus Beobachtungen. Ich erlaube mir zu widersprechen: »Wessen Seele kann nach dem Stalin-Regime, das sich in jede Biografie eingefressen hat, je gesunden?« – Ihre Seele hatte es überlebt. Nicht nur in ihren Erzählungen, auch in den Märchen lässt sich ihre Biografie ablesen.

Ob ich ihre Sprache als vulgär empfinde, will sie wissen. Gespannt starrt sie mich an. Ohne durchblicken zu lassen, wie schwer es mir fällt, mich allzu lange in ihrem Verfolgungswahn und ihren Albträumen aufzuhalten, will die Antwort wohl überlegt sein: Es sei wohl, meine ich, vielmehr die rückhaltlose Brutalität, mit der sie Tatsachen beim Namen nennt.

In jenen Jahren – das wusste ich durch die Slawistin Helen von Ssachno – galt in Russland Ludmilas Sprache als absolut revolutionär. Entscheidend sei für mich, räume ich vorsichtig ein, die deutsche Übersetzung.

Trotz der Vormittagsstunden lässt das für meine Aufnahmen so kostbare Tageslicht sichtbar nach. Auch das in der Küche schwindende Licht macht mich unruhig. Ich rufe der Wachtraumwandlerin die soeben verhallten Töne in der Wasserleitung ins Bewusstsein. Doch für Ludmila ist und bleibt sie verstopft. Ich beweise ihr das Gegenteil, indem ich den Wasserhahn aufdrehe. Die bisher eisern verdrängte Wasserzufuhr zwingt die Verweigerin wohl oder übel, ihre Körperpflege in Angriff zu nehmen – das Haar ausgenommen. Sie würde höchstens zwanzig Minuten benötigen, verspricht sie, und lädt mich ein, in der Zwischenzeit im »Salon« auf der zerwühlten Couch neben einem bordeauxroten Fuchspelz und einem Knäuel Klamotten ihren aktuellen Video-Fernsehfilm anzuschauen. Ich soll es mir gemütlich machen – das heißt inmitten hinfälliger Sessel, aufgetürmter Bücherstapel, vergilbter Fotos auf dem Klavier, verkümmernder

Topfpflanzen vor beschlagenen Fensterscheiben. Am zerlumpten Teppich schärft die Katze mit Hingabe ihre Krallen. Unbemerkt huscht eine Maus an der Wand entlang – ihr folgt eine zweite, dann eine dritte.

Während die Filmszenen über die Mattscheibe flimmern, werde ich mit einem Seitenblick durch die offene Tür Zeuge einer Metamorphose. Ludmila kehrt in den Tag zurück:

Und als das Knäuel auf dem Sofa zu einem Gewand entfaltet, über dem Busen mit einer Trachtenbrosche in Form einer Schleife zusammengesteckt wird, die nackten Füße in halsbrecherische Pumps schlüpfen, ist von der aufgeschreckten Morgenerscheinung – bis auf das zerzauste Haar – nichts mehr zu erkennen. Jetzt hat sie etwas elegant Altmodisches – ein Zeichen angeborener Kultiviertheit.

Aus den versprochenen zwanzig Minuten wurde eine kreative Stunde. Mit lässigem Schwung lässt sich die zur Dame avancierte Künstlerin auf einem Sessel neben einer alten Stehlampe nieder. Den brüchig gewordenen Seidenschirm ziert ein Saum lückenhaft herabhängender Perlenschnüre; daneben lächelt im trüben Schein der Rest eines Marmorputto … Im blinden Spiegel bricht sich das brüchige Mahagoni-Meublement aus einer gesegneteren Zeit, als noch die pflegende Hand dienstfertigen Personals für vornehmen Glanz zu sorgen hatte.

Ludmila hat sich aufgeräumt. Sie möchte wissen, wen ich von ihren Landsleuten in meine Sammlung aufgenommen habe? Eine heikle Frage; sie gleicht einem Verhör. Die Reihenfolge will wohlüberlegt sein … Zuerst nenne ich die drogensüchtige Schriftstellerin, die Tatarin: »Bella Achmadulina.« – »Naja, die nennt sich Dichterin …«

»Andrej Sinjawski.« – »Hat sich nach Paris abgesetzt.«

»Oleg Wassiljewitsch Wolkow.« – »Kenne ich nicht.«

»Marina Goldowskaja.« – »Keine Verbindung.«

»Jelena Bonner.« – »Gut! Sehr gut!«

»Viktor Jerofejew.« … Das ist zu viel! – ich ahnte es:

»Reicher Vater, Dolmetscher und Botschafter von Stalin. Hochstapler! – Und der Sohn! – Nicht im Geringsten begabt, unmöglicher Lebenswandel, Frauenheld … charakterlos, der sich mit dem Namen eines viel zu früh verstorbenen, hochgeschätzten russischen Autors ›Valentin Jerofejew‹ verwechseln lässt und sich ›aus Versehen‹ dessen Bild im Zusammenhang mit eigenen Essays bedient. Kriminell!!« Mit bösem Spott wusste sich jener Viktor Jerofejew vor Kurzem in der Presse zu rächen: »Aus der vergammelten Dichterin wurde eine feine Dame …«

Sie, Ludmila Petruschewskaja, sieht sich in einem gänzlich anderen Licht. Ihr sind derartige Methoden fremd; sie schreibt nicht um des Geldes willen – wie sie sagt –, sondern weil sie damit vor allem den Frauen aus der Not helfen will, indem sie ungeschminkt und unerbittlich deren unverschuldete Abgründe und Unmoral bloßlegt. Sie fordert mich auf, nur Frauen zu fotografieren: »Ja, fotografieren Sie die Frauen!«

Draußen beginnt es zu dunkeln. Dabei ist es früher Nachmittag. Wir setzen das Gespräch in der Küche fort. Ludmila, die geniale Künstlerin, bereitet aus gedünsteten Zwiebeln, gebratenen, mit Wasser abgelöschten Möhren eine Bouillon »zur Kräftigung des zarten Töchterchens«. Auch mir wird sie wärmstens empfohlen.

Zum Beweis ihrer Vielseitigkeit breitet sie eine Reihe ihrer zeichnerischen Kunstwerke vor mir aus: Sie wartet auf ein Echo, doch mir fehlt es – ohne das Maß ihrer Gaben schmälern zu wollen – an geziemender Bewunderung für die Pflanzenstudien, kümmerlich wie die selbstgezogenen Vorbilder in den Töpfen.

Dann, beim andächtigen Betrachten ihrer witzigen Selbstbildnisse mit der spitzen Himmelfahrtsnase fallen ihr die ungewaschenen Haare ein. Sie springt auf, eilt davon und kehrt als große Dame von Welt mit einem eleganten, pelzumsäumten Hut an den Küchentisch zurück.

»Ein Geschenk aus München – hundert D-Mark!«

Hüte sind ihre Leidenschaft. Hüte in abenteuerlichsten Ausformungen setzt sie auch den Gestalten in ihren Märchen auf. Als passendes Accessoire muss der bordeauxrote Fuchspelz mit weißen Zähnchen und buschiger Rute herhalten, ein Requisit aus dem Kabarett. Wärmend schmiegt er sich um Schultern und Hals.

Ludmila hat ihre Rolle gefunden im Wechselspiel zwischen Auf- und Absetzen des Münchner Hutes, um dann wie im Fieber mit maliziösem Lächeln im offenen Fenster zur vollen Form aufzulaufen.

Der Höhepunkt des Abends naht. Eine Darbietung verwegenster Art bahnt sich an im offenen Fenster. Ein selbstinszenierter Fenstersturz?? Ich halte den Atem an wie oftmals im Traum beim freien Fall von einer imaginären Höhe ins Bodenlose. Mich jagt nur noch ein Gedanke: Weg von diesem Ort! Ich möchte mich verabschieden – aber wie? Ich bitte um ein Taxi.

»Ein fremdes Taxi um diese Tageszeit? – Unmöglich!«

Ludmila schreckt mit ihrem Anruf eine Freundin aus dem Schlaf. Diese soll ihr Auto umgehend aus der Garage holen, um mich in zehn Minuten von hier aus direkt zum Hotel zu befördern. Hinter vorgehaltener Hand die an mich gerichtete Frage: Wie viel ich bereit bin, zu zahlen? Ein Trinkgeld wird empfohlen. »Zehn Dollar«! – Charaschó« (in Ordnung).

Die Freundin, einstmals sehr bemittelt und sehr schön – sie arbeitete früher für Film und Fernsehen –, ist durch den »Umschwung« und die Knappheit aller Lebensmittel, wie so viele andere Kollegen, in nie gekannte Schwierigkeiten geraten und muss jetzt – selbstverständlich anonym – mit ihrem luxuriösen Wagen Taxidienste leisten. Wir warten … Ich werde nervös. Aus den angemahnten zehn Minuten werden zwei Stunden.

Nur um eben nach dem »Taxi« Ausschau zu halten, wird das offene Fenster noch einmal zur willkommenen Bühne – allein schon wegen der angstvollen Gesichter in den Fenstern gegenüber!

Der Hut sitzt fest. Der rote Fuchs mit gläsernen Augen findet seinen Halt mit festem Biss in die buschige Rute. Auf einem Bein fasst die Wahnsinnige festen Fuß, das andere schlägt als Balancehalter nach rückwärts aus, während Ludmila selber bis zu den Hüften ins Dunkel der Fensteröffnung taucht. Doch so weit sie sich auch hinausreckt – kein Auto weit und breit lässt sich blicken … Die bestellte Limousine bleibt aus. Nichts!

Ein Anruf zur Freundin. Niemand geht ans Telefon. Also wird sie bereits auf dem Weg sein. Plötzlich hält unten ein Auto! »Sie ist es!« Als wir unten ankommen, ist das Auto verschwunden. Niemand! Ludmila hastet auf ihren Stöckelschuhen wieder hinauf. Das Auto kehrt zurück. Es hält direkt vor dem Hauseingang. Die Freundin musste in der Zwischenzeit telefonieren, um nach dem Code zu fahnden. Man kennt noch kein Handy!

Schließlich sitzen wir im Auto. Unsere Fahrerin, eine relativ junge Frau, wild geschminkt, trägt elegante lederne Autohandschuhe – meine Nachbarin den Münchner Hut. Ludmila beschließt, mich bis zum Hotel zu begleiten, um auf dem Rückweg – verzückt in ihre Aufmachung – mit Hut und Pelz inmitten geduldig Wartender für Brot anzustehen, und sei es auch drei Stunden lang bis 21.00 Uhr. Unauffällig drücke ich ihr zehn Dollar in die Hand, die sie ebenso diskret weiterreicht. Die Luxus-Freundin mimt Überraschung.

Als Finale ruft mir Ludmila zum Abschied nach:

»Fotografieren Sie Frauen!«

Andrej Bitow

Moskau · 25. Juli 1991

»Der Dachbodenpoet! – Literat von der traurigen Gestalt!«, so stellte
sich Andrej Bitow vor – damals in Moskau 1991. Andrej Bitow, der
bis zur Perestroika sein Werk nicht veröffentlichen durfte, gehörte,
wie Fasil Iskander, Viktor Jerofejew und Jewgenij Popow seit 1976
zum Redaktionskollegium des Untergrund-Literaturalmanachs.
Als einer der bedeutendsten postsowjetischen Schriftsteller wurde
er 1991 zum Präsidenten des russischen PEN-Zentrums gewählt
und neben vielen anderen Preisen 1989 für »Das Puschkinhaus«
mit dem Alexander-Puschkin-Preis der Alfred-Toepfer-Stiftung
ausgezeichnet. Sein Roman, »Das Puschkinhaus«, benannt nach
dem berühmten literaturwissenschaftlichen Institut in Leningrad,
in dem Andrej Bitow studierte, galt lange als Meilenstein der russischen Postmoderne.

Nachdem er in seinem Roman alle Möglichkeiten eines Lebens-
laufs durchgespielt hat, sagt der Autor einmal über seinen Helden
Ljowa: »Jeder, der lebt, kann als Konformist gelten, der zur Einsicht
kommt, dass Flucht, Untreue und Verrat lebensnotwendig sind.«
Bitow bezeichnet Ljowa als einen Teil seiner selbst. Wie dieser ist
er Träger der alten russischen Tradition, ein Träumer, aufgewachsen im intellektuellen Elfenbeinturm in Leningrad mit Eltern, »die
ihm beibrachten, was sie kannten und dabei verschwiegen, was sie
wussten«.

Seit zwei Tagen Sturm und Dauerregen, gefährlich anwachsende
Wasserlöcher in katastrophalen Straßen. Beim Blick von einer
Anhöhe über den wilden Verkehr unter mir scheinen die Autos
im Slalomlauf zu galoppieren und zu hüpfen. Auf den geplanten
Besuch der Vernissage in der neuen Tretjakow-Galerie, musste

ich verzichten, da mein Fahrer vergeblich eine Stunde lang mit mir durch Moskau irrte, ungeachtet der rot markierten Adresse auf dem Stadtplan. Er konnte sich einfach nicht vorstellen, wohin es gehen sollte.

Also steuerten wir die zweite notierte Adresse an: Andrej Bitow. Dessen Wohnung befindet sich wie die der anderen Intellektuellen, in einem trostlosen, vierzig Jahre alten Bau der Stalinära – dunkel, verwahrlost, wo mich beim Verlassen des Fahrstuhls die zuschnappende Tür um ein Haar mit lautem Knall zweigeteilt hätte.

Die weiträumige Wohnung gleicht eher einem Dachboden, in dem seit Jahren weder aufgeräumt noch geputzt wurde: Stühle mit zwei oder drei Beinen, abgebrochenen Lehnen; zugestaubte Bücherstapel, schwankende Glühbirnen an lockeren Kabeln, undurchsichtige Fenster, sodass es dem Licht selten gelang, »ungebrochen« die gesprungenen Scheiben zu durchdringen.

Andrej Bitow von hoher Gestalt, ein Gentleman, gutaussehend, steht vor mir im grün-verwaschenen Polohemd mit kurzen Ärmeln. Sein Markenzeichen, die altmodische Nickelbrille mit kleinen runden Gläsern, fehlt, die er jedoch während unserer Konversation auf Englisch zu Hilfe nimmt, um, wie er listig andeutet, besser verstehen und hören zu können. Im blassen El-Greco-Gesicht fällt der borstige Moustache auf, ebenso die wie mit einem Lineal gezogenen Brauen über kohlschwarzen Augen; das einzige Wiedererkennungszeichen auf heutigen Fotos nach fünfundzwanzig Jahren. Schwere Krankheit, Angst und Schmerz haben es gezeichnet.

Angesichts seines eigenen Portraits brachte einmal Martin Walser den Verfall mit einem Satz auf den Punkt: »Durch mein Gesicht ziehen die Jahre wie Eroberer.« … Was würde er heute, nach dreiunddreißig Jahren, entdecken?

So wie das ungewöhnlich schmale Gesicht, unterscheidet sich auch seine schlanke große Gestalt von den kompakteren Staturen und den meist breiten Gesichtern seiner männlichen Landsleute.

Sein untrüglicher Sinn für Situationskomik, seine quirligen Witzeleien, seine Kommentare aus ironischer Distanz machen unsere Begegnung zum Vergnügen, allein schon wenn der Dachbodenpoet einräumt: »Wie Sie sehen, das Licht geht sehr schonend mit unserer Einrichtung um. Andernfalls brauchte ich sicher keine Brille. Warten Sie, ich werde das Fenster öffnen. Es wurde Jahrzehnte nicht angerührt.«

Ein energischer Ruck – das Licht strömt herein, wir aber sehen einander nicht mehr. Eine dichte Staubwolke hüllt uns ein … Ich höre noch sein Lachen. Die kostbare Hasselblad in meiner Tasche beibt verschont, nicht aber mein neues Kostüm. Auf einem wackligen Stuhl nimmt der »Dachbodenpoet« Platz.

Der Puschkinpreis der Alfred-Toepfer-Stiftung 1986 zu Hamburg schafft eine willkommene Brücke für unser Gespräch. »Das Puschkinhaus«, »ein Museum in Romanform«, begleitet Bitow bis heute in seinen Betrachtungen zur Geschichte seines Landes, der Sowjetunion, »eine Epoche, die sich wie ein Albtraum nie vergessen lässt«. Ebenso beschäftigen ihn Gedanken zur Literatur, zu seinem Volk, dem ihm eigenen Hang zum Absurden, zur Trauer, dem Glauben an Gott, an Wunder und Träume, kurz, die »Russische Seele«. Alles hat er da hineingegeben: Verletzungen, Erinnerungen, die, einmal aufs Papier gebracht, den Schriftsteller nach dem Schaffensakt ausgebrannt zurücklassen. Und weil er, der »Literat von der traurigen Gestalt«, wie jeder Künstler nach Vollendung seines Werkes den Absturz in die Leere fürchtet, fällt es ihm schwer, das »Puschkinhaus« hinter sich zu lassen:

»Verstehen Sie, das Schreiben ist für den Literaten gleichzeitig mit einem bitteren Verlust verbunden.«

Dennoch, bei allem Verständnis für den bitteren Verlust, gelingt es mir, mit meinen Fragen seine Reiseerinnerungen, die »Armenischen Lektionen«, ins Spiel zu bringen.

Andrej Bitow, der als Sowjetbürger das Riesenreich nie verlassen durfte, tröstete sich einst mit der Erkenntnis: »Russland ist der Versuch Gottes, die Zeit durch den Raum zu ersetzen – es ist endlos.« (»Der Symmetrielehrer«) Von Neugier getrieben, reiste der studierte Geologe bis an jene »endlosen Grenzen« des Riesenreichs. »Äußerlich«, sagt er, »war ich ein Reisender – innerlich war ich jemand, der versuchte, schreibend dem Sinn des Lebens näher zu kommen.« (»Reisebücher«)

Armenien, das Land der »Großen Dulder des Ostens«, hat ihn, den Spurensucher wie mit einem Zauber tief berührt – mit seiner fünf Jahrtausende alten Kultur, seiner Schrift, mit seinen starken archaischen, markant geschnittenen Gesichtern, dem Klang der fremden Sprache, den Tönen der Hirtenflöten, der zu Stein gebrannten Erde, dem legendären Cognac.

Er folgt einem Trauerzug: »Der Eindruck, den die Szene machte, war weder der von Trauer und Tod, noch war er feierlich – etwas anderes, ein Zug von Geheimnisvollem haftete allem an. Die Sonne, diese schwarzen, glühend heißen Anzüge, diese unerklärliche Öde, dieses schleppende Tempo …«

Mit den »Armenischen Lektionen«, eine Kette von Momentaufnahmen, öffnete er auch mir den Blick auf eine Welt, ein Land, das uns so fern erscheint mit seinen urchristlichen Kirchen, mit dem Berg »Ararat«, von dem die ausgesandte Taube mit einem Ölbaumblatt im Schnabel zur Arche Noah zurückkehrte.

Mit dem Blick auf damals zurückliegende Jahre schreibt Andrej Bitow 1989 in der späteren Version seines Vorwortes zu den »Armenischen Lektionen«: »Dieses Buch handelt davon, wie man Armenien zum ersten Mal sehen konnte. Ich schrieb schon an diesem Buch, bevor sich alles ereignete, was geschehen ist. Die Panzer drangen in die Tschechoslowakei ein, als ich kurz davor war, es abzuschließen … Ein Jahr später pflügten Lektoren mit ihren Panzerketten den Text um, dabei vergossen sie zu viel von meinem Tintenblut … Das Buch erschien zum ersten Mal vor zwanzig Jahren (1969). – Es sah aus, als passierte nichts – da kamen die Erschütterungen … Dann tat es einen Knall, doch erst weit weg von Armenien. Tschernobyl! (1986) – Das Grollen rückte näher. Karabach! Dieser Vulkan hatte sich ganze siebzig Jahre aufgeheizt.

Dann 1988 das Gemetzel von Sumgait! Als sich in Armenien die Nachricht von den ersten Opfern durch Aserbaidschaner verbreitete, auf was für eine schreckliche Erinnerung fielen da die ersten Blutstropfen! Schließlich hatte vor siebzig Jahren die Zahl der Opfer von türkischen Messern nahezu zwei Millionen betragen!« …

In einem Leningrader Archiv findet Bitow die Aufzeichnungen eines deutschen Augenzeugen des bestialischen Massakers der Türken 1915. Während des Abschreibens dieser unvorstellbaren Gräueltaten glaubt er, sich selbst zum Mörder zu machen. Weiter schreibt Bitow: »Noch war das Blut von Sumgait nicht getrocknet, da bebte die Erde. Die Stadt Leninakan stürzte ein …«

Die Erschütterungen wollen bis heute nicht enden: 1990 folgt das nächste Pogrom in Baku, der Hauptstadt von Aserbaidschan. Bitow ist überrascht, er staunt, als ich ihm die deutsche Ausgabe seiner »Armenischen Lektionen« mit all meinen Anmerkungen und Zetteln für eine Widmung hinreiche. Wie elektrisiert sieht er hinein. Er vergisst die Kamera. Ich sehe ihn im Kopf die Seiten umschlagen. Er zitiert Lieblingspassagen aus dem Gedächtnis auf Englisch, während ich ihm in der deutschen Luchterhand-Ausgabe folgen kann. Ein bilinguales Rollenspiel: Am Anfang steht »der Matenadaran« – ein großartiger moderner Hort für alte Handschriften, die sich von der Druckschrift nicht unterscheiden … jedes Exemplar einzig. … Wie der neue Granitpalast – ein Symbol der Größe und Erhabenheit menschlicher Kultur, weisen auch eine Kirche und ein Bauernhaus die reinsten Formen auf. Sie entsprechen ganz ihrer Bestimmung, und je mehr sie ihr entsprechen, desto schöner sind sie. »Erstmalig«, schreibt Bitow, »ahnte ich die Grenze zwischen Baukunst und Bauwesen …«, die der begnadete schweigsame Architekt, Peter Zumthor, mit seinem Brief an mich untermauert:

Ich schicke Ihnen fünf Bilder von alpiner Architektur, die ich liebe; hochgelegene »Einfänge« (Gehege), die kaum jemand kennt. »Landart« von Bauern. Das Erfüllen von Bedürfnissen; hart, direkt, nahe an den Dingen, bringt die schönsten Formen hervor.

Bitow ist nicht zu halten: »Das alles ging mir durch den Kopf, nachdem ich einen Blick auf die armenischen Buchstaben geworfen und den Klang der fremden Sprache vernommen hatte. Es ist ein großartiges Alphabet … Ein Alphabet mit sechsunddreißig Buchstaben – von einem genialen Menschen, namens Mesrop Maschtoz, für alle Zeiten geschaffen – unverändert seit anderthalb Jahrtausenden. … Der Mann glich Gott an den Tagen der Schöpfung. Er entwarf den ersten Satz und er bedeutete, was er darstellte: ›Erkenne die Weisheit, dringe in die Worte der Genien ein.‹« Er zitiert Ossip Mandelstam (»Gespräch über Dante«): »»Die Zeit – das tiefste Thema aller Poesie – ist ein Pflug, der die Zeit in einer Weise aufreißt, dass ihre Tiefenschichten, ihre Schwarzerde zutage tritt.‹« »Die armenische Sprache entspricht so vollendet dem gedrängten, gebundenen Schriftbild, dass man beim Lesen des Worts eine Kette klingen hört. Mit diesen Lettern könnte man feurige Rosse beschlagen. Im armenischen Buchstaben liegen monumentale Größe, biblisches Alter der Felskonturen, die weiche Biegsamkeit einer Schafswolllocke und die Starre eines Hirtenstabs.«

Welch eine Sprache! Welch ein Feuerwerk von Assoziationen entzündet das Staunen in dem Dichter, das mich zur Mitreisenden macht!

Auf der Insel San Lazzaro degli Armeni in der Lagune von Venedig, eine Oase des Friedens und östlicher Gelehrsamkeit, konnte ich mich mit eigenen Augen von der Schönheit der Schrift überzeugen, in dem Kloster (gegründet vom Patriarchen Mechitat im Jahr 1717) mit einer Bibliothek uralter Schriften, mit lesenden und schreibenden Mönchen und einem Garten mit Pfauen, exotischen Blüten und Früchten.

Szenenwechsel – der Dachboden hat uns wieder.

Er steht vor mir, der Literat von trauriger Gestalt. Olga, seine sympathische junge Frau, ist von der Einkaufsjagd zurück mit überraschend reichlicher Beute; die Grundlage für das Abendessen. Während sie liebevoll die Teestunde für ihre Gäste ausrichtet – dazu gehören mittlerweile auch der riesenhafte, kolossal gebaute, dunkelbärtige Pousse, seines Zeichens Physiker, mit seiner unscheinbaren schweigsamen Frau –, hat der Hausherr Dringendes zu klären. Die »Klärung« vollzieht der Wodka, den Bitow nie missen möchte! »Mir wird sogleich besser«, lässt er sich mit einem genussvollen Seufzer vernehmen …

Da für mich durch den selbstlosen Verzicht des starken Pousse auf jedes weitere »Wässerchen« der gefahrlose Rücktransport ins Hotel gesichert ist, kann sich der Dachbodenpoet unbesorgt an einem Gläschen nach dem anderen von der Größe eines Wasserglases erquicken: »Der Glaube an Wunder und der Wodka«, versichert er, »sind für uns das Selbstverständlichste auf der Welt – ein Teil unseres russischen Lebens; das zeichnet uns aus! Darin sind wir führend! Prost! Das Absurde ist unsere echte Natur! Nastrowje! Der Wodka bringt uns einander näher!«

Das zeigt sich, wenn er freimütig gesteht: »Ohne es je physisch erprobt zu haben, fühle ich mich den Deutschen nah, ja, sogar verwandt. Auch in der Mentalität der Iren habe ich eine gewisse Verwandtschaft entdeckt – hin und wieder auch bei den Italienern. Nicht unbedingt bei den Franzosen …«

Der Wodka beschleunigt die Gedankensprünge: Eine Kreuzfahrt kommt ihm in den Sinn, eine Kreuzfahrt rund ums Mittelmeer zusammen mit dem Physiker Sacharow, Kardinal Casaroli, Ludmila Petruschewskaja, der »drogierten« Schriftstellerin Bella Achmadulina und anderen Verrückten – eine Gesellschaft wie auf Fellinis Narrenschiff – »E la nave va«!

Bis nach Hamburg gehen die Gedankensprünge, in die Hansestadt, verwandt mit Leningrad, wo er einst mit seiner Frau als Gast im Hause des Stifters Alfred Toepfer an der Elbchaussee dinierte … Die Gedanken eilen ihm davon, nach Berlin, wo er im nächsten Jahr mithilfe eines Stipendiums zehn Monate verweilen wird. Vor allem quält ihn die Frage, ob ein monatliches Salaire von 5000 DM für ein halbwegs sorgloses Leben reichen wird? Olga, seine Frau, muss wegen ihrer Professur für altrussische Sprachen in Leningrad zurückbleiben.

Die Teestunde geht neben Zwiebelgebrate, Gemüseschneiden, Kochdünsten, Zigarettenqualm, Kwas und Geplauder nahtlos ins Abendessen über. Das zuvor eilig geschlossene Fenster konserviert die Düfte und Lüfte. Mir, dem Gast, ist selbstverständlich der Ehrenplatz zugedacht: Der Stuhl an der Wand steht sicher auf drei Beinen – solange man sich nicht rührt. Man isst, lacht, plaudert. Ein jeder genehmigt sich in schöner Regelmäßigkeit »Wuditschka«, ein Tröpfchen.

Unvermittelt kommt dem Dachbodenpoeten ein Gedankenblitz: »Sie müssen meinen alten Nachbarn auf der Datscha fotografieren! Außer einem großartigen Gesicht hat er dazu noch Charakter. Oleg Wolkow!«

Indessen stelle ich fest, dass sich meine Filme auf unerklärliche Weise verflüchtigt haben und ich darum mit dem Verbrauch sparsam umgehen und auf die Begegnung mit Wolkow gar verzichten muss.

»Unmöglich! That's a must!«, protestiert mein Modell, greift zum Telefon, um seinem Freund, Jurij Rost, dem »berühmtesten Fotografen ganz Russlands«, unser Problem zu verdeutlichen: »Kein Problem! Wie viele Filme braucht sie – zehn oder zwanzig?«

In heiterster Stimmung quetschen wir uns in das klapprige Auto. Pousse, der sich inzwischen als der verflossene Schwiegersohn von Anna Bucharina entpuppt hat, muss, wie versprochen, chauffieren. Durch Schlaglöcher, mittlerweile zu Gräben ausgeufert, jongliert er die fröhliche Fuhre durch finsterste, unbeleuchtete Gegenden schließlich in eines der vornehmsten Viertel Moskaus.

Dort, bei Jurij Rost, werden mir beeindruckende Fotografien, die besten von Andrej Sacharow, vorgelegt. Beim Anblick des umstrittenen, verstorbenen Friedensnobelpreisträgers, »der Vater der sowjetischen Wasserstoffbombe«, legt sich Trauer auf die Gemüter.

Am folgenden Tag ist die Begegnung mit der herben, kämpferischen Witwe, Jelena Bonner, geplant. Man warnt mich: Ehrsüchtig ist sie, geachtet, gefürchtet. Und, jeder weiß es, Liebenswürdigkeit ist nicht ihre Stärke. Ohne diese Kraftquelle wäre Sacharow niemals zum Heiligen aufgestiegen.

Wohlbehalten lande ich um 00.30 Uhr im Hotel »Aerostar«. Beim Abschied entschuldigt sich der standhafte Pousse auf bezaubernde Weise mit einem hingehauchten Handkuss: Ohne Wodka-Einfluss, entschuldigt er sich, sei sein Englisch gänzlich eingeschränkt. Er wünscht mir Glück für das Treffen am nächsten Tag mit Jelena Bonner! Sein Blick sagt alles.

Nachdem ich auf heutigen Fotografien von Andrej Bitow sehe, dass eine schwere, jahrelange Krankheit das einst schmale Gesicht gezeichnet hat, möchte ich wissen, ihn fragen, wie oft er noch Armenien bereist hat. – Wird meine Frage ihn erreichen?

Das letzte Lebenszeichen, handgeschriebene Gedanken zu Europa vom 29. September 1991, lese ich heute wie einen Abgesang: »Ein Mensch, der nie verreist war, also ein russischer oder sowjetischer Mensch, spürt seinen Staat wie einen Körper oder wie die Schildkröte ihren Panzer, den sie überall mit sich herumschleppt. Es fällt ihm leichter, sich wie eine aus dem Körper entweichende Seele zu fühlen, als irgendeine Form der Freiheit vom Staat zu empfinden. Meine Vaterstadt Leningrad (Sankt Petersburg) gilt als ›die europäischste Stadt in Russland‹. Diese Binsenwahrheit kommt in jedem Wort zum Ausdruck: ›die‹ … ›in‹ … Europa, das ist für uns der Schnittpunkt, die Grenze, die Unerschwinglichkeit der Ausreise oder der Flucht. Europa, das ist der Westen. Und der Westen ist auch Amerika und sogar Japan. Liegt also Japan in Europa?

Am Morgen des 19. August erinnerte sich plötzlich irgendjemand daran, dass nach dem alten Kalender heute der sechste August, Christi Himmelfahrt ist. Mithilfe von Pasternak hat unsere Intelligenzija diesen Feiertag nicht vergessen. (Sofort erinnern wir uns daran.) Der Morgen des 19. August war heiter und windig, als die Nachricht vom Putsch bekannt gegeben wurde. Der Himmel teilte sich in zwei Hälften und senkte sich zur Erde. Ich fuhr über die plötzlich wie leergefegte Chaussee dem Putsch entgegen, als ein klirrender Staubsturm entgegenkam. Das Auto tönte unter den mir entgegenfliegenden kleinen Steinchen. Das war wie nach dem Einbruch der Dämmerung. Und in diesem Moment verstand ich die Ursache – vor mir fuhren Panzer. Sie waren schon durchgefahren. Die Staubwolke kam von ihnen. Es schien mir, dass genau so Geschichte aussieht.«

28. September 1991, Andrej Bitow

Es bleibt beim Geheimnis um das Verschwinden des einstmals angesehensten Schriftstellers der postsowjetischen Zeit – der »Literat von der traurigen Gestalt«, verschwunden in einer Staubwolke – ich höre noch sein Lachen …

Charles Aznavour
Wien · 8. Dezember 2017

»Charles Aznavour, die Legende? – Ja, sie lebt«, schrieb ich vor wenigen Monaten, als neben dem Geburtsdatum noch nicht der 18. Oktober 2018 zu lesen war.

Es geht mir nicht aus dem Sinn – das Gesicht des vierundneunzigjährigen Charles Aznavour, des legendären Chansonniers mit den armenischen Wurzeln: der aufblitzende Schalk, das Leuchten in den Augen – so, wie man es nie vergisst. Ich erinnere mich nicht an Details, nur an das Gefühl, einem glücklichen Menschen gegenüberzustehen. Würde es mir gelingen, das Antlitz, in dem ein ganzes Leben strahlt, auf den Film zu bannen?

Charles Aznavour, 1924 in Paris als Sohn armenischer Eltern geboren, getauft auf den Namen Shahnouth Aznavourian, füllte im Scheinwerferlicht mit seinen Chansons die Arenen und Konzerthallen in der ganzen Welt. Seine unverkennbare Stimme mit dem »Timbre von Sand und Rost« strahlt über den Äther hinweg in Videoaufnahmen, im Fernsehen, im Radio. Auf tausende CDs sind seine Chansons eingebrannt: »Hier encore …«, »Bohème«, »Je n'ai rien oublié«, »Paris au mois d'août« …

Ihm wurde nicht das Lied des Ruhmes schon an der Wiege gesungen. Bei einer Theateraufführung in der Schule fällt Charles, trotz seiner kleinen Gestalt, durch sein schauspielerisches Talent auf. Als Neunjähriger wird er mit der älteren Schwester Aida in der benachbarten »École du Spectacle« aufgenommen, wo ihm vom Direktor auf Anfrage von Theater- und Filmregisseuren passende Rollen zugeteilt werden. Schon bald spielt er in dem Stück »Emil und die Detektive« den kleinen Afrikaner »Siki«.

Mithilfe seiner geringen Gagen trägt er zum Familienunterhalt bei, als Souffleur im »Marigny«-Theater, im »De L'Orion«, oder auch als Pausenfüller in Kinos, wo ihm mitten im Gesang spöttische Bemerkungen und das Hochklappen der Sitze um die Ohren schlagen.

Dem kleinen Charles steht ein harter Weg zum Weltruhm bevor: Wegen seiner geringen Körpergröße muss er seine »große Liebe, das Schauspiel« aufgeben. Seine »raue, hässliche Stimme« findet weder bei Verlegern von Schallplatten ein Echo noch bei Autoren, die nicht bereit sind, Texte für »dieses Krächzen« zu schreiben.

»Es hat anfangs Momente gegeben, wo ich aufgeben wollte«, schreibt er in »Mit leiser Stimme«. Aber Raoul Breton, der Musikverleger, empfahl noch ein Jahr Geduld. Mit kurzen Auftritten in Musiktheatern brachte er es zu gelegentlichen Erfolgen, bis ihm Edith Piaf, mit der er in ihrem Haus – »unter einem Dach, nicht jedoch in einem Bett« – mehrere Jahre lebte, nach ihrer gemeinsamen Tournee durch Frankreich und die USA 1947/48 eine großartige Karriere prophezeite. Zu jener Zeit galt er bereits als gefragter Chansonschreiber.

Auch wenn die Franzosen in ihm einen begnadeten Filmschauspieler entdeckt hatten, sehnte er sich danach, allein als Chansonnier im Rampenlicht zu glänzen; er wollte singen – nur singen! – Nachdem ihn der Direktor des Pariser »Moulin Rouge« in Casablanca auf der Bühne erlebt hatte, dauerte es nicht lange, bis sein Auftritt während einer Revue in Paris zum sensationellen Durchbruch führte. »Das Schicksal hatte ihm die Hand gereicht.« Damit geriet er ins Räderwerk der Bühne. Er wusste, dass das Glück nicht zweimal winkt. Er packte zu und hielt es fest mit der Kraft des Armeniers, der nie aufgibt, der gegen alle Missachtung seines Talentes ankämpfte, um schließlich in den 1950er Jahren im Scheinwerferlicht zu einem der berühmtesten Chansonniers aufzusteigen – zu einer Zeit, als Maurice Chevalier in seiner dandyhaften Eleganz mit »Fleur de Paris« brillierte; als Yves Montand die fallenden Herbstblätter, »Les feuilles mortes«, besang; als die rasselnde Stimme von Edith Piaf mit »Je ne regrette rien« aus allen Pariser Fenstern schallte. Edith Piaf, die als Opfer von Drogen und Alkohol allzu früh verstummte …

Auf den Flügeln seines Erfolgs bringt es Charles Aznavour zu einem ganzen Imperium: 1960 steht er einem Verlagshaus für Chanson-Musik vor. Er gründet eine Tochterfirma, die sämtliche Konzertreisen organisiert. Er erweitert sein Unternehmen durch ein großes Pariser Revuetheater, Kinosäle sowie eine Produktionsfirma für Fernsehshows.

Seit jener Zeit sind viele Jahre vergangen, die großen Stars sind von der Lebensbühne abgetreten. Nur Charles Aznavour – für Außenstehende unerreichbar, den ich vor einem Jahr (2017) treffen sollte – beglückt sein Publikum mittlerweile seit nahezu sieben Jahrzehnten.

Meiner Begegnung mit dem legendären Chansonnier ging ein langer, oftmals irregeleiteter Weg voraus, auf dem mir um ein Haar der Geduldsfaden zu reißen drohte. Wie sollte ich diesen Künstler, dessen Kontaktadresse unter Verschluss gehalten wird, mit dem Anliegen, ihn portraitieren zu dürfen, erreichen? Mein Buch »Venedig – Stimmen zwischen Stein und Meer« sowie der 2015 erschienene Erzählband, »Charakterbilder – Begegnungen unter fünf Augen«, zusammen mit dem handschriftlich auf Französisch verfassten Brief, versuchte eine Armenierin an eine ihr »anvertraute« Adresse des in Zürich ansässigen Sängers zu lancieren. Eine Antwort blieb aus. Alle Bemühungen liefen ins Leere.

Während meiner Reise (im Sommer 2017) durch das einstmals große Reich seiner Väter, mit der wechselvollen Geschichte auf der kaukasischen Grenze zwischen Europa und Asien, erstrahlte der Name des »berühmtesten Armeniers« in einem neuen Licht.

Der heilige Berg Ararat – der Legende nach die Landestelle der Arche Noah – gilt als Ursprung des einstigen Königreiches, der spätere Knotenpunkt der Seidenstraßen, wo das Christentum schon um 300 n. Chr. zur Staatsreligion erhoben wurde. Die im dritten und vierten Jahrhundert erbauten frühchristlichen Kirchen, von denen Andrej Bitow beeindruckt erzählt, zeugen in ihrer gebrochenen Schönheit von jener Zeit. Heute zeigt sich dem Reisenden der Gipfel des Ararat, bedeutungsschwer in Wolken verhüllt, jenseits der türkischen Grenze.

Armenien, seit 1878 Teil des russischen Herrschaftsgebietes, wurde von Stalin 1936 zur Armenischen Sowjetischen Republik erklärt. Nachdem es – endlich – 1991 als Armenische Republik seine Unabhängigkeit feiern konnte, befindet es sich weiterhin – angewiesen auf den Zustrom des Erdöls sowie auf militärischen Schutz an den Grenzen zur Türkei und zum feindlichen Aserbaidschan – in lebensnotwendiger Abhängigkeit von Russland.

»Es stimmt schon«, schreibt Charles Aznavour, »dass das Erdöl einen besseren Geruch verbreitet als Menschenblut … Wird Armenien für immer verschwinden, wenn andere Techniken ›das schwarze Gold‹ ersetzt haben?? – Der liebe Gott wird es wohl wissen, doch er scheint uns in der Wüste verlassen zu haben am Rande Europas …«, dort, wo im Osmanischen Reich 1915 der grauenvolle Völkermord, verübt von den Jungtürken, einen traurigen Höhepunkt fand, von dem die Schreckensbilder im unterirdischen Genozid-Museum den Beweis vor Augen führen, nämlich den Mord an 1,5 Millionen Armeniern. Zur Erinnerung an das unsägliche Verbrechen weist seit 2009 ein ergreifendes Mahnmal mit der ewigen Flamme auf einem Hügel über Eriwan zum Himmel; wo ich zu Füßen der Gedenkstätte in glühender Hitze an einem prachtvollen Kranz taufrischer roter Rosen innehielt … darunter der Gruß in arabischer Schrift …

»Menschen mit meiner Herkunft können nicht ruhig schlafen«, schreibt Charles Aznavour, »unsere Toten haben bis heute keine Grabstätte gefunden.« In seinem Appell »Schmerz für mein Volk« (aus RESONANZBODEN, 2015) ruft er dazu auf:

»Nehmen Sie sich ein Herz, treten Sie ein in diese Grabstätte, deren Existenz nur wenige Menschen im Land des Halbmonds zu akzeptieren scheinen … Laufen Sie durch den Schlamm und das Blut, trampeln Sie über die abgesäbelten Köpfe, schieben Sie die Leichen zur Seite, die an den Wegrändern hängen, steigen Sie über die vergewaltigten Frauen mit ihren aufgeschlitzten Bäuchen. Und werfen Sie im Genozid-Museum auch einen Blick auf die kleinen Kinder mit den zerschmetterten Schädeln …«

Seither verbindet die Armenier in der Diaspora ein einziger Wunsch: »Die Wurzeln, die aus der Heimat gerissen wurden, in jene Erde zu pflanzen, auf die es uns verschlagen hat, um sie hier zu neuer Blüte zu bringen …«

Diese tiefliegenden Wurzeln riefen Charles Aznavour nach dem schweren Erdbeben 1988 heim ins zerstörte Land seiner Vorfahren, nach Gumri, wo kein Stein mehr auf dem anderen lag: »Als ich auf den Trümmern von Gumri stand, jener Stadt, die 1988 vom Erdbeben verwüstet wurde, ging ich in die Knie – es verschlug mir die Sprache …« Die armenischen Wurzeln griffen nach ihm, dort, wo heute ein Denkmal an das Engagement des Vereins »Aznavourian pour Armenie« erinnert: an die Unterstützung beim Aufbau von ca. fünfzig Schulen, einem Altersheim, an die Wiederherstellung der zusammengebrochenen Strom- und Wasserversorgung – an »Charles La Lumière«, der Licht ins Trümmerfeld brachte; der 1988 nach Moskau reiste, um an höchster Stelle die Entlassung der von den Sowjets gefangen genommenen Freiheitskämpfer um Berg Karabach zu erwirken; der die Regierung in Eriwan 2015 dazu brachte, siebzehntausend syrische Flüchtlinge in den von Bauern verlassenen Dörfern unterzubringen. Ihm zu Ehren wurde in Eriwan ein Kulturzentrum gegründet. Auch ein Platz trägt seinen Namen.

»Charles La Lumière«, der mir während meiner Reise immer wieder lebensgroß in Bronze, in Stein und Marmor gegenüberstand, wollte ich live im Original begegnen. Aber wie sollte dies nach den gescheiterten Annäherungsversuchen gelingen?

Da Aznavour aufgrund seiner Verdienste um das zerstörte Armenien 2008 zum armenischen Botschafter der Schweiz in Genf berufen worden war, schien mir der Weg über den armenischen Botschafter in Berlin einen letzten Versuch wert.

Und wirklich, der liebenswürdige, engagierte, mit allen namhaften Armeniern vernetzte Ashot Smbatyan, dessen Vorname an den großen Armenier Ashot I. erinnert, der 885 n. Chr. nach den Wirren der Kriege das Königtum der Bagratiden schuf, führte mich ans Ziel, nachdem er meine Bücher mit der Kopie des französischen Briefes, erneut treffsicher an seinen Freund weitergeleitet hatte. Es vergingen Wochen, bis mir im August mitgeteilt wurde:

»Charles Aznavour hat sich freundlich geäußert ...« Alles Weitere blieb unbestimmt. Im Oktober hieß es aus Berlin: »Richten Sie sich auf eine Begegnung in Wien ein. Charles Aznavour wird dort voraussichtlich am 9. Dezember auftreten. Alles Weitere – Termin, Treffpunkt, Uhrzeit – ist offen! Er wird Ihnen für eine Stunde zur Verfügung stehen. Bitte, kaufen Sie noch kein Flugticket! Man weiß nie ...« – Am 6. Dezember um 22.30 Uhr läutete das Telefon; die Stimme des Botschafters:

»Nehmen Sie morgen früh, am 7. Dezember, den Zug nach Wien. Am 8. Dezember erwartet Sie Charles Aznavour – wann und wo, ist noch nicht entschieden. Bitte, teilen Sie mir die Adresse Ihres Hotels und Ihre Mobil-Telefonnummer mit. Sie werden alles Weitere am 8. Dezember von mir hören. Zur Sicherheit gebe ich Ihnen die Telefonnummer vom Sohn, Nicolas Aznavour, sowie von Herrn Boyaci.«

Anstatt zur fahrplanmäßigen Zeit, um 22.00 Uhr, kam ich am 8. Dezember nachts um 2.00 Uhr in Wien an, dazu in einem 4-Sterne-Hotel, in dem die Klimaanlage einen Eisessturm durch mein Zimmer jagte. Heizung und Telefonverbindung hatten passenderweise ihren Geist aufgegeben. Am nächsten Morgen rief ich den Botschafter per Mobiltelefon an, der mir versicherte, um 16.00 Uhr Genaueres mitteilen zu können. Nicolas Aznavour hatte sein Telefon blockiert, ebenso der als zuverlässig gepriesene Herr Boyaci. Um 17.30 Uhr der erlösende Anruf:

»Bitte seien Sie um 18.00 Uhr im ›The Ring Hotel‹ …« , wo mir zu dieser Zeit der ORF mit seiner Armada von Journalisten und Fotografen mit ihren aufdringlichen Kameras den Zutritt zu der großen Künstlersuite verweigern wollte, bis ich die abweisenden Gestalten in die Schranken wies, indem ich mich auf den Botschafter berief, der diesen Termin eigens für mich festgelegt habe … Herr Boyaci, »die wichtigste Kontaktperson«, täuschte Ahnungslosigkeit vor. Unmissverständlich machte er mir klar, dass Charles zu einem Dinner mit anderen Botschaftern um 19.30 Uhr verabredet sei.

Wie viele Minuten blieben in diesem Chaos von der zuge-sicherten Stunde noch für mich? Die Uhr zeigte mittlerweile 18.30 Uhr. Das Interview zum Auftritt am nächsten Abend hatte »selbstverständlich Priorität« vor meiner »freien Portraitstudie«, die um 18.50 Uhr beendet sein musste.

Während der ORF-Fotograf aus ein und derselben Position seine Salven abschießt, beobachte ich, hinter einer Säule verborgen, das Mienenspiel des sympathischen Stars, lausche aus meinem Ver-steck seinen gelangweilten Antworten auf die abgedroschenen Fragen der bemühten Journalistin: »Wie erinnern Sie Ihre Jugend? Wann und wo hatten Sie Ihren bahnbrechenden Auftritt? Was sagt Ihre Frau, wenn Sie mit Ihrer Entourage wochenlang durch die Welt reisen?? … Wann, wo und wie stellen Sie sich Ihren letzten Auftritt vor? … Was lässt Sie so jugendlich aussehen … Welches ist Ihr Lieblingschanson? Wann fallen Ihnen die Texte ein? …« Fragen, die ihm hundertfach gestellt werden – Antworten, die er wie im Schlaf herunterleiert …, bis er das Interview mit eigenen Gedanken durchkreuzt: »Glauben Sie mir, ich hatte keine Jugend. Es war Krieg. Dank der Näharbeiten meiner Mutter, meiner

Schwester Aida und meiner kleinen Gagen als Souffleur, als Statist, als Kulissenschieber, kamen wir über die Runden. Können Sie sich vorstellen, dass einer, der mit zehn Jahren die Schule abgebrochen hat, der seit dieser Zeit tagein, tagaus von morgens bis abends gearbeitet hat, der in den Nächten als Nichtwissender seine Bildung in Büchern von Molière, Victor Hugo und La Fontaine nachzuholen versuchte, der, wenn er seine Texte erfindet, selbstverständlich des Nachts arbeitet – es immer noch mit Begeisterung tut?! Niemand zwingt mich dazu, aber ich trete dennoch an, jeden Morgen wie zum Appell. Verstehen Sie, wir haben noch viel zu tun! Können Sie sich vorstellen, dass mich diese Schaffenskraft glücklich macht? Sie fragen, woher ich meine Texte nehme? – ›Das Leben hat sie mir vorgesetzt!‹ – Sie fragen, wann ich schreibe? Hier, sehen Sie in meiner Tasche mein Notizheft, immer griffbereit, ebenso der Federhalter gefüllt mit blauer Tinte, ›dem Blut des Schreibens‹«…
In seinem Chanson liegt die Antwort:

Ich habe keine Lieder der Freude geschrieben –
manchmal lustige …
Nur Briefe der Liebe, der Hoffnung,
werde ich geschrieben haben,
und manchmal auch der Verzweiflung,
mit Worten und Melodien,
um meine Rechnung begleichen zu können.
Und dann
werde ich weitergeschrieben haben,
aus Gewohnheit,
aus Liebe, aus Hoffnung
und manchmal auch aus Verzweiflung.

Je n'aurai écrit
Que des lettres d'amour, d'espoir,
De désespoir aussi parfois,

Avec des mots, des notes,
Pour pouvoir honorer les miennes.
Et puis, les notes réglées,
J'aurais continué à écrire,
Par habitude,
Par amour, par espoir,
Par désespoir aussi parfois.

Stolz verkündet von seinem erhöhten Sitz der kleine, quirlige Urvater von sechs Kindern aus drei Ehen und zahlreichen Enkelkindern: »Alles Familie!« Er weist auf die Entourage, bewegungslos aufgereiht wie »Puppen aus der Puppe«, am Tischende gegenüber: Max, der Enkel – Patrick, der älteste Sohn krankhaft dick, (verantwortlich für die Presse) – zwei Nachkommen der Schwester Aida, schon im reiferen Alter – der elegante Nicolas Aznavour, gelangweilt vom Rausch und Glamour, nimmt die Rolle des Sohnes ein – ein Schwager in hohen Jahren und Herr Boyaci, der arrogante Manager, der es nicht für nötig hielt, zu antworten. Plötzlich schallt es über den Tisch: »Wenn ich nicht mehr schreiben kann, erst dann sterbe ich!«

Bei diesem Schlusswort hält mich nichts mehr. Das ORF-Team sucht fluchtartig das Weite und ich die Nähe zu meinem Ziel. Die mir versprochene Stunde ist mittlerweile auf zehn Minuten zusammengeschrumpft. Ob der Umlagerte überhaupt etwas von unserer Verabredung weiß? Kurz entschlossen durchbreche ich die Phalanx der Verwandtschaft, setze mich mitsamt der schussbereiten Hasselblad Auge in Auge vor dem zierlichen Familienoberhaupt mitten auf den Tisch. Hinter mir wird es unruhig, man ist irritiert; etwas läuft hier anders als gewohnt! – Mir gegenüber strahlt der legendäre vierundneunzigjährige Chansonnier im taillierten nachtblauen Jackett, mit kleidsamem Stehkragen in feinen, mattglänzenden Streifen, darunter ein Seidenhemd in schwarz-weiß-grauem Karo.

Seine Erscheinung findet mein Entzücken – scheinbare Zerbrechlichkeit gepaart mit eisernem Willen. Das hohe Alter ist mit dem Gesicht schonend umgegangen. Trotz der tristen Beleuchtung vom verstaubten Kristalllüster aus fünf Meter Höhe, strahlen in den schwarzen Augen Lichtpunkte wie ferne Sterne …

»Je suis très honorée, de rencontrer vous, Monsieur«, bringe ich hastig hervor – berichte in Eile von meiner Reise ins Land seiner Väter, als er mich listig lachend unterbricht: »Have you seen all my little statues?«

Hinter all dem Charme verbirgt sich eine Seelenlandschaft voller Schatten, Herzenswärme und der Schatz beglückend erlebter Liebe. – In der Erinnerung an seine Eltern, an die Armut, in der sich die Familie als Migranten über Wasser hielt, verrät sich das Geheimnis des Leuchtens in den Augen: »Wir bekamen viel Aufmerksamkeit und Zärtlichkeit von unseren Eltern – und so hatte ich Glück, schon zu Lebzeiten zu wissen, dass sie uns liebten … Was mich an meiner stillen, liebevollen Mutter berührte, ist das Unglück und Leid, das sie schon in sehr jungen Jahren erlebt hat. Alle ihre Angehörigen – Vater, Mutter, Schwester und zwei Brüder – hat jener Sturm mit sich gerissen …« Genauso erging es der Familie seines Vaters. »Mein Vater«, lese ich, »war ein ausgebildeter Bariton, der kurz nach meiner Geburt das ›Le Caucase‹ eröffnete, in dem er selber sang und kochte – auch wenn es ihm kein Geld einbrachte. Er summte ständig vor sich hin – mit so viel Liebe und Gefühl … Wir kommunizierten mit dem Herzen.«

Mit ganzer Hingabe sieht er in seinen Erinnerungen seiner Mutter bei ihrer Näharbeit zu. Wie ein Stummfilm rollt die Szene vor mir ab: »Ich sehe es noch vor mir, das konzentrierte, schwach beleuchtete Gesicht meiner Mutter über ihre Näharbeit gebeugt … Mit beiden Händen ließ sie, während alles um sie herum in Dunkelheit getaucht war, die Stoffe im Licht der altmodischen Petroleumlampe über den Tisch gleiten. Von meinem kleinen Klappbett aus hatte ich das Zimmer und vor allem den Tisch neben der Nähmaschine gut im Blick: Er war unser Esstisch, Zuschneidetisch oder Wickeltisch. – Zu dieser späten Stunde standen die Teller, Gläser und das Besteck im Spülbecken in der winzigen Kochecke. Ich konnte den Fingerhut sehen, das Nadelkissen, das Maßband, das alte Bügeleisen, die Schere, das Ärmelbrett … Vor allem aber kehrte mein Blick immer wieder zur Schneiderpuppe zurück, diesem seltsam zwittrigen Rumpf ohne Augen, der meine Mutter anzustarren schien. Rrrrrrrrrrrrrr. Ganz allmählich schlief ich ein, mit der Fußspitze den Takt der Maschine schlagend …«

In meinem Gegenüber erkenne ich »Naphta« wieder aus der Verfilmung des »Zauberberg« …, ebenso den Spielwarenhändler aus dem oscarprämierten Film »Die Blechtrommel« von Volker Schlöndorff, vor allem die rührende Schüchternheit des Pianisten in François Truffauts Film »Tirez sur le Pianiste« (1960).

In dem feinen, nahezu faltenlosen Gesicht strahlt etwas von einem kindlichen Glück, zugleich etwas von der Schläue eines unschuldigen Clowns; Poesie, die mich an Marcel Marceau so bezauberte – an »Bip« mit der roten Blume, schwankend auf langem Stiel am zerbeulten Seidenhut …

Ich erzähle von meiner Begegnung mit Marcel Marceau, dem unnachahmlichen Mimen, dem meine ganze Verehrung gehörte. Wehmütig klingt die raue Stimme:

»Marcel – er war mein Freund, mein Nachbar – wir waren einander wunderbar nahe. Er hat mir wichtige Gesten für meinen Bühnenauftritt beigebracht. – In seinen wundersam schwebenden poetischen Pantomimen hielten sich Innenleben und äußere Welt in einer unauflöslichen Spannung … ein Schauspieler, ein Zauberer ohne Stimme, dem man in die Seele blickte. Mit ihm starb eine ganze Gattung aus. Es gibt keinen Mimen mehr – er war der letzte«, wie auch er, Charles Aznavour, der Letzte seiner Zunft sein wird … der, wie Jean Cocteau einmal schrieb, »die Verzweiflung populär machte«. Seine Lieder, die mir wie ein täglicher Weckruf in Erinnerung sind, wenn mein Mann allmorgendlich den Plattenspieler und damit sich selbst nach den Albträumen der Nacht in Bewegung setzte; wenn Jacque Brel, Yves Montand, Charles Aznavour mit ihren unverwechselbaren Stimmen »à voix basse« den Tag einläuteten – »Sous le ciel de Paris« – »À Paris« – »Tu t'laisses aller« – »Je t'aime« durch alle Türen drang. Während hinter mir die schläfrig dreinblickenden Verwandten verwundert meine Herangehensweise verfolgen, mein Buch »Venedig – Stimmen zwischen Stein und Meer«, durch ihre Hände geht, ruft die raue Stimme: »Das Buch kommt in mein Haus!« – »Charles La Lumière« betrachtet voller Bewunderung meine Portraits: »In welch großartiges Licht haben Sie die Venezianer gesetzt?«

»Ins ehrliche Licht der Natur – ganz einfach ins Tageslicht!«

Die rostige Stimme schlägt ein paar Töne an: »Que c'est triste – Venise …«

Morgen wird den Vierundneunzigjährigen sein Publikum in der Arena in Wien mit brausendem Jubel begrüßen, wenn er wie ein Zirkusdirektor im Leuchtkegel der Scheinwerfer für einen Moment Unsicherheit vortäuscht – und ihm, kaum hat er »Bohème« in den Raum gehaucht – die nächste Woge des Beifalls entgegenrollt; so wie ich ihn 2016 in Verona zum ersten Mal erlebte – im eleganten weißen Hut mit kühn geschwungener Krempe aus edlem Filz, so wie er auch in unzähligen Video-Aufnahmen in anderem Outfit zu sehen ist; mal mit breiten rot-gemusterten Hosenträgern, ein anderes Mal in weißem Frack mit schwarzer Fliege, im roten Blazer oder Anzug in nachtblauem Seidenschimmer … Die glänzenden Knöpfchen in jedem Ohr verraten die Hörschwäche. Aber unbeirrt fiebert das Publikum dem nächsten traurig-schönen Chanson entgegen: »Après l'amour« – »Mais c'était hier« – »Yesterday when I was young …«

Wehmut schwingt da mit. Der letzte Auftritt rückt näher – der Abschied vom Applaus, von Triumphen, Flops, Glamour,

Tourneen, vom geliebten Publikum … »Ich muss mir meinen letzten Bühnenauftritt immer wieder vorstellen«, flüstert der Chansonnier »mit leiser Stimme«.

»In meiner Phantasie läuft er ab wie das Ende eines Films: Der Held eilt durch die Gangway zum Flugzeug, um in ein neues Leben zu starten, und bevor das Wort ›Ende‹ erscheint, fixiert die Kamera in Großaufnahme sein lächelndes Gesicht, das Leuchten in den Augen – – – Dann geht im Saal das Licht aus« …

Es sollte der letzte Auftritt sein …

Ich hatte am 18. Dezember in Wien seinen letzten Auftritt erlebt. Auch diese Stimme ist nun verstummt.

Ein Jahr danach bin ich in Paris.

Die Suche nach der Vergangenheit führt mich – wie einst Joseph Roth an einem Sonntag vor neunzig Jahren – ins Panoptikum, ins Musée Grévin, wo das Staunen, der Schrecken, das ehrfürchtige Schweigen der Besucher in sonntäglicher Kleidung vor den in Wachs gegossenen, längst Verstorbenen oder noch lebenden berühmten Zeitgenossen bei ihm, dem großartigen Erzähler, einen bleibenden Eindruck hinterließ.

Im Palais de Mirages, dem Eingangsbereich, herrscht, wie schon zu Joseph Roths Zeiten, totale Finsternis. Allmählich, unter Donnerkrachen, leuchten Spiegelwände in allen Farben auf; Spiegel oben – unten – überall; alles glitzert, dreht sich in üppigen Phantasien des Morgenlandes; reißt die der Hitze entflohenen Besucher wie in einem Traum unter einem blauen Sternenhimmel über Meere hinweg nach Indien, zu den Pharaonen, zu griechischen Göttern auf schwankenden Säulen; Spiegel verzaubern sie zu unendlichen Alleen … Irrwitzige Kronleuchter schwanken bedrohlich über den Staunenden. Die Welt dreht sich ohne Anfang und Ende und mit ihr die spektakelsüchtigen Besucher. Kein Sonntagsstaat schmückt die schwitzenden Körper – nur Tattoos wie Firnis über die Haut gegossen: Palmwedel, Schlangen,

Urwaldgewächse schlingen sich um die Körperrundungen bis in geheimste Zonen; Ringe, Haken und Nadeln durchbohren Lippen, Nasen und Ohren …

Ein magisches Tor öffnet sich. Handys, Kameras startbereit drängt die Menge auf Flip-Flop-Sohlen ins gekühlte Schattenreich der Wachsfiguren. Als einzige Gestalt ohne eine derartige Ausrüstung, ohne Tätowierung stehe ich, vor Staunen starr, den Selfie-Besessenen im Wege. Einer macht vor mir Halt, bringt sein Smartphone in Anschlag: »Excuse me! It was a joke!«

Im geisterhaft gelblichen Lampenlicht der fensterlosen Räume schweigen sich in der Runde die wächsernen Weltenlenker der neueren Geschichte an. Wie zum Beweis ihrer Lebendigkeit werfen die lebensgroßen Figuren ihre langen Schatten auf den Boden. Die eingravierten Namen und Lebensdaten auf den Schildern zu ihren Füßen verschwinden im Dunkel, während zur gleichen Zeit die lebenden Vorbilder in Flugzeugen und schweren Limousinen von einem Krisenherd zum nächsten jagen.

Alle überragend – im dunklen Maßanzug die Rangordnung bestimmend – Chinas regierender Staatspräsident Xi Jinping; ihm gegenüber nicht ganz so groß Donald Trump im geschäftsmäßigen grauen Outfit; das aufgesetzte, eisenharte weltherrscherliche Lächeln im geschmeidigen, karottenfarbenen Wachs. – Nichts ist wahr in diesem Gesicht – schon gar nicht die üppige gelbe Haartracht.

Neben dem Präsidenten der Vereinigten Staaten von Amerika wirkt der kleine Emmanuel Macron umso zerbrechlicher, ebenso Nicolas Sarkozy im Hintergrund; in der Mitte, ihnen an Größe gleich, Wladimir Putin mit leerem Blick aus befremdlich schmalem Gesicht; umringt von all den »Größen« – mit dem »neuen Zaren« auf Augenhöhe – die Bundeskanzlerin im beigefarbenen Blazer mit drei zu großen Knöpfen; die kurze Halskette wurde nicht vergessen; ein mädchenhaftes Lächeln schwebt auf den farblosen Lippen.

In der illustren Runde allen gegenüber Papst Franziskus, ganz in vergilbtem Weiß; die schwarzen, furchtbar milden, starrenden Glanzaugen auf alle gerichtet. Keine Spur von ehrfürchtigem Schweigen – kein Staunen, kein Schrecken »lagert« auf den Gesichtern der ungenierten Besucher, wie Joseph Roth berichtete. Niemand flüstert, keiner scheut sich, laut zu lachen, niemand murmelt aus Achtung vor den bedeutenden oder gefürchteten stummen Zeitgenossen.

»Der Geruch von lange ungelüfteten Kleidern schwebt« indes nach wie vor »um alle wächsernen Denkmäler«. Mich beschleicht ein Grauen. Eingefangen im Gedränge der lärmenden Selfie-Scharen, in der muffigen Luft, im Schweißgeruch um mich her, stehe ich – mir selber schrecklich fremd in meinem beim Inder erworbenen, luftigen weißen Überwurf aus Lochstickerei, ähnlich einem Messgewand – wie reglos neben dem Heiligen Vater. Ein Smartphone an langer Stange schwebt von hinten durch unsichtbare Hand frontal in meinen Blick. »Perfect«, sagt eine Stimme, »the selfie is in the box!« Mit einem Ruck drehe ich mich nach ihr um: aufgerissene Augen hinter schillernden Brillengläsern starren mir über die Schulter – »Oh! Sorry! – I thought, you belong to these figures …« Der erschrockene Fotograf läuft davon, wirft einen Blick zurück, so als wollte er sich vergewissern, ob er nicht doch eine Wachsfigur »getroffen« hatte …

Leicht vorgebeugt, verschwindend klein im Schatten der meist nicht hochgewachsenen Größen, scheu ins fremde Umfeld lächelnd, die Queen, eingetaucht in zartes Türkis: Hut, Henkelhandtasche, Handschuhe, der steife Mantel, dazu die passenden Juwelen.

Nicht weit von ihr beherrscht die mächtige Queen Victoria im ausladenden, auf dem Boden stehenden Gewand, den ganzen Raum. Staub lagert auf den applizierten Rüschen. Oder sollte es gar Maria Stuart sein? In die Höhle des fehlenden königlichen Hauptes bettet ein jeder im Vorübergehen von hinten sein weniger bedeutendes Haupt – ob mit Rastalocken, feuerroten Haaren oder kahlgeschoren. Das Selfie erhebt ihn zur königlichen Hoheit.

Im dumpfen Dämmern passiere ich die kleine Lichtgestalt Napoleon in Herrschergebärde; in der Nische gegenüber reitet er mit gewaltigen Sporen auf einer Art verkürztem Kamel; zur Orientierung leuchtet auf der Tapetenwand die Cheopspyramide.

Nach der Begegnung mit der Familie aus dem Neandertal, in wilden Fellen und tierisch vorgeschobenem Unterkiefer, packt mich Panik: »Nur raus – raus – hinaus ins heiße Sonnenlicht!« Die Richtung ist vorgegeben – es gibt kein Zurück! Der Pfeil zum Notausgang führt über ein Fußballfeld mit grünem Kunstrasen, wo zu Joseph Roths Zeiten römische Zirkusspiele stattfanden. In meiner Verwirrung stoße ich versehentlich jemanden mit dem Ellenbogen an, drehe mich zur Seite, »Entschuldigen Sie! Entschuldigung! Verzeihung!« Vor Schreck erstarrt blicke ich ins eigene entsetzte Spiegelgesicht.

Aus dem Halbdunkel schaut eine untersetzte Dame im leicht verrutschten Chanel-Kostüm und strenger Frisur, mit todesstarren Glasaugen, aber immer noch energischem Blick, auf das zügellose Treiben der Geistermaskerade. Neben all den lebenden Gespenstern trifft ihr Blick auch mich wie einst, als ich ihr 1992 mit der Hasselblad gegenüberstand – Simone Veil!

Ich mache Halt in einem Bühnenraum. Kein Besucher ist zu sehen – jedoch eine Dame – ich erkenne sie: Cecilia Bartoli umrauscht von steifen Wogen ihres rotflammenden Seidengewands. Aus dem aufgerissenen Mund perlen ohne Atempause mit gellender Stimme ihre Koloraturen – seit Jahren schon, während ein vorgestrecktes Bein in Schockstarre, wie ein Signal die rote Lacksohle unter dem Pumps vorführt.

Auf der verzweifelten Suche nach dem Ausgang haste ich von Vergangenheit zu Vergangenheit: Im übermäßig abgedunkelten Theaterraum sucht ein einsamer Besucher im samtroten Polstergestühl Ruhe vom Bühnengetümmel – den Blick unverrückbar auf den geschlossenen Vorhang gerichtet. Wie lange schon – noch vor dem Verlassen der lichten Bühnenwelt – hatte man ihm in wächserner Starre diesen Platz eingeräumt und wie lange ist ihm der Verbleib im Schattenreich der Vergangenheit noch vergönnt?

Kein Lichtstrahl fällt auf den einsamen Besucher. Die rotsamtene Rückenlehne überragt die kleine Gestalt. Staub liegt auf den Wimpern. Ich schaue hin, ich erstarre und versuche zu begreifen: Es ist Charles Aznavour – »Charles La Lumière« –, der mich einmal fragte: »Have you seen all my little statues?«

»Man sollte es einmal aufschreiben …«, las ich bei Joseph Roth. Ich bin seinem Rat gefolgt.

Auma Obama

Volkach · 25. Juli 2016

Es war im Januar 2016, als mich eine helle, lebhafte Frauenstimme im Radio aufhorchen ließ – insbesondere die Dynamik ihrer Worte. In den wenigen Sätzen, die ich auffing, vertrat die Stimme vehement die Überzeugung, dass Entwicklungshilfe nur dann sinnvoll sei, wenn die Kinder in den betroffenen Ländern – (hier ging es um Afrika) – die wichtigsten Adressaten seien.

Zuallererst müsse man sie aus den Slums herausholen; sie und ihre Familien – wenn sie überhaupt eine kennen –, sozial und medizinisch betreuen, auf Schulen schicken, und sie durch gemeinsamen Sport und Workshops, wie zum Beispiel »Boxgirls«, zu Disziplin und Hygiene erziehen.

Es ging um Entwicklungshilfe in Kenia, um die Zukunft der jetzt heranwachsenden Kinder und Jugendlichen, die weder Strom noch fließendes Wasser – und schon gar nicht das Wort »Umweltschutz« – kennen. Dieser Generation, die Hoffnung des an Ressourcen reichen Kenia, gelte es, den trügerischen Traum vom paradiesischen Europa zu nehmen, ihr Selbstbewusstsein und Selbstvertrauen zu stärken, damit sie eines Tages selbst Verantwortung für ihr Land und damit für ihre eigene Zukunft übernehmen könne.

»Jede Investition ist eine Investition in die Zukunft aller!«, hieß es am Schluss der Rede. Es handelte sich um die Wiederholung eines Diskussionsabends der ZEIT-Stiftung im November 2015.

Mich erreichte nur noch das Ende der flammenden Rede, die, wie sich am Schluss der Sendung herausstellte, Auma Obama hielt, die ich trotz des bedeutungsschweren Namens nicht kannte.

Wie meine Recherche bald ergab, war es die Stimme der Journalistin, Soziologin und Entwicklungshelferin, Dr. Auma Obama, die 1960 in Kenia geborene Halbschwester des Präsidenten der Vereinigten Staaten von Amerika, Barack Obama.

Sowohl in ihrer eigenen Stiftung, »Sauti Kuu«, als auch in der Zusammenarbeit mit »Care« gilt ihr leidenschaftlicher Einsatz vor allem den von Ausbeutung und Verarmung bedrohten Kindern und Jugendlichen in Kenia. – Ein hochgestecktes Ziel, das sie verfolgte, noch bevor ihr Halbbruder, Barack Obama, als Präsident der Vereinigten Staaten von Amerika ins Rampenlicht der großen Politik trat.

Neben ihrer Mitgliedschaft im Weltzukunftsrat, der sich international für ein verantwortungsvolles Denken und Handeln im Sinne zukünftiger Generationen einsetzt, gehört sie u. a. zum Kuratorium der Stiftung »Lesen«. Darüber hinaus ist Auma Obama Vorstandsmitglied der Kilimandscharo-Initiative in Nairobi, die jährlich einen Event organisiert, bei dem benachteiligte Jugendliche den höchsten Berg Afrikas besteigen, um ihren Mut und Ehrgeiz durch eigenen körperlichen Einsatz zu stärken.

Als nach der Radiosendung bekannt wurde, dass Auma Obama im März 2016 in Hamburg die Reihe »Lesen ohne Atomstrom« eröffnen würde, gelang es mir, sie mithilfe ihrer Geschäftsführerin und engagierten Mitarbeiterin, Saskia Hildebrandt, nach der Lesung persönlich anzusprechen .

Im vorangegangenen Interview konnte ich verfolgen, wie ein Journalist sie nach der Beziehung zu ihrem Halbbruder fragte: »Ich frage Sie doch auch nicht nach dem Verhältnis zu Ihrer Schwester!«, gab sie zurück.

Und als derselbe Journalist sie auf das Gesetz der Polygamie in ihrem Volk der »Luo« anspricht, unter dem sie, wie sie selber voller Bitterkeit schreibt, und vor allen Dingen ihre Mutter – Leid und Demütigungen hinnehmen musste, schlägt sie ihm voller Empörung die Antwort um die Ohren. Die Europäer könnten sich mit ihrem eingeschränkten Blick ohnehin kein Bild von Traditionen fremder Kulturen machen, wo Polygamie zum

Leben gehöre. Außerdem wüssten sie oftmals nicht, wenn sie von »Afrika« redeten, dass es sich dabei um einen der größten Erdteile handelt mit siebenundfünfzig eigenständigen Staaten. Unwillkürlich musste ich an mein Gespräch von einst mit Alice Schwarzer denken:

»Wenn Sie als Frau etwas erreichen wollen, müssen Sie schlagen, schlagen – immer nur schlagen, damit Sie gehört und wahrgenommen werden.«

Auf mein Anliegen, sie gelegentlich portraitieren zu dürfen, ging Auma Obama voller Begeisterung ein und forderte mich spontan auf, sie während ihres nächsten Workshops mit Kindern in Nairobi fotografisch zu begleiten. Sie sah es »als Ehre« an, von mir persönlich portraitiert zu werden. Sollte ich ihr glauben? – Ich glaubte ihr … Im Gesicht sah ich trotzige Entschlossenheit …

Schließlich organisierte Saskia Hildebrandt das geplante Treffen am 25. Juli, 2016 in Volkach, dem herrlichen Weinort bei Würzburg. In der Zwischenzeit hatte ich mich eingehend mit der wechselvollen, abenteuerlichen Autobiografie von Auma Obama, »Das Leben kommt immer dazwischen«, auseinandergesetzt, die einerseits meine tiefe Bewunderung für den Mut, den Willen dieser unbeugsamen, beherzten Frau fand – andererseits aber auch den Blick in eine vom Leben zerrissene Natur und Persönlichkeit öffnete.

»Meine Familie gehört dem Volk der Luo an, in dem der Mann die unbestrittene Rolle als Oberhaupt innehat«, schreibt sie zu Beginn. Ihr Vater, Barack Hussein Obama, Kenianer, studierte mithilfe eines Stipendiums Mathematik und Wirtschaftswissenschaften in Honolulu, heiratete dort seine zweite Frau, eine Amerikanerin (die baldige Mutter von Barack Obama), während die erste Frau, Kezia, siebzehnjährig, im fernen Kenia ihr zweites Kind, die Tochter Auma, erwartete, die wenige Monate vor ihrem Halbbruder Barack das Licht der Welt erblickte, dessen Mutter sich jedoch sehr bald von ihrem afrikanischen Mann trennte.

Wie es die Stammestradition der Luos verlangte, musste die verlassene erste Frau des ältesten Sohnes mit ihren beiden kleinen Kindern, Abongo und Auma, in Alego auf dem Weiler der Großeltern in ein Nebengebäude einziehen. Auma wuchs mit ihrem älteren Bruder, Abongo, im stetigen Wechsel zwischen ihrer Mutter, ihren Großeltern, ihrem dem Alkohol verfallenen Vater und der amerikanischen Stiefmutter, Ruth, auf, die nach einigen Jahren mit ihren beiden Söhnen – also weiteren Halbbrüdern – in die USA zurückging.

»Wo blieb denn ich?«, fragt die verzweifelte Auma.

Zunächst wurde sie auf das Internat der Mary Hill Primary School – sozusagen eine Elite-Grundschule – »gegeben«, um schließlich als Dreizehnjährige bis zum Abitur auf der Kenia High School eine Art von Hafen im geordneten Internatsleben zu finden, in dem sie, neben wiederholten seelischen Zusammenbrüchen schon früh durch »Extrovertiertheit und starkes Selbstbewusstsein« auffiel; wo Deutsch als Fremdsprache zur Wahl stand und wo sie durch die Lektüre von Heinrich Böll, Günther Grass, Wolfgang Borchert und Christa Wolf die deutsche Sprache und Nachkriegsliteratur für sich entdeckte.

Seit ihrer Kindheit auf der Suche nach einem selbstbestimmten Leben, erschien ihr Deutschland als Sehnsuchtsziel, wohin sie nach dem Abitur mittels eines Stipendiums (vom Deutschen Studentenaustauschdienst), ohne Wissen des Vaters, floh.

Nach dem Studium in Saarbrücken, Bayreuth, Heidelberg, an der Fernseh- und Filmakademie in Berlin und ihrer Dissertation 1995 in Soziologie und Germanistik, arbeitete sie als gut bezahlte Dolmetscherin auf Messen, in der Erwachsenenbildung der Friedrich-Ebert-Stiftung, bevor sie nach England übersiedelte, einen Briten heiratete, sich von ihm trennte, um schließlich 2007 mit der gemeinsamen Tochter endgültig nach Nairobi zu ziehen, ohne ihre engen Verbindungen zu Deutschland aufzugeben.

»Das Pendeln«, schreibt sie, »ist mein Schicksal.«

1984 trifft sie zum ersten Mal ihren kaum jüngeren Halbbruder, Barack Obama, in Chicago, wo dieser als Student in einer christlichen Gemeinde Sozialarbeit bei Drogenabhängigen, Arbeitslosen und Waisen leistet. Er lernt eine Schwester kennen, von deren Leben er kaum etwas weiß. Sie hingegen begegnet einem Halbbruder, der den gemeinsamen Vater, Barack Hussein Obama, nur im verklärenden Glorienschein aus den Erzählungen seiner geliebten Mutter kennt. »Ihr allein verdanke ich das Gute in mir«, schreibt Barack in seinem berührenden Buch »Dreams from My Father« (1995).

Die Begegnung wurde zum Meilenstein im Leben der Geschwister, eine Entdeckungsreise zu gemeinsamen Wurzeln, den verwickelten, unentwirrbaren Zweigen der Familie mit ungezählten Halb- und Ganzgeschwistern. Barack erfährt vieles über die Traditionen des Luo-Volkes im fernen Kenia, über seine Gesetze und vor allen Dingen über seinen verstorbenen, charismatischen – in den Augen der Halbschwester – skrupellosen, schließlich am Leben gescheiterten Vater. Auma riss den Glanz von seiner Fassade und stellte den gemeinsamen Vater auf bittere Weise rücksichtslos in ein zwiespältiges Licht.

Gleichzeitig blickte Barack durch die Brille seiner Schwester Auma in die Abgründe ihrer zerstörten Kindheit; er sah ihr zerrissenes Leben im Hin und Her zwischen den verschiedenen Stiefmüttern, Geschwistern und Halbgeschwistern – den Kindern ihres treulosen Vaters, dessen Traum, als promovierter Ökonom im Finanzministerium einen Beitrag zum Aufbau seiner Heimat gegen Korruption und Vetternwirtschaft leisten zu können, ein Traum blieb, bis er nach ununterbrochenen Frauenaffären und Alkohol verarmt und einsam starb.

Auma erzählt dem Bruder Barack vom quälenden Gespräch mit dem Vater in Saarbrücken, wo er die Entlaufene besuchte und sie ihm gnadenlos ihr durch ihn verursachtes Leid und das ihrer verlassenen Mutter vorwarf. »Viermal nahm der Vater sich eine Frau, neben jenen, von denen man nichts wusste« – ebenso wenig wie von möglichen weiteren Geschwistern. Vor ihr saß, wie sie schreibt, ein gebrochener Mann. Nie wird sie ihm verzeihen! Dagegen spricht jedoch ihre Widmung am Anfang ihres Buches: »In liebender Erinnerung an meinen Vater, Barack Hussein Obama, widme ich dieses Buch meiner Familie.«

In seiner Vorstellung sah Barack, genannt »Barry«, seine Schwester von nun an als elegante, aufrechte, auf afrikanischem und westlichem Boden hin- und herschwankende Gestalt. Sowohl in dem Buch von Barack Obama, »Dreams from My Father« (»eine innere Reise eines Jungen zu seinem Vater«), als auch in Aumas fünfzehn Jahre später erschienener Rückblende, »Das Leben kommt immer dazwischen«, wird die Bedeutung der tiefgreifenden Begegnung für die bisher einander fremden Geschwister deutlich.

Dennoch scheint es so, als ob das geschwisterliche Aufeinandertreffen für Auma mit ihrer afrikanischen Identität, für die als Kind ständig Herumgestoßene, in der Welt nach Halt Suchende, womöglich von fundamentaler Wichtigkeit war als für das Leben des im fortschrittlichen Amerika, im Schutz der Familie seiner geliebten Mutter aufgewachsenen Halbbruders. Das Wort »Halbbruder« lässt sie nicht gelten – er gehört ihr ganz!

Auma nahm an seiner Hochzeit mit Michelle teil, beteiligte sich aktiv im Wahlkampf ihres neu entdeckten Bruders und verfolgte voller Stolz in den Medien seinen großartigen Aufstieg.

Barack Obama hingegen schreibt über die Begegnung mit seiner Schwester und deren Bericht über den gemeinsamen Vater, den er bis dahin nur als Lichtgestalt sah: »Mir war, als hätte jemand meine Welt auf den Kopf gestellt, als wäre ich aufgewacht und eine blaue Sonne stünde am gelben Himmel …« Das Idealbild des leuchtenden Vaters war zerstört, zu dem er Jahre später an dessen Grab »durch die rote afrikanische Erde« in schmerzhafter Erinnerung spricht. »Da wurde es mir klar: das gemischte

Blut, das gespenstische Bild eines tragischen Mulatten, der in zwei Welten gefangen ist …«

Schon damals, vor vierunddreißig Jahren, redete der Vierundzwanzigjährige beseelt von seinen Visionen einer besseren Welt, von seinem Ziel, für Gleichberechtigung zwischen Schwarz und Weiß, um Gerechtigkeit für die Armen und Unterdrückten zu kämpfen. »Aus dem jungen Mann voller Visionen war ein Staatsmann geworden«, schreibt Auma. Mit seiner Wahl zum 44. Präsidenten der USA rückte auch sie mit der ganzen Familie ins Rampenlicht. Einerseits sonnt sie sich im gemeinsamen Familiennamen; andererseits steht sie in seinem mächtigen Schatten; Fluch und Segen zugleich.

In diesem Zwiespalt kämpft sie ständig mit den eigenen Widersprüchen, die sie oftmals unkontrolliert abschießt. Eine stolze, unbeugsame Frau, die schon seit der Schulzeit hinter einer Fassade aus »Fröhlichkeit, Draufgängertum, Gehorsam, Ungehorsam« und unterdrückter Träume, mit der Macht ihres Willens und ihrer Leidenschaft die aufgerissenen Gräben zwischen Armut, Unterdrückung und Korruption zu schließen versucht; deren innerer Auftrag sie von einem Ort zum anderen treibt, wo engagierte Menschen, die ebenfalls eine neu geordnete Zukunft und Sicherheit allein gelassener Kinder verfolgen, auf Dr. Auma Obama und ihren Einfluss warten.

Ein Film zeigt anschaulich, wie sie, selber vom Tanzen begeistert, die Kinder mit Leib und Seele zum wilden Tanz anfeuert.

Zögernd räumt sie ein, dass der gemeinsame Name und die Stellung des Bruders Barack Obama ihren Zielen für die Entwicklungshilfe in ihrem Land eine willkommene Plattform bietet. Dabei dient ihr auch der stets hervorgehobene Doktortitel als Aushängeschild.

Als Maybrit Illner vor der Talkshow am 18. November 2016, neben ihren anderen Gästen Auma Obama als Entwicklungshelferin vorstellte und mit den Worten begrüßte: »Sie sind die

Schwester des US-Präsidenten«, handelte sie sich folgende Antwort ein: »Wenn das der Grund ist, warum ich hier bin, ist das wirklich zu wenig!« Und als bei einer ähnlichen Gelegenheit der Name des »kleinen Bruders« wieder einmal fiel, schoss sie zurück: »Warum haben Sie nicht meinen Bruder eingeladen?«

Neben dem aggressiven Stolz gärt ein unüberwindbarer Groll in ihr. Nicht nur »das Leben kommt immer dazwischen«, sondern nun der berühmte Bruder – wieder und wieder …

Andererseits wirkt Auma Obamas Wut erfrischend, wenn sie im Hamburger Rathaus bei einer Pressekonferenz anlässlich des G-20-Gipfels in ungewohnter Schärfe ihren dringenden Appell nicht nur an die versammelten Regierungschefs der führenden zwanzig Staaten, sondern auch an die Gesellschaft, an jeden Einzelnen von uns, richtet und alle dazu auffordert, weltweit das vereinbarte Pariser Klima-Abkommen unverzüglich umzusetzen und dafür zu sorgen, »dass Menschen, insbesondere Aktivisten, die im gefährlichen Einsatz für gesellschaftliche Gerechtigkeit oder Klima- und Umweltschutz ihr Leben riskieren, unter Schutz gestellt werden.«

»Wir dürfen das, was wir auf dieser Welt noch haben, nicht weiter kaputt machen«, ruft die Siebenundfünfzigjährige, wenn sie für den Aufstieg ihres Landes Kenia kämpft. Nie wird sie ihre Wurzeln ausreißen – niemals das Buschfeuer Afrikas in sich auslöschen. Unauflöslich ist sie mit ihrem Land verwachsen.

Es fällt mir schwer, den Eindruck unserer Begegnung in Volkach ausschließlich in einem hellen Licht darzustellen, – selbst wenn die Sonne die umliegenden Weinberge in ein warmes Leuchten tauchte. Bewegt von der wechselvollen Autobiografie trug auch ich bei unserer bevorstehenden Begegnung an einer gewissen Last.

In Würzburg am Hauptbahnhof erwartete mich Saskia Hildebrandt, um mich nach Volkach zu Freunden von ihr und Auma Obama zu fahren, die gerade aus Nairobi gelandet war, um hier zwischen Interviews, Benefizveranstaltungen und Golf eine kurze Atempause einzulegen. Während der Fahrt erfahre ich manches über das unruhige Leben, in das auch Frau Hildebrandt in hohem Maße von Dr. Auma Obama eingebunden wird.

Der malerische Ort Volkach, eine ländliche Idylle am Main – berühmt wegen seiner »Madonna im Rosenkranz« von Tilman Riemenschneider –, ist für die ständig Reisende ein Ort des Innehaltens: im Besonderen das in Atelier und Showroom umgestaltete Bauernhaus der Freundin und Designerin »Minx Moda«. Aumas lachsfarbene Bluse aus Crêpe de Chine auf der nachtdunklen Haut zu der weiten schwarzen Seidenhose ist eine geglückte Kreation der Modeschöpferin.

Der sommerliche, schwülwarme Dunst über der Landschaft schafft eine entspannte Atmosphäre. Nachdem Saskia sich überzeugt hat, dass ihre Chefin auf einem bequemen Stuhl sitzt, die unverzichtbare Thermos-Kaffeeflasche und die Spezial-Emulsion zum Schutz der empfindlichen Haut gegen unsere nördliche Sonne zur Hand hat, zieht sie sich mit ihrem iPhone zur Planung weiterer Termine in ein Nebengemach zurück. Wasser steht in einer Karaffe bereit, dazu rustikale Gläser; ein Korb gefüllt mit Trauben, Pfirsichen und reifen Erdbeeren. Neben uns kuscheln sich dicke braune Hühner ins aufgewühlte, weiche Erdreich. Eine gelbe Katze mit grünen Augen rekelt sich auf der sonnenwarmen Mauer.

Auf dem eleganten Korbstuhl vor der Fachwerkwand unter wildem Wein wirkt Auma Obama in der eleganten Aufmachung strahlend jung. Sie ist freundlich, scheint glücklich, lacht gern und laut und versichert ein ums andere Mal, wie sehr sie »sich geehrt fühlt«, dass ich mich allein für ihr Portrait auf die weite Reise begeben habe. Gespielte Bescheidenheit? In ihren Augen, in ihrer Stimme, flackert ständig ein Funken Misstrauen. Nach den Erfahrungen der Medien heißt es für mich, sich im Gespräch tastend zu nähern. Werde ich den richtigen Ton treffen? Ich bin mit dem festen Vorsatz hergereist, jegliche Anspielung auf den Bruder und seinen Namen konsequent zu vermeiden.

Auma hört zu, fragt nach und gibt zurück.

Ihre faszinierende Erscheinung bedeutet beim Fotografieren die reizvolle Herausforderung, zum ersten Mal ein dunkles Gesicht portraitieren zu dürfen. Nachdenklich sieht sie mich an. Mein Gedanke fasziniert sie:

»Sie werden es auf den Fotografien sehen«, erkläre ich: »Das helle Gesicht lebt vom Schatten – das dunkle Gesicht lebt vom Licht!« Später liefern die entstandenen Bildnisse den Beweis. Aumas starke Ausstrahlung wird darauf deutlich. Der schlichte Silberreif, dazu die passenden Ringe – ein wunderschöner Kontrast auf der samtenen dunklen Haut!« Sie ist begeistert und entdeckt später in der Serie spontan drei Lieblingsbilder. Es ist ihr jedoch unbegreiflich, dass ich nicht sofort die entstandenen Lichtbilder präsentieren kann. Noch weniger kann sie sich vorstellen, dass jemand in unserer Zeit mit einer analogen Kamera arbeitet und eigenhändig in einer Dunkelkammer Schwarz-Weiß-Filme entwickelt. Sie hat selber Dokumentarfilme gedreht. Sie lebt ganz und gar im digitalen Zeitalter!

Ich stehe einer bewunderungswürdigen Frau gegenüber: Eine Kenianerin, die ihr Leben eigenmächtig in die Hand nahm, die für ihre selbstgestellte Aufgabe brennt, ein glänzendes Deutsch spricht, Enttäuschungen in Liebesbeziehungen und einer Ehe erfahren musste, eine Tochter erzogen hat; eine unbeugsame Kämpferin, deren Kindheit und Jugend unauslöschliche Spuren unterdrückter Sehnsüchte hinterließen, die in Empfindsamkeit, Arroganz, im ständigen Ringen um Selbstbehauptung hinter einer Fassade aus Fröhlichkeit, Ungeduld und Lebenslust zu spüren sind.

Einmal beschreibt sie ihr Entsetzen, als sie in einem Brief ihrer amerikanischen Stiefmutter, Ruth, liest, dass es dieser unmöglich war, ihre beiden kleinen Stiefkinder zu baden, da sie deren dunkle

Haut nicht berühren konnte. »Andererseits«, schreibt Auma, »führte sie mit einem Schwarzen ein Eheleben.« Sie verstand die Welt nicht mehr.

Lange ruht der Blick auf mir, wie um in mir zu lesen. Ich erwidere ihren Blick. Eine Fülle von Gedanken geht mir durch den Kopf. Mir fallen Situationen ein, die sie sich frappierend ehrlich in ihrem Buch von der Seele schreibt: Ihre Wutanfälle! Wie viele Tränen hat sie als Herumgestoßene bei der Ankunft im Internat und später im geordneten Deutschland vergossen! Ich sehe sie in verzweiflungsvollen Situationen vor mir – hassend und liebend zugleich. Wohin gehen ihre Gedanken in diesem Moment? Nach Kenia – nahe und doch so fern? In das wunderschöne Land mit seiner staunenerregenden und so bedrohten Natur, den donnernden Büffelherden im Ansturm auf die Wasserstellen, den schwebenden Bewegungen der Giraffen in ihrer seltsamen Anmut, dem Vogelreichtum – Gesänge in der Stille der Nacht – ein Paradies der Wildnis – Brände, Hitze, und Dürre … Sieht sie ihre junge, schöne verlassene Mutter, wie auf dem Foto, an der Hand die beiden kleinen Kinder, ihre Tränen, die sie erstickte im lautlosen Weinen? – Denkt sie an die erste Zeit in Saarbrücken, »wo ich«, wie sie schreibt, »Phasen durchlebte und man mir nicht ansah, wie viel Verlorenheit und Traurigkeit ich in mir trug«?

Sie hat meinen handschriftlichen Brief vor sich, liest ihn noch einmal. Ein Lächeln fliegt über ihr Gesicht. Plötzlich blickt sie auf: »Sie sollten meinem Bruder einen englischen Brief schreiben!« Vergeblich hatte ich den Namen ausgegrenzt. Mein Vorsatz ist mit einem Satz vom Tisch gewischt!

Mir fallen ihre schlanken Hände auf. Auch ihr Bruder habe die schönen Hände von ihrem Vater geerbt, bemerkt sie voller Stolz … Wieder der Bruder! – Ungerufen!

In diesem Moment fällt mir nichts Besseres ein, als das Gespräch auf die bevorstehende Wahl zu lenken: »Im November wird in den

USA gewählt. Was wird Barack Obama nach den Wahlen, in denen er sich vehement für Hillary Clinton einsetzt, machen??«

»Er hat den Weg der Politik gewählt und wird Politiker bleiben – aber sicher wird er sich auch neuen Aufgaben zuwenden.« Die Schwester lässt durchblicken, dass er in seiner neuen Rolle möglicherweise auch ihr Projekt in Kenia unterstützen wird. Zurzeit dürfe sie ihn, bzw. seinen Namen, nicht in die Stiftung einspannen.

»Aber schreiben Sie meinem Bruder einen Brief …!«

Ob sie es für denkbar hält, dass Trump die Wahl gewinnt? Oder doch Hillary Clinton?

»Es ist zu hoffen – obwohl … die Clintons … auch viele Skelette in ihrem Schrank haben …«

Ich erzähle vom vorgesehenen Treffen mit Henry Kissinger, dem Republikaner. Ein lauernder Blick trifft mich: »Yes, Henry Kissinger is an outstanding figure – Republican. Verstehen Sie, die Republikaner wählen die Partei – die Demokraten dagegen die Person …«

»Sie beschließen Ihr Buch trotz all seiner existenziellen Schwermut und Anklagen gegen das Schicksal der Benachteiligten, mit einer Art Happy End? Sie offenbaren tiefe Verletzungen einer schwer geprüften Seele, die dem sensiblen Leser den Eindruck vermitteln, dass das Aufschreiben eine Art Erlösung von dieser Last bedeutete?«

»Nein, die Wunden prägen den Menschen lebenslang. Aber das Schreiben brachte eine gewisse Ordnung in das ständige Chaos der Erinnerungen. Im Übrigen darf ich als Person der Öffentlichkeit nicht in einem Buch persönliche Erfahrungen zu Anklagen werden lassen, zum Beispiel gegen Familienmitglieder, da diese sich nicht wehren können …« Ich schweige – enthalte mich der Antwort, denke an ihre Einschätzung des Vaters.

»In wenigen Tagen werden Sie nach Nairobi zurückkreisen – zu Marwin, Ihrem Mann, Ihrer großen Liebe, wie Sie am Ende Ihres Buches vor acht Jahren glücklich schrieben?«

»Ach, das Thema ist noch lange nicht ausdiskutiert!«

Ihr Blick trifft mich von der Seite …

Die Sonne hat sich verschleiert – Weintrauben über unseren Köpfen und auf dem Tisch, hin und wieder ein Schluck aus der eleganten Thermos-Flasche – Müdigkeit übermannt sie – die Stimme wird schläfrig. Saskia ist zur Stelle und fragt nach ihren Bedürfnissen.

Ohne ein Zeichen des Abschieds verzieht sich mein Gegenüber in eines der zahlreichen Zimmer. Augenblicklich ist absolute Ruhe geboten. Man geht nur auf Zehenspitzen.

Saskia Hildebrandt nimmt sich meiner an – sie wirkt erschöpft. Auch die Gewitterluft macht ihr zu schaffen. Auf der Rückfahrt nach Würzburg erzähle ich ihr von Aumas kühnem Vorschlag, ihrem Bruder, Barack Obama, einen englischen Brief zu schreiben. »Wenn sie den Vorschlag gemacht hat, wird sie sich etwas dabei gedacht haben.« Ich behandelte diesen Vorschlag zunächst mit Vorsicht – überlegte lange. Schließlich schrieb ich an den Präsidenten von Amerika den »englischen Brief«, in dem ich auf den Vorschlag seiner Schwester Auma hinwies, und ihn fragte, ob er mir nach dem Ausscheiden aus seinem Amt die Gelegenheit und Zeit für ein fotografisches Portrait einräumen würde. Dem handschriftlichen Brief fügte ich zwei Fotografien seiner Schwester bei und schickte ihn mitsamt meinem Buch »Europa beim Wort genommen«, wie von ihr gewünscht, an das Büro von Auma Obama in Köln, die ihn ihrem Bruder, Barack Obama, beim bevorstehenden Treffen persönlich übergeben wollte.

Darauf hörte ich nichts mehr. Weder wusste ich, ob der Brief dem Präsidenten von seiner Schwester überreicht worden war, noch wo er sich befand. Nichts!

Nach einem gewissen Zögern fragte ich bei Saskia Hildebrandt nach.

Bis heute blieb die Antwort aus …

Im Gehäuse

Architekten

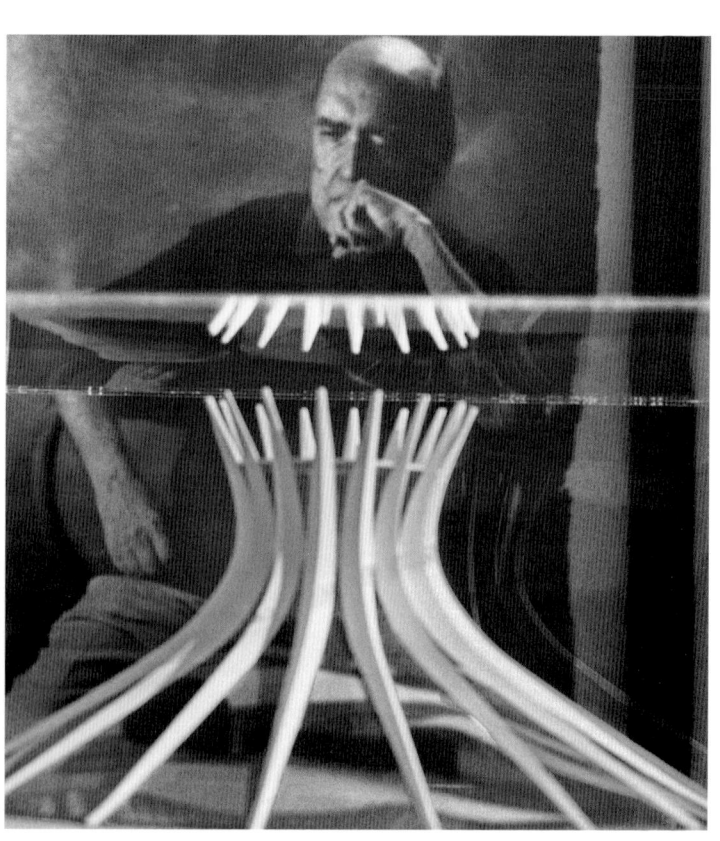

Oscar Niemeyer
Rio de Janeiro · 22. Juni bis 3. Juli 2009

Wie ein böser Traum ist mir die Reise zu Oscar Niemeyer in Erinnerung, die lange Reise zu einer Legende, die eine Legende bleiben sollte. Ein Vorschlag des portugiesischen Architekten Alvaro Siza hat mich in dieses Abenteuer stürzen lassen. »Sie müssen nach Rio fahren und meinen Freund Oscar portraitieren«, so Siza, »ich werde mit ihm telefonieren.« Gesagt, getan.

Oscar Niemeyer, hundertundzwei Jahre alt, der Architekt der Hauptstadt Brasilia (1963), der Schüler und Assistent von Le Corbusier und wichtigster Vertreter der Moderne, sei bereit; alles Weitere müsse mit Vera, seiner neuen Frau und früheren Sekretärin, abgesprochen werden.

Alle meine E-Mails laufen ins Leere – im Büro Niemeyer wird grundsätzlich kein Englisch gesprochen, die Sprache der Kapitalisten und Antikommunisten. So übernimmt das Büro des Architekten Alvaro Siza in Porto die Organisation der Begegnung.

»In Rio läuft nie etwas nach Plan«, hat mich der junge Architekt, Ralf Ammann, gewarnt, darum buche ich meinen Flug vorsichtshalber für sieben Tage. Als unverzichtbare Dolmetscherin lade ich die portugiesischsprachige Fatima ein, mich zu begleiten. Am Tag vor der Abreise bestätigt Vera auf Anfrage, ja, man erwarte mich am 25. Juni, 2009 um 10.30 Uhr im Büro Niemeyer.

In den Tagen vor dem geplanten Fototermin schaue ich in Rio und Umgebung Niemeyer-Bauwerke an, insbesondere das Museum für Moderne Kunst (1997) in Niteroi, das wie ein UFO aus Beton auf dickem Stiel mächtig aus dem Wasser ragt und den Zuckerhut in der Ferne wie einen Bildhintergrund erscheinen lässt.

Jeder in Rio und im ganzen Land kennt den Erbauer von Brasilia, nach dem schon heute viele Straßen benannt sind. Und wer kennt etwa nicht die große weiße Limousine mit dem Stern, in der sich der berühmte Kommunist Tag für Tag vor das weiße Bürohaus mit der eleganten, zu zwei Kurven geschwungenen Fassade an der Copacabana fahren lässt.

Dort führt uns am 25. Juni um 10.30 Uhr ein schwarzer Wachtposten in den fünften Stock an die Rezeption, wo uns ein Bürschchen namens Rodrigo abfertigt: »Oscar ist nicht hier, er ist vor zehn Tagen gestürzt, sitzt zu Hause im Korsett und wird auf unbestimmte Zeit nicht ins Büro kommen. Haben Sie das nicht in der Zeitung gelesen?« Niemand außer Rodrigo scheint sich zwischen den geschwungenen Bürowänden aufzuhalten. Frühestens Montag werde man nach einem medizinischen Check-up mehr wissen. Für Montag ist mein Rückflug gebucht, jetzt ist Mittwoch. Fatima ruft Vera an, nur um von dort zu hören, wir könnten ja Montag noch einmal anrufen. Anabele im Büro Siza wird ebenso kühl abgewimmelt. Trotz der geringen Chance, den Meister vor die Kamera zu bekommen, buche ich einen neuen Flug und verlängere den Aufenthalt um weitere vier Nächte.

Ralf Ammann, mit dem ich mich im Café Colombo an der Copacabana treffe, macht mir Mut. Allerdings hat er selbst Situationen erlebt, in denen sich Oscar Niemeyer angemeldeten Besuchern brüsk verweigerte. Und als er einmal Zaha Hadid zu Niemeyer begleitete und sie ihm namentlich vorstellte, fragte Gott Oscar nur: »Wer ist die? – Hat sie eine Stadt gebaut?« Aber er hat ihn auch als sehr liebenswürdigen Menschen kennengelernt, der seit dreißig Jahren jeden Dienstag Geistesgrößen zum Round-Table-Gespräch empfängt. Zu seinem Freundeskreis gehörten Sartre und Simone de Beauvoir. Ralf versucht alles, meine Mission zu retten; auch entwirft er auf Portugiesisch eine Widmung für mein Venedig-Buch, damit ich es als persönliches Zeichen des Respekts im Büro Niemeyer hinterlege. Man erlaubt mir sogar, es Montag um 14.00 Uhr dorthin zu bringen.

»Wir empfangen niemanden!«, tönt es barsch durch die Sprechanlage, als wir pünktlich läuten. Und auch Vera lässt sich nicht mehr sprechen. Sollte ich von meiner weitesten Reise mit leeren Filmen zurückkehren?

Meine letzte Hoffnung richtet sich auf Modelle im früheren Haus des Meisters am Rand von Rio. Auf Anruf heißt es, der Blitz habe eingeschlagen, die Lichtleitungen seien beschädigt. In drei Tagen sollen wir abermals anrufen. Wir fahren trotzdem hin, lassen uns vor einem rostigen Tor absetzen. Es öffnet sich, vor uns liegt ein riesiges vermoostes Schwimmbecken aus unansehnlichem Beton; hier und da stehen und liegen kurvenreiche Frauenskulpturen zwischen verwildertem Gebüsch. Vor dem gekurvten, verkommenen Bungalow empfängt uns eine schwarze Frau in knallbunten Gewändern und mit nur einem einzigen Zahn im Mund, laut lachend: »Nix Licht!«

Sie führt uns durch die dunklen feuchten Räume, und ich traue meinen Augen nicht: Im muffigen Bad steht das Modell der berühmten Kathedrale von Brasilia, fest verschraubt unter einer trüben Acrylhaube. Während ich ratlos auf den kaum durchsichtigen Schmutz starre, lässt sich Fatima als erfahrene Technikerin Sicherungskasten, Leitungen, Leuchten zeigen, bittet um eine Schere und schafft es, eine Glühbirne an ein Kabel zu montieren und einen Raum von Hand partiell auszuleuchten, in dem ein Tisch steht. Auf ihn wuchten wir gemeinsam die schwere Vitrine. Mit einem Messer löst Fatima die Schrauben, wir nehmen die Haube ab, die Aufseherin lacht wie wild.

Bei kümmerlichem Licht versuche ich mein Bestes, und plötzlich erscheint im Sucher auf der Wand gegenüber: Oscar Niemeyer, lebensgroß auf einer vergilbten Fotografie – die Legende hinter dem Werk.

Richard Meier

New York · 15. September 2009

Richard Meier habe ich viel zu verdanken – auch die Begegnung mit Ieoh Ming Pei, obwohl der vierundneunzigjährige Chinese beschlossen hatte, sich keinem Fotografen mehr ausliefern zu wollen.

Richard Meier ist auch einer der Ersten, der spontan auf meinen Brief reagierte: »I would be honoured to meet you personally with your camera.« Um mir entgegenzukommen, bietet er mir ein Treffen in Zürich an, im altehrwürdigen Hotel Dolder. Auf Anhieb verbindet uns Sympathie. Wir müssen aber sehr bald einsehen, dass ein Hotel nicht die Atmosphäre einer persönlichen Wirkungsstätte ersetzen kann. Und Richard Meier lädt mich für einen späteren, zweiten Versuch nach New York ein. Bevor wir uns in Zürich verabschieden, bekunde ich ihm meine Bewunderung für sein Hans-Arp-Museum in Rolandseck, das genauso wie das Getty Center auf einer traumhaften Anhöhe liegt. Aber ich riskiere auch Kritik am Meier-Bau eines Privathauses in meiner Nachbarschaft. »I never have seen it«, ist seine lapidare Antwort.

Einige Monate später empfängt mich Richard Meier in New York herzlich wie eine alte Bekannte in seinem makellosen, blendend weißen Büro mit wunderschönen weißen Modellen in eleganten Vitrinen – Schauplatz seines umfangreichen Werks en miniature. Zusammen gehen wir durch den hellen Raum. Als ich mich für die Schönheit dieser Modelle begeistere, sieht Richard mich spitzbübisch an: »But you don't like the building in your street«, und klopft mir auf die Schulter: »Wait, in time you will come to like it.«

Ieoh Ming Pei

New York · 17. September 2009

Mein nächster Besuch nach Richard Meier in New York am
15. September 2009, gilt seinem Vetter und Freund Peter Eisenman, dem Architekten des Holocaust-Mahnmals in Berlin. Als
ich mich von ihm verabschiede und andeute, dass ich als nächstes
Ieoh Ming Pei meine Aufwartung machen werde, lässt er seinen
Kollegen grüßen, versäumt aber nicht, hinzuzufügen: »You will
see – that tiny smiling gentleman – he is a dictator! He is great!
He is immortal!«

Ich bin in New York und befinde mich im 13. Stock im Büro
vor I. Ming Pei, »tiny«, liebenswürdig lächelnd, aufrecht auf
einen zierlichen Stock gestützt. Nichts ist hier zufällig. Das
Modell für eine Schule in Japan ist schon, unverrückbar, auf
dem Tisch aufgebaut. Mr. Pei nimmt genau davor Platz. »You are
from Germany? I like Berlin, Hamburg – above all I love German music.« – Wir sitzen einander gegenüber. Alles, was den
Blick ablenken könnte, ist hinter einer Wand verborgen. Nur
die Kuppel des kleinen Holzmodells des Museums in Doha ist
meinem Argusauge nicht entgangen. Meine Bitte, es auch fotografieren zu dürfen, wird kurz und bündig abgelehnt. »Warum?«
Nancy Robinson verrät mir das Geheimnis: »Eine winzige Ecke
ist abgebrochen!«

Da ich sein wunderschönes letztes Werk nur von Abbildungen kenne, frage ich Pei, was ihm dieser Auftrag in einem arabischen Land bedeutet habe, was er vom »Turmbau zu Babel« in
Dubai denke. Seine sibyllinische Antwort: »Es war phantastisch,
drei Jahre lang auf Sand zu bauen; noch nie habe ich drei Jahre
lang auf Sand gebaut! Als ich Pei auf seine gläserne Pyramide
anspreche, die mich immer wieder entzückt, meint er lächelnd:

»Zehn Jahre haben die Pariser dagegen gekämpft, heute sind sie stolz darauf.«

Ieoh Ming Pei wurde hundertundzwei Jahre alt, nahezu »immortal«. Er starb am 18. Mai 2019. Sein Werk bleibt »unsterblich« …

Peter Zumthor

Haldenstein · 3. Dezember 2009

Ich stehe heute in Haldenstein vor dem Haus von Peter Zumthor: Was macht es so schwer, den Zugang in diese hermetische Welt zu finden? Ist es das kubusartige Haus mit der schwarzen Fassade? Ich kann mich an kein Fenster erinnern. Die erste äußere Barriere ist der nicht sichtbare Eingang, den ich ohne die Hilfe des Taxifahrers nicht gefunden hätte. Innen stehe ich vor einer hohen Wand. Sie versperrt den Blick. Die Fremde muss sich den Weg selbst erschließen. Nichts liegt offen. Die nächste Hürde sind die Filzpantoffeln, ohne die niemand weiterkommt durch schmale Gänge, über schwarze, steile Stufen in andere Räume, hinauf und hinunter.

Wann und ob der Meister erscheinen wird, ist ungewiss. Nach einer Stunde schließlich steht Peter Zumthor im Raum, schweigend, still, ganz in Schwarz, unerreichbar sein Blick. Niemand hat gesehen, woher er kam. Das Licht fällt spärlich vom Garten in den Raum auf die schwarze Wandtafel mit Kreideskizzen und Zahlen. Mit vorsichtiger Bewunderung für seine Architektur versuche ich mich ihm, Peter Zumthor, auf leisen Sohlen zu nähern. Das Gespräch bleibt karg. Alles ist authentisch: die alten Apfelbäume im Garten, den das Haus mit seinen dunklen Wänden umschließt, die schwarze Kleidung, die kräftigen Hände, der Blick in eine ungeahnte Ferne, die schönen, stets vollen Wassergläser – ich sehe nicht, wer sie immer wieder mit frischem Wasser füllt –, dann die anstrengende Musik, jemand schließt die Schiebetür, und dann das unheimliche Modell aus schwarzem Gewebe, in dem ein winziges Lämpchen glüht. Rundum an den Wänden hängen dazu die Protokolle und Urteile der Hexenverbrennungsprozesse im nördlichen Winkel von Norwegen vor vierhundert Jahren.

Von dem Modell geht etwas Magisches aus. Ich muss es fotografieren. Aus irgendeiner Ecke kommt eine junge Stimme: »Das ist ja ein wundervolles Geräusch, ich *höre* die alte Mechanik!«

Norman Foster

Château de Vincy · 4. Dezember 2009

Schon am nächsten Morgen bin ich mit Norman Foster in seinem neuen alten Chateau am Genfer See verabredet. Lord Norman ist pünktlich zur Stelle im eleganten weißen Jogginganzug. Alles ist geschmeidig an ihm: die Stimme, die flinken Bewegungen. Er führt mich in eine weiße, weite halbrunde Halle, entschuldigt sich kurz, um schnell in anthrazitfarbenem Outfit wieder zu erscheinen.

Das Licht fällt durch die hohen Fenster auf den weißlackierten Boden, die weißen Wände bilden die Tragflächen des bis ins Detail ausgeführten Modells des Pekinger Flughafens mit blinkenden Lichterreihen auf Start- und Landebahn. Die umstehenden, bis an die Decke reichenden Modelle entfalten ihre Schönheit in enormen Vitrinen; auch die Reichstagskuppel in Berlin hat ihren Platz. Mittendrin Norman Foster am weißen Designertisch über einem Skizzenblock – fernab vom Megabüro in London. Überwältigt von all dem Glanz entfährt es mir: »Ich scheine ans Licht der Oberwelt aufgestiegen zu sein!«

»Waren Sie bei Peter Zumthor? – Sie müssen wissen, es geht uns allen so: Jeder baut sich seinen ganz eigenen Rahmen um sein inneres Gehäuse, in dem nur er träumen kann.«

Zaha Hadid

Rom · 12. November 2009

»Nach zehn Jahren Bauzeit wird den verwöhnten Römern mit dem MAXXI-Nationalmuseum der Kunst des 21. Jahrhunderts ein Bauwerk beschert, das mit allen Normen der Moderne bricht … ein Prachtstück dekonstruktivistischer Architektur aus Glas, Stahl und Beton …« – so der Kommentar in der FRANKFURTER ALLGEMEINEN ZEITUNG.

Die Eröffnung mit dem Auftritt von Zaha Hadid und der anschließenden Pressekonferenz wurde auf 10.30 Uhr anberaumt. Journalisten und Architekten sind aus der ganzen Welt angereist.

Auf dem Flaminio, weitab vom alten Zentrum der »Ewigen Stadt«, hoch über der Piazza del Popolo, flattern an langen Fahnenstangen im eisigen Wind die Namen »ZAHA HADID – MAXXI MUSEO – INAUGURAZIONE«.

Ich bin am Ziel! Auf dem ehemaligen Kasernengelände hat ein ufoähnlicher Dinosaurier mit seinen verschoben aufgeschichteten, kurvigen, spitzwinkligen Betonmassen Platz gegriffen, an dessen Stirn der vorgesetzte Betonwürfel abzustürzen scheint. In seinem Fenster spiegeln sich neben dem neuen Konzertsaal von Renzo Piano die Fassaden der gegenüberliegenden alten Wohnhäuser. Die absichtlich geneigten stählernen Stützpfosten scheinen unter dem Gewicht der Eingangskonstruktion zusammenzubrechen.

Ich werde an das erste aufsehenerregende Bauwerk von Zaha Hadid erinnert, an das »Feuerwehrhaus« (»Fire Station«) der Firma Vitra in Weil am Rhein, wo mich angesichts der ineinander verkeilten Innen- und Außenwände aus nacktem Beton unmittelbar das Gefühl der Abwehr überkam. Ein Bauwerk, das seinen eigentlichen Zweck gründlich verfehlte: Das zu niedrig bemessene Tor machte jedem Feuerwehrauto die Durchfahrt unmöglich. Die abfallenden Fußböden der Duschräume, die asymmetrischen Spiegel über seitlich geneigten Waschbecken, versetzten die Feuerwehrleute nach ihren gefährlichen Einsätzen in Schwindelzustände.

Dennoch – oder gerade darum – bedeutete dieses futuristische Bauwerk von 1993 für die bis dahin unbekannte Architektin den Sprung auf die Leiter zum Pritzker Prize, (dem »Nobelpreis« für Architektur), der 2004 mit Zaha Hadid zum ersten Mal einer Frau verliehen wurde.

Auch heute, auf dem Flaminio-Hügel oberhalb der »Ewigen Stadt«, baut sich in mir gegenüber der bedrängenden Betonmasse, ihren schwellenden, aggressiven Formen ähnlicher Widerstand auf, zumal man sich in der Presse bereits fragt – ohne sich in dem bunkerähnlichen Bau zwischen den gewölbten Wänden der Innenräume, auf den abschüssigen Ebenen sowie in den spitzwinkligen Nischen der engen Korridore bewegt zu haben –, wie sich wohl darin Bilder und Skulpturen des 21. Jahrhunderts angemessen präsentieren ließen?

Über all diesen kontroversen Diskussionen hatten wir Angereisten in der Kälte kaum bemerkt, dass die angekündigte Zeit der Eröffnung, »Inaugurazione«, mit dem spektakulären Auftritt von Zaha Hadid lange überschritten war. Vom Campanile schlägt es elf! Wer nicht erschien und nicht erscheint, ist Zaha Hadid, die, wie es heißt, nach einem wichtigen Gespräch mit einem Saudischen Ölmagnaten am gestrigen Abend in Zürich erst heute Morgen in Rom gelandet ist. Also verschiebt sich ihr Erscheinen zunächst auf 12.00 Uhr. Um 12.15 Uhr die überraschende Nachricht: »Zaha Hadid ist auf dem Weg!« Um 12.30 Uhr die Meldung aus dem Luxushotel »De Russie«, ein Essen mit einem Manager aus Dubai habe man nicht absagen können.

PR-Mann Roger Howie, begabt mit englischem Humor, ein bis zur Erschöpfung geübter Vollstrecker unzumutbarer Wünsche und Forderungen, weiß das Gesicht der launischen Baukünstlerin zu wahren. Eindrucksvoll höflich bittet er um Verständnis, wenn sich die umworbene und von Aufträgen überlastete Architektin selbst an diesem Tag der Einladungen nicht erwehren kann.

»Don't care!«, zitiert er seine morgenländische Herrin und vertröstet die Wartenden auf Weiteres. Ungeachtet des rauen Windes bleibt man gefasst.

Giovanni, der junge, zuvorkommende Architekt, der das Baugelände zu überwachen hat, nimmt sich meiner an. Er führt mich zur Verwunderung aller – gegen das strikte Verbot der Stararchitektin, niemand dürfe vor ihr seinen Fuß in das »neue Heiligtum Roms« setzen – durch das kurvenreiche MAXXI Museum:

Der Blickfang bleibt die Treppe, eine für sich schon imposante Skulptur, die zum Fotografieren verführt. Wie eine abstrakte schwarz-weiße Raupe windet sie sich in eleganten Schwüngen unter raffiniert geleiteten Leuchtröhren bis unter das lichtregulierende gläserne Dach. In ihrem Schatten werden ausgestellte Kunstwerke zur Bedeutungslosigkeit verkümmern. Von dort oben blicken wir durch die Windungen des Treppenhauses bis auf den Eingangsbereich.

Plötzlich ein unterdrückter Schrei: »Oh, Dio!!« Giovanni wird kreideweiß. »Zaha steht im Atrium! Dio! Wie kommen wir ungesehen an ihr vorbei nach unten?« Ihre Knieverletzung ist unser Glück! Sie muss den Aufzug nehmen! Ohne die aufgereihten Journalisten eines Blickes zu würdigen, verschwindet sie im Ascensore, gefolgt vom devoten Bürschchen, das das Handy und die Issey-Miyake-Tasche voll teuerster Prada-Sonnenbrillen zu tragen hat, während wir in Panik die Treppen abwärts preschen. Schon aus der Vogelperspektive ahnte ich, welch gewaltige Ballung im Anzug ist. Wie die Erstbegehung im Alleingang verläuft, bleibt ein Geheimnis.

Endlich, nach weiteren fünfundvierzig Minuten, öffnen sich die Türen zum Auditorium. Die Celebritäten mit ihren Bodyguards und die Sicherheitsbeamten nehmen die reservierten Plätze ein, um sich weiter in Geduld zu üben. Die Journalisten und Mitläufer wie ich begnügen sich ohne oder mit dem Rest der Sitzmöglichkeiten. Die Luft ist spannungsgeladen. Weitere dreißig Minuten harrt man dem Auftritt des Stars entgegen. Das Heer der sonnenbebrillten Fotografen in schwarzen Lederjacken, teilweise mit spärlicher Strähnenbedeckung, wild gepierct an Ohr und Nase – denen ich mich nicht zugehörig fühle, sitzt auf Metallkoffern, die Kamera im Anschlag.

Jetzt!! In den vorderen Reihen erhebt man sich. Eine monströse Gestalt auf abenteuerlich hohen High Heels rauscht herein unter einer meterlangen Wolke von petrolfarbenem Chiffon über dem kurvenreichen, mächtigen Körper, eingepresst in schwarze Leggins und ein dekolletiertes Oberteil. Wie ein Signal leuchtet eine orange fluoreszierende Strähne im dunklen Haar. – »Die Klimaanlage muss ausgestellt werden!« Zaha hat kalte Hände. Howie muss sie in den seinen wärmen.

Nach den Begrüßungsworten des Sindaco tritt ein Freund ans Rednerpult, der die weltbekannte Baukünstlerin »The Diva for the Digital Age« nennt, die als Vorreiterin der Bewegung »Deconstructive Architecture« bereits 1988 in einer Ausstellung im Museum of Modern Art in New York gewürdigt wurde.

Der Laudator ist bemüht, neben allen Auszeichnungen und Verdiensten ein erhellendes Schlaglicht auf ihre Herkunft, Erziehung und Karriere zu werfen, um auf diese Weise gleichzeitig um Bewunderung für ihre Exzentrik und spektakulären, kompromisslosen Projekte zu werben. Es wird eine lange Rede:

Zaha Hadid wurde 1950 in eine der ersten, wohlhabenden, westlich orientierten Familien Bagdads hineingeboren. Ihr Vater nahm als Mitbegründer der »Iraqi Democratic Party« und später der »Progressive Democratic Party« (1960) im Irak wichtige Positionen im Finanzministerium ein, bis zur Machtübernahme 1963 durch die »Baathist-Party« (Baath-Partei).

Zunächst besuchte Zaha Hadid eine von Nonnen geleitete Klosterschule in Bagdad, um danach in Schweizer und englischen Internaten die europäische Kultur kennenzulernen. Bereits als Elfjährige gestaltete sie ihr eigenes Zimmer mit asymmetrischen Spiegeln und selbst entworfenen Möbeln. Schon damals beschloss sie, Architektin zu werden. 1971 studierte sie Mathematik in Beirut; danach Architektur an der »Architectural Association School« in London, u. a. bei Rem Koolhaas und Elias Zenghelis, die, genau wie Zaha Hadid, auf der Suche nach neuen Formen jenseits der Klassischen Moderne und des Neohistorismus waren. In Anlehnung an den »Konstruktivismus« und »Suprematismus« der Moskauer Avantgarde (in den 1920er Jahren) unter Kasimir Malewitsch, der glaubte, in der Malerei eine dritte und vierte Dimension zu entdecken, entwarf sie in ihrer Abschlussarbeit ein Hotel in London, das sie »Malevitch's Tectonic« nannte. Zaha Hadid versuchte, diese Gedanken in ihrer Architektur weiterzuentwickeln. Nachdem sie 1980 in ihrem Londoner Büro zunächst fünf Mitarbeiter beschäftigte, sind es heute mehr als dreihundert junge Architekten. 1988 erkor sie den rational und sachlich denkenden deutschen Architekten Patrik Schumacher zu ihrem Geschäftspartner.

Bereits in ihrer Rede 2004 in Sankt Petersburg verkündete sie kühn: »Wir sind nicht mehr an die Schwerkraft gebunden!« Ihre Bauwerke sollten den Beweis liefern: 1993 »Fire Station«– das »Feuerwehrhaus« in Weil am Rhein; 2002 »Bergisel Ski Jump« (Sprungschanze) in Innsbruck; 2005 das grandiose »Phaeno Science Center« in Wolfsburg, mit dem die Architektin ein neues Zeitalter eröffnen wollte; 2012 »London Aquatic Center« für die Olympischen Sommerspiele 2012. Das »Dubai Opera House«, das »Abu Dhabi Performing Arts Centre« und andere ambitionierte Projekte mussten wegen der Kostensteigerung vorläufig auf Eis gelegt werden … Abschließend heißt es: »Forty five architectural projects are under construction« …

Die Laudatio verlangt dem Redner einiges ab! Huldigungen, Glanz und Glorienschein können die umstrittenen Seiten der Pritzker-Preisträgerin vor diesem Auditorium nicht überblenden. Die Medien haben sachlich berichtet: »Sie schreckt auf ihrem Karriereweg vor keinem Auftrag zurück; ist skrupellos in der Annahme von Aufträgen – ob in Dubai oder Katar, wo auf ihrem Baugelände des Fußballstadions für die WM 2024 die Arbeiter zu Tode geschunden wurden …«

»That's not my problem!« – ihr Kommentar, der weltweit Empörung auslöste … Im Magazin ART war 2016 zu lesen: »Ohne Skrupel baute sie dem aserbeidschanischen Diktator Aliyew auf Staatskosten ein Gebäude für seine private Autosammlung, das sie als Kulturzentrum deklarierte …« »Skandal« war der zweite Name der markanten Baukünstlerin – der dritte »Queen of Curves« – und seit heute der vierte »The Diva for the Digital Age«.

Nach den Reden des Ministro della Cultura und des Sindaco der Stadt Rom konfrontierte die »Queen of Curves« die Honoratioren und die mittlerweile unfreundlich gestimmte Presse mit einer höchst flapsigen, überheblichen Rede, die damit endete: »Die Abstraktion entfesselt auf der Suche nach nie Dagewesenem grenzenlose Möglichkeiten – Grenzenlosigkeit. Gravity, die Schwerkraft, hält uns nicht mehr!«

Ich selber warte immer noch auf ein Zeichen von Roger Howie.

Nach unzähligen Gesprächen und immer wieder abgesagten Terminen schien ihm schließlich die heutige »Inaugurazione« die aussichtsreichste Chance für meine Begegnung mit Zaha Hadid zu bieten – stets unter Vorbehalt möglicher Unberechenbarkeiten des exzentrischen »Stars«.

Beim anschließenden Empfang für namentlich ausgewählte Journalisten wurde Fingerfood gereicht: Canapés, deliziös beladene Schiffchen und Dolci in Pastelltönen. Zaha ließ sich einen Garnelenspieß vom Kellner persönlich in den übermalten Mund schieben.

Im Gegensatz zu meinen bisherigen persönlichen, jeweils fest verabredeten Begegnungen mit den großen Architekten (»Eminent Architects«) unserer Zeit, folge und beobachte ich Zaha Hadid hier zunächst aus der Distanz – inkognito, und mache mir auf diese Weise mein eigenes Bild: Von Weitem werde ich Zeuge, wie die sogenannte »Stararchitektin« während eines Interviews einen Mitarbeiter mit lautem Wutgebrüll niedermacht.

Howie stiehlt sich aus ihrem Klammergriff, um mir von Mal zu Mal mit einem Wink einen kalkulierbaren Moment für das Rendezvous mit Zaha anzuzeigen. Er beschwört mich, nicht aufzugeben. Endlich hat er sie unmerklich aus dem Pulk der sie belagernden Journalisten an den Aufgang gelockt: Zaha Hadid, reglos wie ein Bollwerk an das Treppengeländer gelehnt, ruft das Bild der Medea in Erinnerung, wie ich sie vor Kurzem auf der Bühne erlebte. Gnädig beantwortet sie meine Fragen.

Unter dem Chiffon bebt es vom Atem wie die Glut unter der Asche. Unsere Blicke treffen sich wie Pfeile, ich habe ihr Wutgebrüll noch im Ohr. Wir sehen einander prüfend an – Auge in Auge verhakt … Die schwarzen Pupillen unter schweren Lidern, die prägnante Nase über dem markanten, bitteren Mund lassen keine Nähe zu. Unmerklich heben sich die herabgezogenen Mundwinkel zum flüchtigen, sogleich wieder schwindenden Lächeln.

Die Architektin liebt ihren martialischen, selbst entworfenen Schmuck: Der stilisierte Schlagring aus Platin, der über sämtliche Finger ragende Pfeil blinkt mir entgegen. Ihr Vorname, »Zaha«, bedeutet im Arabischen selbstredend »Eisen« … An schwarzer Schnur hängt wie ein Brustschild eine schwere Plakette; die Gravur – ein zuckender Blitz.

Giovanni und Howie behalten die Situation im Auge. Der Taschenträger mit dem Handy steht abrufbereit in Reichweite. Nach einigen Aufnahmen bei frostigem Gedankenaustausch darf der schweigsame, um zwei Köpfe größere Geschäftspartner,

Patrik Schumacher, im Schatten seiner übermächtigen Partnerin für das »Gesamtbild« Aufstellung nehmen.

Darauf streckt sich mir zum Abschied die bewaffnete Hand entgegen. Ich überreiche mein Venedigbuch. Sie nimmt es an. Im späteren Telefongespräch teilt Howie mir voller Freude mit: »Can you imagine, Ingrid, without a word Zaha took your book directly home with her?! No greater honour could she pay you!«

Während des Banketts am Abend mit zweihundert Geladenen im MAXXI auf höchster Ebene wird mir für ein festliches Foto der Zutritt kurz gewährt: Zaha rauscht unter Beifall durch die Allee brennender Kerzen heran. Sie schiebt sich, angetan mit einem Collier aus schweren Goldketten unter einem theatralischen Cape à la Frank Lloyd Wright mit einer geheimnisvollen Kapuze, durch das Defilee ihrer exotischen Freunde und der römischen Nobiltà. Ihr Ziel, das Festmenü im abgeschirmten VIP-Bereich.

Mit heimlichem Vergnügen genieße ich das Verwirrspiel der Umarmungen, der Küsschen rechts und links in die Luft gedrückt in Erwartung eines verführerischen Lächelns vom Gegenüber … Zaha hält Hof: Entzückte Schreie des Wiedersehens schwirren im Raum – klirrendes Lachen, Komplimente.

Üppige Seiden- und Kaschmirschals verhüllen verfrühte Falten, umschlingen manch verräterisches Doppelkinn. An den Ohren schaukeln märchenhafte Perlen. Haare und Lippen schimmern perlmuttern, zartes Rouge flimmert unter feinem Goldstaub. Irgendwo klingt Musik. Die Moden warten mit allem auf: Der Raubkatzenlook verfehlt nie seine Wirkung; ebenso ein verführerisches Bein im hochgeschlitzten Rock – Garant für begehrliche Blicke. Eine Boa – und noch eine!

Hinreißende Eleganz demonstriert die delikate Schlichtheit der Römerinnen. Alles an ihnen ist untadelig. Das Feuer eines einzigen Achtkaräters lenkt den Blick verheißungsvoll in die Abgründe des makellosen Dekolletees … mehr braucht es nicht.

In nachtblauem Smoking mit abgestimmter Fliege die Herren. Ein abendlicher Fechtanzug unterstreicht eine tänzerische Figur; daneben der Amerikaner im seiden-karierten Gangsterjackett, die rote Nelke im Knopfloch …

Ein sicherer Weg, neben den teuersten Moden der Couturiers aufzufallen, heißt, mit Coolness betont unmodisch aufzutreten: Ein auf dem Rücken geknöpfter Frack, geknöpfte lila Stiefeletten werden zum Gesprächsthema. Dazu kontrastieren straff zurückgckämmtc oder zu einer Schlange aufgedrehte Frisuren unter wehenden Pfauenfedern … Ein sizilianisches Bauernmieder von exklusiver Einfachheit sorgt für Bewunderung … Im Hintergrund knallen Korken – Champagnergläser klirren …

Das Placement zelebriert Zaha: Neben der »Queen of Curves« lässt sich Königliche Hoheit, die Prinzessin Wijdan Ali von Jordanien huldvoll nieder. Daneben der Bruder Foulath und der Neffe Hussein. Zur anderen Seite Lord Palumbo mit seiner Gemahlin Hayat unter glitzerndem Haarnetz.

Vom Saal der Ausgegrenzten dringt schrilles Gelächter herüber. Die Phalanx der zwanzig Kellner lüftet auf einen Schlag die blanken Hauben der »Surprise« – »Aah!« Das Bouquet erlesenster Fluss- und Meeresfische in Kräuternestern, gebratener Tauben, von Wachteln und Fasanenbrüsten, mischt sich unter die Düfte arabischer Nächte. Der Champagner entfaltet seine Wirkung. Zaha setzt ihr Cape in Szene: Die Kapuze verwandelt sich in einen Zwiebelturm. Atemloses Staunen. Unter dem Tisch kämpft die Gefeierte mit ihren Goldsandaletten, die von den Zehen abzufallen drohen …

»Zaha Hadid«, las ich, »ist die Inkarnation der Abweichungen – beruflich, künstlerisch, modisch, körperlich. Ihr Kleiderfundus, wird erzählt, füllt zwei Stockwerke in London.«

Im lauten Gedränge beschleicht mich erdrückende Leere.

Außerhalb der exklusiven Zone nehmen an der Soiree bevorzugt die Chefredakteure der internationalen Magazine teil –

genauso gehören die Vertragspartner des Büros Zaha Hadid zur geschlossenen Gesellschaft. Ich nutze die Gelegenheit, den Baudezernenten von Rom nach der Zusammenarbeit zu fragen. Er rollt die dunklen Augen, ringt die Hände gen Himmel: »Incredibile! – Unmöglich! – Der selbsthärtende Beton arbeitet nur bei Temperaturen von fünfzehn bis fünfundzwanzig Grad Celsius. In Rom bedeutet das sechs Monate im Jahr!«

Fünf Jahre später, im Jahr 2014, sah ich Zaha Hadid in Venedig auf der Architekturbiennale im Arsenale durch den Kies stapfen, den Taschenträger im Gefolge, während in meiner Ausstellung im Palazzo Frangini ihr schwerer Blick im düsteren Bildnis neben den Portraits der anderen »Eminent Architects« die Betrachter trifft.

Hier zeigte es sich mir in aller Deutlichkeit: es war mir nicht möglich, das Werk von der Person Zaha Hadid zu trennen – sie setzte in ihrer Architektur neue Impulse frei; ein brodelnder Vulkan, der seine Glut, seine gewaltigen Massen und Schönheit ungehemmt entlud.

Zurück bleibt in allen Teilen der Welt ihr Nachlass – ein architektonisches Erbe – das graue Gestein der verglühten Lava …

***

Fritz Koenig

Ganslberg · 1989

»Ob Sie jemals einen Blick auf seine wie ein Geheimnis gehüteten Götterrosse werfen dürfen … ich habe meine Zweifel; denn Fritz Koenig, ihr Besitzer und Züchter, ist von der Angst besessen, das Auge eines Fremden könnte ihnen den Zauber rauben. Sie sind für ihn magische Wesen. Seine Frau, für den Stalldienst zuständig, eine wahrlich starke Person von beachtenswerter Statur, könnte sich in ihrer Mächtigkeit dazwischen stellen.«

Damals trieb mich die Idee um: »Magische Rosse – Schwarz und Weiß« (wie der Titel des späteren Buches) – ein faszinierendes Thema, das für den Menschen schon in den Höhlenzeichnungen von Lascaux, am Götterhimmel der Griechen, in der Ilias, im Koran, in der Bibel und auch im Volksglauben von symbolischer, oftmals von prophetischer Bedeutung war.

Dies schrieb ich auch in meinem Brief an Fritz Koenig, nachdem ich zuvor (wie anfangs erwähnt) seinem Freund, dem Kunsthistoriker J.A. Schmoll, gen. Eisenwerth, von meinem Vorhaben erzählt hatte. Trotz seiner Zweifel an der Bereitschaft Fritz Koenigs stellte er eine – zunächst sehr unsichere – Verbindung zu dem zögernden, nichts Gutes ahnenden Bildhauer her, wie aus dessen Brief zu erkennen war:

»Ihr Brief hat meine Absage geschärft – wir sollten uns einmal nur anschauen. – Wenn Sie ohne große Vorstellungen und Wünsche kommen wollen, bin ich die nächste Zeit in Ganslberg. …«

Schon an der Auffahrt zieht eine Skulptur den Blick auf sich, eine Biga. Der erste Bronzeguss wurde 1958 von Peggy Guggenheim erworben.

Im Hoftor empfängt mich Fritz Koenig, der Bildhauer, Zeichner und Züchter von Vollblut-Arabern.

Zögernd lässt er die Fremde ein in seine weiß ummauerte Welt, wo jedes Kunstwerk, jeder Baum, entzückende Perlhühner, Hunde, Katzen und Pferde in Harmonie mit ihren bronzenen Nachbildungen den Künstler verraten. Vogelrufe, Pfauen- und Hahnenschreie begrüßen die Fremde.

Fritz Koenig und seine Frau Maria haben sich mit der Kunst eine höchst ungewöhnliche Lebensgemeinschaft geschaffen. Der Traum vom ungestörten Glück mit der Kreatur sollte es sein – inmitten ihrer »Arche Noah«. Niemals jedoch habe ich eine solche Last von schwerer Beklommenheit gespürt wie über diesem Paradies.

Dennoch, ohne ihre »Arche Noah« unter dem Segen von barocken Heiligen und »Gekreuzigten« scheint ihnen ihr Leben kaum vorstellbar. Hier, in seiner ganz eigenen Welt, verfolgt »der Koenig« aus nächster Nähe als gestaltender Künstler wie auch mit den Augen des Züchters den Adel, den Rhythmus, die Gestalt und Bewegungen seiner Araberhengste. Ihnen gilt seine ganze Liebe, nicht nur wegen ihrer Schönheit, sondern auch wegen ihrer tiefen Bedeutung in der Antike, in der sie wie Götterwesen gesehen wurden: Als Lichtgestalten zogen sie den Sonnenwagen des Helios über den Himmel – während Pegasos, das Flügelross, die geweihte Quelle Hippokrene aus dem Felsen stampfte. Im Giebel des Parthenontempels wurden sie in Gestalt der Kentauren verewigt, deren Stammvater von Ixion in der sündigen Paarung mit der Wolke Nephele gezeugt wurde.

Doch bevor mir ein weiterer Blick in diese von ihm selbst geschaffenen Idylle erlaubt wird, führt mich Fritz Koenig auf die Waldkoppel, wo die Stuten mit ihren Fohlen in vollkommener Ruhe weiden. In der Sorge, die Fremde könnte seine behüteten Lieblinge verschrecken und aus ihrem Zauber lösen, werde ich inmitten der Pferde auf die Probe gestellt.

Und – Fritz Koenig – er traut seinen Augen nicht: Die Stuten mit ihren Fohlen traben auf mich zu, um mir ihre weichen Mäuler für eine Zärtlichkeit entgegenzustrecken. In einem einzigen Augenblick fliegt mir ihr Vertrauen entgegen. Der Ritterschlag! – Ich bin also des Rundgangs würdig.

Unser Weg führt vorbei an Skulpturen, die schon 1958 auf der Biennale in Venedig zu sehen waren, um in den darauf folgenden Jahren auf der Documenta II und III starke Beachtung zu finden. Auf einer Anhöhe erscheint gegen die Sonne ein Viergespann als mächtige schwarze Silhouette; weiter entfernt, in völliger Abstraktion schemenhaft »Poseidon« als Kentaur. Er hat der Sage nach dem Vater Achills ein Zweigespann unsterblicher Hengste zum Geschenk gemacht – jene »windschnellen Rosse, Xanthos und Balios« (Ilias).

Am Wegesrand wie ein Zeichen eine Gestalt aus einer Kugel und zylindrischen Röhren. Zu ihren Füßen grast das uralte schwarze Pony Paul vor sich hin. Ein Kruzifix aus bäuerlicher Kultur findet sich am Eingang eines jeden Stalls; ein Kreuz aus groben Eisenketten an der geweißten Wand des langgestreckten Wohnhauses umrankt von dichtem kunstvoll geschnittenem Efeu; am Scheunentor ein Kranz aus aufgelesenen Hufeisen. Findlinge von bizarrer Form und Größe sind der bevorzugte Sonnenplatz der schwarzen Katzen mit ihren Bernsteinaugen. Hoch oben auf der Mauer dreht ein Pfau sein schillerndes Rad, während seine Artgenossen im Schleppengang ihr irisierendes Schwanzgefieder über den kunstvoll gepflasterten Innenhof schleifen und mit ihrer exotischen Schönheit den eitlen Hahn und seine Hennen bei der alten Wasserpumpe in den Schatten stellen.

Aus ihren Einzelboxen wiehern beim Auftritt ihres Magiers die unwirklich schönen Prunkstücke des ganzen Anwesens – zwei Araberhengste, die womöglich wie ihr Züchter, eine kentaurische Seele in sich tragen: »Nahbay« und der immer noch zeugungsstarke »Nuri Shalan« in seinem 26. Lebensjahr – mal in höchster Erregung, mal in sanfter Gelassenheit.

»Nie gewahrte ich solche Rosse«, ruft Odysseus in der Ilias. »Pferde habe ich gesehen, die schönsten und größten, / Weißer sind sie als Schnee, im Laufen den Winden vergleichbar!«

So (wie Odysseus) ergeht es auch mir bei ihrem herrlichen Anblick: Vollblutaraber von betörender Schönheit – gezüchtet wie Skulpturen; der lebende Beweis einer einzigartigen Verschmelzung der Arbeit des Künstlers mit der des Züchters, dem es gelingt im Einvernehmen mit den Gesetzen der Natur, Wesen hervorzubringen – lebendige Kunstwerke wie aus Träumen – wie Vergil es (in den »Georgica«) vor mehr als zweitausend Jahren so anschaulich beschreibt:

> Zur Aufzucht von Pferden bedarf es gleicher Auswahl.
> Wende nur schon von klein an besondere Mühe an die Tiere,
> die du als Hoffnung der Herde heranziehen willst.
> Gleich nämlich nach der Geburt schreitet das Füllen
> eines edlen Tieres stolzer im Feld und setzt zierlich die
> Beine; …
> Auch soll es immer mehr Freude am schmeichelnden Lob des
> Meisters empfinden und anerkennendes Klatschen am Halse
> lieben …«

In den Augen des Bildhauers Fritz Koenig, »sind Pferde die vollkommensten Plastiken«, während der Kunsthistoriker Ludwig Curtius, in Betrachtung der Bronzestatue im Metropolitan Museum, sie zum wahren Kunstwerk erhebt:

»Die Figur des Pferdes hat immer als die größte Aufgabe der Bildhauerei gegolten. Ein schwerer Leib auf zierlichen Beinen, massige Kraft, die vor jedem Schatten erschrickt …: Kein anderes Tier besitzt einen gleich widerspruchsvollen Formcharakter,

und keines verlockt so sehr zur Steigerung des Dämonischen seines Wesens wie das Pferd – Kentaur, noch ehe es zu diesem wurde.«

Unser nächstes Ziel ist das Atelier: Ein aztekischer Totempfahl mit sich paarenden Wesen bewacht den Eingang. Koenig lässt mich ein. Wir schweigen eine Weile. Versonnen schweift sein Blick aus dem Atelierfenster über die sanft hügeligen Weiden zu den Stuten mit ihren Fohlen. Am Horizont ein lichter Birkenwald. Oben zieht der Milan seine Kreise.

Der Kopf von Nuri Shalan, in Gips gegossen, starrt wie ein weißes Gespenst durch das Weinlaub ins Leere. In der Werkstatt selber bilden Arbeitsgerät, afrikanische und indonesische Masken neben Gipsmodellen bizarre Stillleben. An den Wänden Votivkästen in Bronze, darüber, mit Kohle skizziert, sich ängstlich umarmende Paare in unterschiedlichen Positionen.

Maria schreitet wie eine Göttin mit der Futterschüssel vorüber, im weiten Kleid aus grobem Leinen; an ihrer Seite Kuban, der alte Neufundländer, gefolgt von unzähligen Kätzchen und Hühnern. Maria schaut nach, ob alles seine Richtigkeit hat, denn sie weiß davon zu erzählen, wie »der Koenig« zur Zeit der Kirchweih im Nachbardorf als Leitfigur an der Spitze der Prozession, barfuß, ohne Sattel, in inniger Körperfühlung mit seinem Schimmelhengst, Nuri Shalan, voranreitet. »Der Kentaur vom Ganslberg« ist das Entzücken aller Frauen – zum Zorn von »Ross-Marie«. Leise verschwindet sie hinter dem Holunderbusch in ihrem Garten.

So verwundert es nicht, dass neben der Darstellung der gesammelten Kraft des Pferdes auch der Kentaur – das Zusammenwachsen von Ross und Reiter zu einem einzigen Wesen – die Phantasie des Künstlers beherrscht, der schon als kleiner Junge sagte: »Ich will ein Pferd sein!«

Jahre später, 1955, im magisch gleißenden Wüstenlicht von El-Zahra in Ägypten, sollten ihn die Urwüchsigkeit, der Adel der

Araberpferde für immer verzaubern und seine Kunst bestimmen, wie schon im Koran ihre morgenländische Schönheit besungen wird:

> Als Gott das Pferd erschaffen hatte,
> sprach er zu dem prächtigen Tier:
> »Dich habe ich gemacht ohnegleichen.
> Alle Schätze der Erde liegen
> zwischen deinen Augen.
> Du wirst meine Feinde werfen
> unter Deine Hufe, meine Freunde
> aber tragen auf Deinem Rücken …
> Du sollst fliegen ohne Flügel
> und siegen ohne Schwert …«

Goethe hingegen, der sich nie von dem staunenerregenden Zauber dieses Geschöpfes hat einfangen lassen, sah in den steinernen Abbildern im Parthenonfries die Verkörperung des Dämonischen menschlicher Abgründe – das Dunkle:

»Da streben seine (des Helios) Rosse in der grandiosen Bewegung der riesigen Hälse ungestüm herauf. Aber auf der andren Seite hat die Mondgöttin die nächtliche Himmelfahrt vollendet. Und ihre schnaubenden Pferde stürzen hinunter in die kühlende Flut … So bricht das Dämonische des mythologischen Pferdes wieder durch – das Parthenonpferd gespenstermäßig blickend … Es ist ja ein Nachtross und taucht wieder in seine Unterwelt …«

Auch Horaz witterte Unheil. Er warnte:

»Die Verpfropfung von Mensch und Tier müsse den Künstlern untersagt sein, weil sie Gebilde ergäben, die haltlos wie Träume im Fieber wirken müssten.«

Fritz Koenig hatte dieses Fieber gepackt. Die Symbiose zwischen dem Bildhauer und seinem Araberhengst wird wieder und wieder sichtbar in den herrlich wilden Darstellungen der Kentauren – zumeist in Paaren– miteinander ringend, sich aufbäumend umschlingend zu unbändigstem Liebesspiel – Paarungen in animalischem Ungestüm. Das Einswerden, das Zusammenwachsen von Ross, Lenker und Gefährt zeigt sich mit ganzer Wucht auch in der »Großen Biga« vor der Alten Pinakothek in München.

Der Weg führt uns vorbei an vielen Epitaphien – teilweise freie – teils Auftragsarbeiten: Darstellungen des lebenslangen Martyriums des Einzelnen in seiner Ausweglosigkeit, seiner Einsamkeit, der Unentrinnbarkeit vor dem Tod – in Bronze, Eisen oder auf Steinplatten – ausschließlich dem Andenken von Paaren gewidmet (»Epitaph für zwei«), wie Paolo und Francesca im Flug vereinigt auf der Flucht vor der todsicheren Strafe; Eros und Tod verklammert im Ritt; sich windende, verzweifelt umarmende Gestalten; getrennte Paare hinter Gittern … Man glaubt zerreißende Schreie aus den abstrakten Körpern zu hören … Rufe aus unendlicher Einsamkeit. Gegen einen Hang gelehnt das klar gegliederte Mahnmal vom Konzentrationslager Mauthausen: Eine einzelne Figur, hingeschleudert im Winkel zweier rostender Eisenplatten, verkörpert all die ungezählten anderen Opfer. Die aufgeschichteten röhren- und schädelförmigen Teile eines weiteren Mahnmals (»Epitaph für Viele«) erinnern an Massengräber von erschossenen Pferden und Kameraden, wie sie Fritz Koenig im Kriegseinsatz in Russland selber sah.

Einsam und nicht weit von hier »Das große Kreuz«, wiederum reduziert auf Kugel und zylindrische Formen.

Alles hat seinen angemessenen, wirkmächtigen Platz in dieser eigenen Welt: Auf dem Weg durch das lichte Haus, vorbei an »Fundstücken« der umfangreichen wertvollen Sammlung, die Koenig »Findlinge einer lebenslangen Expedition« nennt, fällt zuerst sein Herzstück ins Auge – drohend im Gegenlicht vor dem Fenster: Die überlebensriesige Bronze-Hand, wie im Wahnsinn zur schmerzgekrümmten Kralle verformt in der Glut der

Feuersbrunst 1931 im Münchner Glaspalast. Der kristallisierte Glasfluss leuchtet blutrot wie ein prophetischer Schrei gegen den Himmel. In der aufgerissenen Innenwand der Skulptur das Zeichen: »A. Rodin«!

Der Anblick verschlägt mir den Atem. Koenig sieht meine Betroffenheit. »Die Wahrheit der Kunst liegt im Leid«, sagt er in die Stille hinein …

Gegenüber liegt die hohe Werkhalle, in der vor zwanzig Jahren die »Große Kugelkaryatide« entstand, von deren Existenz ich zu diesem Zeitpunkt und noch Jahre danach nichts wusste, während sie sich schon seit 1972 im Zentrum der Welt, dem New Yorker World Trade Center, als Brunnenskulptur, goldglänzend im Rhythmus der Erdkugel binnen 24 Stunden einmal um die eigene Achse drehte … bis zum 11. September 2001!

»Die größte Bronzeskulptur der Neuzeit« hatte im Feuer mit wenigen Wundmalen als Ganzes überlebt, um dann wie Phoenix aus der Asche aus den Trümmern als Mahnmal aufzuerstehen.

Jahre später – im Batterypark, dem vorläufigen Standort im Süden von Manhattan, türmt sich die gigantische Kugel, »The Sphere«, in ihrer Mächtigkeit vor mir auf – unübersehbar die Verformungen der Feuersbrunst. Und – gespenstisch erhob sich vor meinem inneren Auge die zum Himmel ragende, fürchterlich drohende Bronze-Hand!

Zu Füßen des Mahnmals die Inschrift: »The Sphere was conceived by Artist Fritz Koenig as a symbol of world peace. It was damaged during the tragic terrorist attacks of September 11, 2001, but endures as an icon of hope and the indestructible spirit of humanity …«

Ein Zeitensprung – Szenenwechsel. Still verlassen wir das Haus. Zierliche Hufspuren im Sand führen zur Rosshalle. Koenig schaut mich an: »Auch Sie haben hier Ihre Spuren tief gesetzt« … Stille.

Wir machen Halt vor dem einzigen Epitaph für ein Einzelwesen, es gilt dem Andenken der 1983 qualvoll gestorbenen Stute Medera. Über die Eisenplatte rinnen in der Mitte zwei Linien wie Blutspuren. Koenig schweigt wieder sein Schweigen …

Von hier aus ist es nicht weit zu den Ställen der Hengste. Sobald sie die Schritte hören, kommt Leben in sie. Sie begrüßen uns mit behaglichem Wiehern. Koenig umarmt Nuri Shalan – vergräbt sein Gesicht in der schneeweißen seidigen Mähne: »Schauen Sie nur einmal auf diese edel geformten Ohren!«

Nahbay jedoch, der herrliche Blauschimmelhengst, er ist für mich der Schönste! Das wahrhafte Kunstwerk der Natur wurde 1993 zum »Worldchampion« der Araberhengste in Paris gekrönt!

Wenn Koenig von seinen Pferden spricht, verändert sich sein Atem, seine Stimme bekommt einen anderen Klang. Er öffnet die Stalltüren, um jedem Hengst einzeln im Hof freien Lauf zu lassen. Ihre Sprünge, ihre ausgreifenden Bewegungen, werden zum Rausch. Und – ich darf fotografieren! Koenig ist der Regisseur. Ahnte er, auf welch ein Abenteuer er sich und ich mich einließ, als er mir vor achtundzwanzig Jahren heimlich die schlichte Bronzeplakette mit einem Kentaur im Zentrum, fest in die Hand drückte und flüsterte: »Weiterreiten, durchreiten«, um deutlich nachzusetzen: »Mit dem Kopf durch die Wand« …?

Warum nennt er seine Frau Maria »Ross-Marie«, deren hegende, pflegende Hand in diesem eingemauerten Ensemble unentbehrlich ist; deren Garten, verborgen hinter dem Holunderbusch, gesundes Gemüse, Spalierobst und eine Pracht von Sommerblumen hervorbringt; Maria, die »der Koenig« zum Geburtstag mit dem Kopf eines Araberpferdes aus Hunderten mühe- und liebevoll zusammengesteckter roter Rosenblüten beschenkte; darunter kunstvoll die Inschrift: »Der Ross-Marie ein Rosenross«.

Sie hat etwas von einem Urtier. Ich muss ihren unerklärlichen Blick aushalten, und ich kann ihn nicht deuten. Der schwarze, borstige Bart über dem Mund, das wetterfeste Gesicht, die schnarrende Stimme verstärken die Wirkung. Auch von ihren kräftig zupackenden, schönen Händen, die bei der Geburt eines jeden Fohlens eingreifen, geht eine eigentümliche Kraft aus.

Ein geheimnisvoller Schatten von Melancholie umgibt sie, der sich vollends verfinstert, als Fritz Koenig sich beim gemeinsamen Mittagsmahl am weißgescheuerten Tisch nach einem Glas guten Weins im Überschwang hinreißen lässt: »Endlich ist das Leben eingekehrt! Ein jeder spürt die Spannung – die Luft zittert! – Bis in die Ställe – bis in die letzten Glieder vibriert es!«

Und Koenig reizt dieses Vibrieren bis ins Letzte aus:

Das gewagte Experiment, mich mitsamt der Kamera dem Rasen des freilaufenden, zeugungswilden, wiehernden Hengstes in der verschlossenen Rosshalle auszuliefern, wenn dieser wie eine schneeweiße Fackel in wilden Kreisen um die Hinterhand wirbelnd, durch die Halle fliegt, und das dämonische Weiß gefährlich aus den Augäpfeln blitzt, während »der Koenig«, mit irrem Lachen wie ein Magier von draußen das aufgeregte Tier ans hochgelegene Fenster mit dem schmalen Ausblick auf die Weide mit der brünstigen Stute lockt, indem er dem schnaubenden Hengst seine mit der »Rosswut« der Stute benetzte Hand über die heißen Nüstern streicht. … Panik überkommt mich, als das aufgerissene Maul zwei Reihen breiter Schneidezähne bleckt, die im urzeitlichen Hengstkampf – wie mir Fritz Koenig kurz zuvor mit einem Leuchten in den Augen erzählt hatte – dem Rivalen das Fleisch in Stücken vom Leib herunterreißen, im Anblick des rinnenden Blutes und seines Geruchs in einen höchst gefährlichen Rausch geraten, bis der Verlierer tödlich verletzt aufgeben muss.

Das Tier steigt mit den Vorderhufen steil in die Höhe, bäumt sich auf, vollführt atemberaubende Luftsprünge und stürmt »panikberauscht über die eigene Raserei dahin« – »Mächtig rollt das Auge heraus und die aufgeblähten Nüstern rauchen vom

Atem« … Goethe sah – wie Curtius ihn interpretiert – in diesem gefährlichen Rausch »eine gesteigerte Wahrnehmung der Urkraft der Natur – eine der größten gesteigerten Freuden«.

Ein Anblick wunderschön und erschreckend zugleich – Gestalt gewordene Lüsternheit. Eine Art Paradies oder Qual des brünstigen Verlangens – in Mensch und Tier??

Auch Vergil kannte ein solches Schauspiel (wie er in den »Georgica« darüber berichtet):

So stürzt jedes Erdengeschöpf, Mensch oder Tier, die Bewohner des Meeres, das Vieh und die bunten Vögel in Wut und Glut. Gleich ist bei allen die Liebe; …

Wehe dem, der nun auf Libyens einsamen Fluren schweift!
Siehst Du nicht, wie ein Schauer den ganzen Leib der Pferde überläuft,
sobald nur der Geruch die bekannte Witterung herführt?
Und nicht mehr halten sie die Zügel der Männer zurück
oder wütende Hiebe, weder Fels noch hohles Geklüft …
Besonders auffällig ist ja das brünstige Rasen der Stuten,
und Venus selbst gab ihnen damals die Glut ein …
Sobald die Flamme ins gierige Mark dringt,
stehen sie alle auf hohen Felsen,
die Nüstern zum Zephyr gekehrt, und empfangen
die leichten Winde, und oft werden sie – ein Wunder –
ohne Begattung vom Windhauch trächtig
und jagen hin durch Felsen, Klippen und tiefe Täler …

Es ist die Hölle – mir schwindelt, ich werde fast wahnsinnig. Die gekräuselten Lippen, das entblößte Gebiss beschwören eine erschreckende Ähnlichkeit zwischen Mensch und Tier. Die Stute hinter dem Weidezaun wiehert ihre Lust aus sich heraus während ich, dicht gegen die Wand gepresst, der besinnungslosen Wildheit des Hengstes ausgeliefert, wie im Traum mit geschlossen Augen auf den Auslöser drücke.

Es entstand eine Fotografie von unwirklicher Schönheit: Die seidigen langen Wimpern, der, gleich einem Schleier wehende Schweif, die drahtigen Beine auf zierlichen Fesseln … Ein Pferde-Phallus in Stein gehauen, ragt heute hinter der Rosshalle zwischen Bäumen aus dem Erdreich empor – gekrönt von einem gläsernen Tropfen – das Epitaph für Nuri Shalan.

Als ich später (2016) nach meinem Besuch bei der »Sphere«, der »großen Kugelkaryatide« im Batterypark Fritz Koenig anrief, klang er müde: »Es war eine Skulptur«, kam es durchs Telefon, »nun ist sie ein Mahnmal.« Dann wurde es still – nach einer Pause die traurige Stimme: »Wir haben uns von den Pferden getrennt. Das letzte Schimmelfohlen legte seine pechschwarze Farbe nie mehr ab. Ein Wink! Das Zeichen des Abschieds. Wir mussten das Zeichen verstehen. Wir hielten inne. Auch der Tod setzte seine Spur. Nuri ist nicht mehr. Sein Weiß tragen jetzt fünfzig weiße Pfauen …« Ich hörte ihm zu … er sprach wie aus einer anderen Welt.

Es war nur noch seine Stimme.

Andrzej Wajda

Warschau · 21. Februar 1991

Vier Tage wollte ich in Warschau bleiben, um dort, nach vorausgegangenen vagen telefonischen Verabredungen, Adam Michnik, Bronislaw Geremek und Andrzej Wajda persönlich zu begegnen.

Jeder sollte in meinem Buch »Europa beim Wort genommen« neben seinem Portrait mit einem persönlichen Gedanken zum Thema – dem Traum »Europa« – zu Wort kommen; damals: 1991!

Adam Michnik, 1946 in Warschau geboren, Widerstandskämpfer und Gründer der Untergrunduniversität – während des totalitären kommunistischen Regimes zu drei Jahren Gefängnis verurteilt – wurde als Anhänger der Streikbewegung in Danzig 1981 zum Berater des Gewerkschaftsverbands Solidarność. Nach der darauf folgenden Verhängung des Kriegsrechts nochmals bis 1986 inhaftiert, übernahm er schließlich 1989 als »Repräsentant der demokratischen Polen« die Chefredaktion der oppositionellen Tageszeitung GAZETA WYBORCZA, die bis heute das wichtigste Organ der Meinungsbildung in Polen ist.

Bronislaw Geremek, der Sohn eines in Auschwitz ermordeten Rabbiners, wurde 1932 in Warschau geboren. Wie Adam Michnik musste auch er, der Historiker, seinen politischen Widerstand mit Internierungen und beruflichen Repressionen bezahlen. Von 1960 bis 1965 lehrte er als Gastprofessor an der Sorbonne. Seit 1976 gehörte er zum Kreis der Dissidenten. Als Mitstreiter von Lech Wałęsa, dem Gründer der Solidarność, übernahm er den Vorsitz des Programmrates der neuen Bewegung. Seit 1989 erarbeitete Bronislaw Geremek als Präsident des neu konstituierten Parlaments die Leitlinien für eine neue polnische Verfassung und »echte« Wahlen – um später, 1997, schließlich zum

Außenminister gewählt zu werden. Im Jahr 2008 wurde er das tragische Opfer eines Verkehrsunfalls.

Auch in Prag formierte sich in jenen Jahren, mit Vaclav Havel an der Spitze, massiver Widerstand gegen die kommunistische Partei. Im Oktober 1989, kurz vor dem »Mauerfall«, rüttelte Vaclav Havel, der spätere Staatspräsident der Tschechischen Republik, in seiner Dankesrede für den Friedenspreis des deutschen Buchhandels, den er als Gefangener im eigenen Land nicht persönlich entgegennehmen durfte, ganz Europa auf: »Am Anfang war das Wort. Das ist ein Wunder, dem wir zu verdanken haben, dass wir Menschen sind … Doch zugleich ist es ein Test, eine List, eine Prüfung, … Es kommt darauf an!! – Ja, ich lebe dort, wo das Wort ›Solidarität‹ imstande war, einen ganzen Machtblock zu erschüttern!«

Ein geheimes, eng geknüpftes Netzwerk verband die Dissidenten in jenen Jahren in Mittel- und Osteuropa miteinander. Zu ihnen gehörte auch Andrzej Wajda, mein Hauptziel bei meinem Besuch in Warschau. 1991 gab es weder ein Mobiltelefon noch die Möglichkeit, jemanden für feste Absprachen per Internet zu erreichen. Auf die zeitvergessene Post in Osteuropa war kein Verlass, ebenso haperte es an kontinuierlichen Telefonverbindungen, ohne die das neu erfundene Kommunikationssystem, das Fax, auch nicht funktionierte. Das Gleiche galt damals für alle meine Reisen und Verbindungen nach Moskau, Krakau, Vilnius, Tallinn, Prag, Budapest und Bukarest.

So blieb mir nur – auf mein Glück vertrauend –, am 19. Februar in eisiger Frühe von Berlin aus den D-Zug nach Warschau zu nehmen, um dort nach acht Stunden einzutreffen, in der bangen Hoffnung, nicht schon während der Reise durch das Betäubungsspray vagabundierender Gangsterbanden im Zug unschädlich gemacht und beim bösen Erwachen von Hab und Gut befreit zu sein. Die Hasselblad wäre ein respektabler Fang. Aus diesem Grunde schleppte ich stets eine doppelte Foto-Ausrüstung mit mir.

Meine Nachbarin im Abteil, eine blauäugige, hübsche, junge Polin im voluminösen silbergrauen Persianer über einem rosa Pyjama, war in letzter Minute mit ihren kuscheligen rosa Puschen in den Zug gesprungen. Sie reiste in dringender Angelegenheit. Der unerwartete Trauerfall eines nahen Angehörigen hatte sie aus dem Schlaf gerissen und nach Posen gerufen.

Pralle Plastikbeutel, Kunststofftaschen mit zahllosen Seitenfächern türmen sich zu einem Wall auf der Sitzbank gegenüber. Wo mochte die Trauerkleidung stecken?

Wir hingegen hatten uns in der Enge des überheizten Coupés, warm aneinandergedrängt, auf der einzigen freien Bank einzurichten: das heißt, in der Mitte die schöne Polin, schlafbenommen im molligen Pelz; zur Rechten ein scheuer junger Mann unter einer riesigen schafwollenen Mütze; zur Linken meine Wenigkeit.

Wolken von billigem Parfüm würzen die Luft im brutwarmen verschlossenen Abteil, im Gegensatz zur eisigen Außentemperatur von minus 12° Celsius auf dem Bahnsteig. Alles in allem macht das Atmen schwer. Eine gewisse Gemütlichkeit stellt sich ein.

Die Trauernde weiht mich in ihren Erfahrungsschatz als gefragte Folkloretänzerin ein. Sie lässt dabei wenig im Unklaren. Wie sich der eingezwängte, ebenfalls schlaftrunkene, spindeldürre junge Mann auf der anderen Seite meiner Nachbarin eingerichtet hat, entzieht sich meinem Blick …

Es dauert nicht lange, schon spricht sie den Schweigsamen an. Der begrenzte Wortschatz begünstigt das Einverständnis. Einträchtig verschwindet das Paar im Speisewagen – »Kaffee trinken«, heißt es –, während mir die Bewachung des Gepäcks obliegt. Wortlos kehren sie zurück. Offensichtlich hatte man sich ausgesprochen. Das Gesicht abgewandt, quetscht sich der magere Junge in seine Lücke zwischen Verführerin und Wand.

Die auf vielen Gebieten Reise-Bewanderte lässt sich nicht lumpen: Für die Gepäckaufsicht werde ich mit einem heißen Tee belohnt. Sie weiß mir von Polen zu erzählen, der politischen

Lage, von ihrer stabilen Ehe mit einem gut verdienenden deutschen Beamten in Berlin. Sie versäumt auch nicht, vor den Diebesbanden zu warnen – im Besonderen in den Zügen zwischen Ost-Berlin, Warschau und Moskau. Meine Reise sei eine einzige Gefahr! Sie kann mir – nachdem sie weiß, in welchem Hotel, nämlich dem traditionellen »Europejski«, ich Logis beziehen werde – erstaunlich präzis Auskunft über die Kategorien und Preise aller »renommierten« Hotels in Warschau geben, vor allem über die Taxi-Tarife zur Nachtzeit.

Vor unserer Ankunft in Warschau, wo sie umsteigen muss, verschwindet sie für längere Zeit mit einem speziellen Köfferchen. Als ich aus meinem Nickerchen erwache, sitzt neben mir eine fremde Person. Lediglich der Persianer verrät sie. Eine Metamorphose machte aus ihr eine Neugeborene: Schichten von Make-up auf Wangen und Lippen. Die schweren Lider schimmern unter Gold- und Silberschatten. Durch die erregend langen Wimpern, in kühnem Schwung aufwärts gebogen, blicken schwarze Pupillen mich an; der Mund ward zu einem verführerisch blutroten Herz. Nägel von gefährlicher Länge schillern in farbigem Perlmutt an den Händen. Fluoreszierende Fußnägel lugen aus paillettenbesetzten High Heels hervor; die Frisur, zur hohen Schnecke geschlungen, hat an Volumen gewonnen. Schillerlöckchen umkräuseln neckisch die Stirn. Mit Pinselschwüngen wird hier und da noch nachgearbeitet; vor allem das mattierte Dekolletee, auf dem ein kristallener Edelstein blinkt, von der Größe eines Neunkaräters. Kaum dem Schöpfungsakt entstiegen, versinkt die morgendliche Schönheit urplötzlich in einen Tiefschlaf, als der Schaffner in seiner Kontrollfunktion mit dienstlicher Miene auffallend schnell an unserem Abteil vorbeieilt.

Zuvor hatte die Verwandlungskünstlerin auf dem Gang ein verdächtig ausgedehntes Gespräch mit ihm geführt … Unmittelbar vor unserer Ankunft muss sie dringend eine Auskunft einholen. Auf dem Gang wedelt vehement vor dem Gesicht des Schaffners der Köder, eine Banknote, hin und her. Darauf wendet sich die Trauernde mit der Frage an mich, ob ich einen 50-DM-Schein wechseln könne – der Schaffner brauche noch 10 DM. Hundert habe sie soeben als Pauschale angezahlt.

Für sie, die Erfahrene in diesem Geschäft, stellt eine Reise ohne Ausweis kein Problem dar. Beim ständigen Hin und Her zwischen Ost- und Westberlin und Polen klappt es gelegentlich auch mit der kurzen Darbietung ihrer nackten Reize. Der Persianer schützt vor jedem Verdacht. Auch mir würde der Trick gelingen … »warum nicht?«

Die Ankunft auf dem unterirdischen Central-Bahnhof in Warschau, ein atmosphärisch rauer Ort – hatte für mich, noch im Vollbesitz meines kompletten Gepäcks, etwas Bedrohliches; ein Betonbau – kaum beschildert – eisig kalt – dazu die Angst, im Menschengewimmel beklaut zu werden … Mein Taxi, einer der typisch eckigen Kleinwagen, brachte mich ins Hotel. Das »Europejski«, einst im neoklassizistischen Stil erbaut, in stalinistischer Manier aufgefrischt – bis heute berühmt für seine Confiserie mit vorzüglichem Gebäck und erlesenen Süßspeisen –, galt, wie ich schon wusste, als das bestrenommierte Hotel in Warschau. In der Halle hält sich eine Phalanx von Bediensteten in rotgoldener Livree bereit. Die Innenausstattung – armseliger sowjetischer Prunk der fünfziger Jahre: Goldgeländer, dunkelrote, grässlich groß gemusterte Läufer und Teppiche; flattrige Tüll-Stores, gelblich wie der Kunstmarmor im kalten Schein riesiger Kronleuchter. Am Treppenaufgang Wandlüster mit Blütenschirmen aus Milchglas.

Das Personal – zuvorkommende junge Frauen von tadelloser Erscheinung, dezent geschminkt und gut frisiert, wie sie mir auch in der Stadt begegneten – bemüht sich um den Gast.

Hier in Warschau bietet sich mir ein völlig anderes Bild als zur gleichen Zeit in Moskau: Keine konformistische graue Einheitsmode, weniger triste, gedrückte Gesichter. Man trägt Modeschmuck, schicke Brillen. Ich frage mich, wie das bescheidene

Angebot der Schaufenster ein derartig phantasie- und gleichzeitig geschmackvolles »Outfit« möglich macht? Lediglich die Kosmetikläden zeichnen sich durch ein vielfältiges Angebot mit Pediküre, Haarpflege und Straffungsgelees aus. Die Seife »Fa« gilt als Luxusartikel.

Man trifft sich in Cafés, raucht um die Wette, und hat dabei – selten laut – viel zu erzählen. Selbst im Schnee plaudert man auf Parkbänken, von denen es in Warschau eine Menge gibt, oder man rodelt, weil man nichts Besseres hat, auf Eierkartons von gefrorenen Hügeln. Kinder füttern auf dem Eis stehende Enten; daneben bauen sie lustige Schneemänner. An den Straßenecken, offen oder im Unterstand, werden Apfelsinen, Bananen und Grapefruits angeboten oder auch nur ein Haufen von Fleisch …

Das Telefonieren bleibt problematisch. Die ersten beiden Tage verbrachte ich damit, vom »Europejski« aus per Telefon mit dem jeweiligen Sekretariat von Adam Michnik, Bronislaw Geremek und Andrzej Wajda die vagen Verabredungen in feste Termine umzuwandeln.

Es gelang mir, beide früheren Dissidenten – Adam Michnik und Bronislaw Geremek – jeweils an ihrem neuen Wirkungsort zu treffen. Adam Michnik in der Redaktion der GAZETA WYBORCZA; Bronislaw Geremek im Parlamentsbüro des Sejm. Beide nahmen sich Zeit für die Begegnung und ein persönliches Gespräch, auf das ich mich intensiv vorbereitet hatte.

Beiden war die jahrelange dunkle Bedrohung des totalitären sowjetischen Herrschaftssystems noch ins Gesicht geschrieben. Geprüfte Gesichter wie sie mir auch in Russland begegneten. Meine Erlebnisse am Rande Europas würden Bücher füllen. Ich werde sie nicht mehr los – diese Biografien, diese Augen! Eines war ihnen allen gemein – das versteinerte Misstrauen im Blick …

Außerdem nutzte ich die Zeit, die im Krieg 1939 und nach dem fehlgeschlagenen Warschauer Aufstand 1944 auf Hitlers Befehl bis zu 90 Prozent total niedergebombte und seit 1945 nahezu komplett wieder aufgebaute Stadt zu durchwandern: Denkmäler und Museen erinnern an Könige wie Jan III. Sobieski, der die Türken 1683 in der Schlacht am Kahlenberg vor Wien endgültig besiegte. – Ich begegne großen Namen: Kopernikus, Marie Curie, dem Nationaldichter Adam Mickiewicz, Frédéric Chopin, dessen Herz – wie er selbst verfügte – in einer Urne in der Heiligkreuzkirche die Zeit überdauert; Nach den Vorlagen alter Dokumente und Gemälde von Canaletto bauten die Polen ihr Warschau wieder auf: auch das Wahrzeichen, die Zygmuntsäule, sowie den gesamten Schlosskomplex, Kirchen, Bürgerhäuser aus dem 17. und 18. Jahrhundert … Wie viel unermessliches Leid liegt darunter begraben!

In der Altstadt reihen sich kleine Boutiquen mit extravaganten Modeartikeln und Hutkreationen, Cafés und Galerien aneinander! Sie alle können nur vom Tourismus existieren.

Das Ghetto ist bis heute durch die Massenerschießungen und Deportationen nach Treblinka und Auschwitz menschenentleert – ausradiert. Die »Große Synagoge«, auf Hitlers Befehl in die Luft gesprengt, wurde nie wieder errichtet. Stattdessen erinnern einige Gedenksteine und Reste der drei Meter hohen Mauer an das Unsagbare. In der Nähe symbolisiert das mächtige eindrucksvolle Denkmal den jüdischen Aufstand 1943, die zahllosen heldenhaften Kämpfer, die tausenden Opfer jener Zeit. Es ist das Denkmal, vor dem Willy Brandt 1970 auf die Knie fiel.

Nicht weit davon bezeugt seit 2013 das Jüdische Museum die Geschichte der Juden in Polen, das wie eine glimmende Glut die Rolle der Polen während der »Säuberungen« in den Mittelpunkt der politischen Debatte rückt, in der zurzeit in wachsendem Maß die nationalkonservative Regierung der PiS-Partei auf bedenkliche Weise die Richtung bestimmt.

Warschau wie Danzig und Breslau führen die Meisterschaft der Polen im Wiederaufbau ihrer Städte großartig vor Augen – selbst wenn die stalinistischen Spuren schwer auszulöschen sind. Nach

wie vor beherrscht (seit 1955) wie eine Bedrohung das kathedral-
ähnliche Bauwerk aus Beton, der sogenannte »Kulturpalast« mit
seinem 234 Meter hohen Turm und achtunddreißig Stockwerken
das Stadtbild. Ausgerechnet darin residiert das Goethe-Institut,
in dem 1993 meine Ausstellung »Europa beim Wort genommen«
gezeigt werden soll.

Am letzten Tag überrascht mich ein Anruf aus dem Sekretariat
Geremek: »Andrzej Wajda erwartet Sie um 10.30 Uhr in der Hotel-
halle!« Mithilfe der reizenden Sekretärin von Bronislaw Geremek,
Anna Cislo, sollte das ersehnte Treffen doch noch zustande kommen: Ein atemloser, kleiner Herr von unauffälligem Aussehen in
grauem Mantel, fischgrätartig gemustert, kommt in die Hotel-
halle geeilt. An der Rezeption erkennt man den großen Filmregisseur auf den ersten Blick. Wegen eines Zahnarzttermins hatte
er sich verspätet. Mit außerordentlicher Höflichkeit entschuldigt
er sein »Versäumnis«. Ob wir das nicht mal eben hier »erledigen«
könnten – draußen oder drinnen? Er meint das Portrait.

Nachdem er jedoch mein Buch »Zeit und Augenblick« durch-
blättert hat, weiß er, dass diese Situation in oder vor dem Hotel,
nicht meinen Vorstellungen entspricht.

»Eigentlich«, meint er, »müssten Sie mich nach Krakau begleiten, um mich dort bei meiner Arbeit im Theater zu fotografieren! – Haben Sie heute etwas Zeit?«

»Ja, selbstverständlich – bitte, so viel Sie mir gönnen!«

»Dann führe ich Sie ins Parlament – dort ist es ruhig und hell.
Abgemacht? Später werden wir auf jeden Fall die Begegnung in
Krakau fortsetzen!«

Mit dem Taxi geht's zum Sejm. Auf dem Flur im obersten Stock
sind wir unter uns. Wajda studiert das fotokopierte Protokoll der
vorabendlichen Senatsversammlung, während ich mich auf ihn
»einstelle«.

Andrzej Wajda, der Nationalkünstler Polens – der »polnischste
aller polnischen Filmregisseure«, eine wahrhafte Legende, der

permanent mit den Mächtigen des Landes in Konflikt geriet, zeichnete in seinen Filmen ein Abbild des Lebens während der brutal bewegten Geschichte seines Landes, um Zeugnis abzulegen.

Auch als Theaterregisseur klassischer Themen erregte er immer wieder Aufsehen, u. a. mit »Antigone« von Sophokles, sowie mit seinen Bühnenfassungen der Romane von Dostojewski: »Schuld und Sühne«, »Die Brüder Karamasow«, »Nastassja Filippowna« – eine Zusammenfassung der letzten Szene des Romans »Der Idiot«. Viele seiner zahlreichen Filme wurden neben dem »Oscar« mit bedeutenden Preisen ausgezeichnet. Wajda war alles in einer Person: Journalist, Poet, Romantiker und Chronist.

Jetzt stehe ich ihm gegenüber, Auge in Auge, dem Sohn eines polnischen Offiziers, der in dem Massaker von Katyn mit 14000 anderen Polen 1940 ermordet wurde. Ein Verbrechen, das viel später als die Tat des sowjetischen Geheimdienstes nicht mehr zu vertuschen war. Die Massengräber wurden erst 1991, nach mehr als fünfzig Jahren, geöffnet. Seitdem sind die Beweise in den Moskauer Archiven wieder unter Verschluss. Mit dem Film »Das Massaker von Katyn« setzte Wajda 2007 dem Verbrechen ein starkes Zeichen, indem er historische Fakten im Zusammenhang mit der Geschichte seiner eigenen Familie zeigt.

Als unerbittlicher Kritiker des totalitären sowjetischen Regimes, als Sympathisant der Gewerkschaftsbewegung Solidarność hatte Andrzej Wajda mit den Eingriffen der Zensur und beruflicher Sabotage zu kämpfen.

In Warschau wie in Moskau und Prag nahmen nach dem »Umbruch« Intellektuelle als Abgeordnete oder Senatoren im Sejm aktiv an der Politik teil. Wie mir Wajda in raschen, bewegenden Sätzen erklärt: »… im Prinzip eine von Lech Wałęsa inszenierte gute Lösung … Aber leider – wie immer, wenn die Politik die Macht ergreift – wird im Parteiengemauschel die einst saubere Idee von jeweils selbstsüchtigen Machenschaften und Intrigen unterlaufen. Wałęsa wird nun schon nachdenken müssen, wie er sich geschickt und mit Bestechung den Bauern und Arbeitern verkauft. Freiheit bedeutet, sich alles kaufen zu können, was im Schaufenster angeboten wird! –So weit sind wir noch lange nicht!« Eine eindeutige Aussage. Wajda weiß, wovon er spricht.

Mit dem Politikerportrait »Wałęsa: Der Mann aus Hoffnung« nimmt er 2013 die widersprüchliche Figur des Begründers der Gewerkschaft Solidarność kritisch in den Focus. Wajda bekümmert das kursierende absolut »unmaßgebliche Berliner Polen-Bild«. Man müsse es korrigieren! Das darin versammelte Elend sei größtenteils den Auswüchsen von Primitivität, asozialen Elementen, sowie Arbeitsunwilligen geschuldet. Ich sollte mir einmal ein Bild in der Provinz machen!

»Ich möchte sagen, die Lage in Polen ist ernst, aber absolut nicht hoffnungslos. Wir werden daran arbeiten.«

Ich frage Wajda nach den Gründen seiner Leidenschaft für Dostojewski. Wir sprechen über mein Europa-Projekt, über unsere gemeinsame Liebe – Venedig, über die Filmhochschule in Łódź, wo er sein Studium mit dem Film, »Eine Generation« abschloss. 1973 drehte er das Drama »Hochzeit«, 1975 das »Gelobte Land«; beides ein Rückblick in die Sozial- und Industrialisierungsgeschichte Polens im 19. Jahrhundert, in der im Besonderen die Stadt Łódź eine Rolle spielt. Ich frage ihn nach dem heutigen Ansehen jener deutschen Tuch- und Pelzfabrikanten, die damals, im 19. Jahrhundert, Łódź zu einer blühenden Stadt machten? Ich nannte einen Namen, von dem er nicht wusste, dass ich ihn einmal als meinen Geburtsnamen trug. Ich war zutiefst überrascht: Wajda äußerte sich nur anerkennend und bedauerte aufrichtig, dass mit dem Sozialismus 1944 diese Ära zum Erliegen kam, die Familien enteignet wurden und Polen verlassen mussten.

Nach diesem Bekenntnis wage ich, ihm meinen Mädchennamen zu gestehen. Wajda kann es kaum fassen: »Warum haben Sie ihn mir verschwiegen? Wie gern hätte ich mich mit Ihnen in Łódź verabredet! Mit Freude hätte ich Sie zu den noch übrig gebliebenen Wirkungs-Stätten Ihrer Vorfahren begleitet.« Wie überzeugend sagte er dies.

Daraufhin frage ich den wunderbaren Filmkünstler, ob er möglicherweise später, im Jahr 1993, wenn mein Buch mit der entsprechenden Ausstellung »Europa beim Wort genommen« im Goethe-Institut in Warschau präsentiert werde, die Eröffnungsrede halten würde? Ohne einen Augenblick des Zögerns findet er sich schon jetzt dazu bereit. Vorher würden wir uns aber noch in Krakau treffen! – Leider kam es nicht mehr dazu. Ich hatte noch zu viele weitere Europäer auf unserem Kontinent zu treffen, um den Vertrag mit dem Prestel Verlag pünktlich zu erfüllen.

Mich hatte die Zusage im Sejm so hoch gestimmt, dass ich noch vor meiner nächtlichen Abreise mit der von Wajda geschenkten Theaterkarte die pompöse Inszenierung der Oper »Nabucco« im Teatr Wielki mit einem überwältigenden Chor, besuchte …

Die Rückreise gestaltete sich zu einem absurden Hörspiel-Erlebnis.

Alle Polenreisenden nächtigten in den Jahren nach dem Mauerfall, in der Angst vor den Betäubungs-Sprayern, in verbarrikadierten Abteilen. Im Überschwang angstgenährter Vorsicht bestach ich den wachhabenden Waggonchef mit einem offensichtlich überhöhten Trinkgeld von 50 DM, das ihn dazu beflügelte, seine Schutzfunktion über mich zur persönlichen Pflicht zu machen. Damit hatte ich mein Schicksal in seine Hände gelegt. Er wies mir meinen Liegewagen zu. Ich zählte: Genau drei Mal drehte er von außen den Schlüssel um.

Im Coupé – ein obskures Kabinett mit indirekter Deckenbeleuchtung – versuchte ich, wie schon ein unsichtbarer Nachbar jenseits der gemeinsamen Trennwand, mein Nachtlager einzurichten. Statt des ersehnten Schlafs wurde ich zwangsläufig Teil und Zeuge einer Art nächtlichen Hörspiels von starker Plastizität:

Der Wodka-Rausch hatte den »Nebenschläfer« – es war nicht zu überhören – in Sekundenschnelle hingestreckt, während jede Bewegung, jeder gelegentliche Ausschlag vom Jenseits meine Lagerstatt erzittern lässt.

Gleichzeitig erweist sich die leichte Abtrennung als perfekter Resonanzboden für die Skala modulierender hoher, dunkler Pfeif- und Rülpslaute neben allen erdenklichen Naturtönen. Der Lautstärke nach muss der Unsichtbare von erheblichem Gewicht sein. Der sonderbare Geruch, der mit meinem nächtlichen Nachbarn eingezogen ist, macht nicht vor meiner Abteiltür halt. Vergebens warte ich auf den Schlaf. Er bleibt mir versagt: Draußen auf dem Gang geht mein Waggonchef seiner Pflicht unverdrossen nach, indem er als Beweis seiner Wachsamkeit auf seinem Kontrollgang in allzu kurzen Abständen dicht an meiner Tür festen Schrittes vorbeipatrouilliert.

Endlich verkündet eine verzerrte Stimme die Ankunft, das heißt, den Beginn der morgendlichen Inspektion. Im Gegensatz zu mir scheint mein unsichtbarer Coupé-Nachbar unter keinerlei Störanfälligkeit zu leiden, was die morgendliche Passkontrolle beim Klopfmanöver vor hörbare Probleme stellt: »Aufmachen! Aufmachen! Passkontrolle!« Die Rufe wechseln ab mit lautem Faustgetrommel, dem der Vollrausch-Schläfer im regelmäßigen Schnarchakkord antwortet. Nichts rührt sich, bis ein Einbruch in das Schlafabteil des Unerschütterlichen droht.

Geräuschvolles Gähnen signalisiert Kapitulation. Jedoch scheint der Elan für den neuen Tag noch zu fehlen. Mit einem Plumps höre ich den Erwachenden auf dem Boden der Tatsachen landen:

»Passkontrolle! – Wat ham Sie da in Ihrn Koffern drinne?«

»Kleenet Reisemitbringsel«, kommt als Antwort.

»Dann zeijen Sie uns mal Ihr kleenet Reisemitbringsel. Wir helfen Ihnen auch beim Auspacken – nun aber dalli, dalli! Öffnen! Et jibt im Zuch mehr davon – wir müssen noch weiter!« Lautes Schurren von schweren Teilen auf dem Boden.

»Öffnen!« Dem folgenden Geräusch entnehme ich, dass ein Koffer geöffnet wird – riesig muss er sein.

»Wat ham Sie da untern Seidenpapier vaschteckt??«

»Jleeser, allet Jleeser – kleenet Reisemitbringsel von meen Schwajer in Allenschtein. Da hat der een Restorang, erste Klasse – feinste Adresse.«

Seine Darlegungen scheinen nicht zu überzeugen: »Auspacken!« Weiteres Rascheln endloser Mengen Seidenpapier dringt an mein lauschendes Ohr. Wie viele Gläser nebenan zutage kommen, entzieht sich meiner Schätzung. Die Kontrolleure beginnen zu zählen …

»Un wat is im Koffer da oben drinne?«

»Datselbe.«

»Runterholen!« – Ein ungeheures Gewicht wird mit gemeinsamer Kraft auf den Boden gehievt: »Ham Sie bitte die Ehre – öffnen!«

Ein Deckel klappt. Scheinbar das gleiche Bild – Seidenpapier.

»Auspacken! Aber 'n bisschen schnelle!«

Seidenpapiergeknister – nichts als Seidenpapier … Mittlerweile scheint man mitten im Berg von Seidenpapier den Durchblick zu verlieren; darunter müssen sich Hunderte von Gläsern verbergen, denen man schwer auf den Grund kommt. Die Kontrolleure verlieren die Geduld:

»Wofür?«

»Vom Schwajer für seene Schwesta …«

»Wieder einpacken! Ihre Papiere kriegen Sie später zurück – und schreibn Sie sick dat hinter die Ohren! Dat nächste Mal landen Sie mitsamt den kleenen Reisemitbringsel hinter Jitter!«

Die Tür wird zugeknallt, drei Mal der Schlüssel umgedreht. Dann klopft es bei mir:

»Junge Frau, keene Angst! Bleiben Sie drinne bis zur Ankunft um 6.05 Uhr. Wir passen uf Sie uf. Wir lassen Sie erst persönlich bei der Ankunft aufn Ostbahnhof frei! Ick hoffe, da wartet dann jemand uf Sie?«

Der Schaffner entriegelt meine Tür – dann die Ausstiegstür. Tatsächlich, als hätte er den Haltepunkt des Waggons geahnt – direkt vor dem Trittbrett nimmt mein Sohn um 6.05 Uhr die übernächtigte Mutter, frei von Betäubungserscheinungen, erleichtert in die Arme.

Im Sommer 1993, zwei Jahre nach meinem Eisenbahn-Abenteuer stehen Andrzej Wajda und ich einander im Fahrstuhl gegenüber auf dem Weg ins neunte Stockwerk zum Goethe-Institut.

Er ist fassungslos: »Das Deutsche Goethe-Institut im Stalinbau! Nein, da geht man nicht hin!«

Sein Widerwillen ist derartig heftig, dass er nur wegen seines gegebenen Versprechens oben vor der Eingangs-Pforte über seinen Schatten springt, um sich in der Ausstellung – in der Reihe hundert anderer Portraits bedeutender Europäer aus allen Ländern unseres Kontinents, die an der Wand hängen – ins eigene Gesicht zu sehen. Er spart mit überflüssigen Begrüßungsworten in seiner Eröffnungsrede.

Danach überreicht er mir das handgeschriebene polnische Original seines Statements, wie es in meinem Buch »Europa beim Wort genommen« neben seinem Portrait gedruckt zu lesen ist – sein Geschenk:

»In einem durch die Berliner Mauer geteilten Europa war meine Aufgabe als Künstler klar. Man musste sich mit allen nur denkbaren Mitteln darum bemühen, das geographische wie auch widernatürliche Hindernis zu zerstören.

Die Mauer fiel.

Welche Aufgabe habe ich heute?

Soll ich so tun, als habe es niemals eine Mauer gegeben?

Unglücklicherweise ist die in uns, in unseren Köpfen, in unseren Herzen, in unseren Gesellschaften. Im Osten haben sie ihre Komplexe hinter der Mauer versteckt, im Westen blieb man dank der Mauer von der brutalen Wirklichkeit verschont.

Die Berliner Mauer ist gefallen!

Nun muss ich die Mauer in mir selbst und in meinen Mitbürgern einreißen.« (1991)

Ariane Mnouchkine
Paris · Théâtre du Soleil · Cartoucherie de Vincennes
10. September 1991

Es war kein Traum – die Fotografien liegen vor mir schwarz auf
weiß. Jahre sind vergangen. Scheinbar verlorene Augenblicke
kehren zurück. Die Erinnerung reißt den Vorhang auf im Théâtre
du Soleil. Das Theatrum Mundi der »Theaterkönigin« Ariane
Mnouchkine, wo jeder Einzelne seine Rolle spielt; wo nach Jahren
intensiver Arbeit das szenische Wunderwerk der Atriden-Tetra-
logie zu Ende erzählt wurde.

Ariane Mnouchkine!

Mit ihrem Namen überfallen mich Bilder in unaufhörlicher
Folge … eine Bühnendichtung von eigener Art, voller traumhaf-
ter Szenen: Bild um Bild – atemraubende Masken – ziehen am
inneren Auge vorüber. Der Zauber, das Staunen, die Faszination
haben sich bewahrt. Nachdenklich gehe ich den Bildern auf den
Grund. Alles entdecke ich wieder neu – auch jene Augenblicke,
die die Dunkelheit nicht frei gab. Da leuchtet es wieder, das großartige, markante Gesicht von Ariane Mnouchkine, klassisch
geschnitten wie gemeißelter Granit.

Als Tochter des russischen Emigranten und Filmproduzen-
ten, Alexandre Mnouchkine und einer britischen Schauspielerin
wurde sie 1936 in eine Welt der Kunst hineingeboren. Während
ihres Studiums der Psychologie an der Sorbonne gründete sie
eine freie Theatergruppe, aus der 1964 das »Théâtre du Soleil«
hervorging, das seit 1970 in der Cartoucherie in Vincennes seinen legendären Ort gefunden hat. Dort probt und inszeniert das
Kollektiv von Schauspielern, Bühnenbildnern und anderen Thea-
termitarbeitern aus aller Welt.

Nach wie vor versteht sich die Truppe als eine solidarische Schicksalsgemeinschaft, in der alle vierzig Beteiligten für die gleiche Gage arbeiten.

In ihren oftmals vier- bis fünfstündigen Inszenierungen verschränkt Ariane Mnouchkine Elemente des Volkstheaters, der Commedia dell'Arte, der Pantomime, des antiken Theaters, Musik, Tanz und Artistik mit orientalisch-asiatischen Theatertraditionen und Tempelritualen.

In der Ära von Jean-Paul Sartre, Simone de Beauvoir, Peter Brook, Giorgio Strehler, Bert Brecht und anderen prägenden Intellektuellen jener 1960er Jahre des Aufbruchs, fand sie zu einer eigenen, neuen Theaterform, so wie auch ihr Vorbild, der 1874 geborene und 1940 hingerichtete russische Erneuerer Wsewolod Emiljewitsch Meyerhold zu Beginn des zwanzigsten Jahrhunderts eine revolutionäre Bühnenkunst entwickelte:

»Und wir, die wir aus den Spielverfahren der Italienischen Maskenkomödie gelernt haben, sind der Meinung, dass wir diese unbedingt in der Gegenwart erneuern müssen – und nicht nur erneuern, sondern einfach in der Dramaturgie der Gegenwart unsere eigenen Masken aufbauen müssen …« (Meyerhold)

Der internationale Durchbruch gelang ihr 1981 mit dem dreiteiligen Shakespeare-Zyklus: »König Richard II.«, »König Heinrich IV.«, »Was ihr wollt« und der »Produktion 1789«.

Unzählige Auszeichnungen krönen ihr Lebenswerk: Unter anderen 1987 der »Europäische Theaterpreis«, 2009 der »Internationale Ibsen-Preis«. Für ihre künstlerischen politischen Verdienste sowie für ihren Beitrag zur Begegnung zwischen Frankreich und Deutschland wurde sie 2011 mit der Goethe-Medaille und 2017 mit dem Goethepreis der Stadt Frankfurt gewürdigt. Dazu schrieb Peter von Becker in der ZEIT: »Im Regieberuf hat es nur eine Frau wirklich in den Olymp geschafft. Und diese Göttin ist eine Königin – und als Französin tatsächlich die Sonnenkönigin des Welttheaters. Keine freie, vergleichsweise wenig subventionierte Truppe hat über mehr als drei Jahrzehnte hinweg so häufig triumphiert und ist zur magischen Marke geworden wie das von Ariane Mnouchkine gegründete, von ihr bis heute geleitete ›Théâtre du Soleil‹.«

»Indem sie beim Ergründen der Texte Schicht um Schicht abschält, bis sie auf den Grund stößt und alles scharf gestellt ist, schafft sie ein Stück Ewigkeit, wo jeder Einzelne seine Rolle spielt. Die Nähe zum Mythos setzt bei ihr zeitüberwindende Kraft frei«, schrieb Benjamin Hinrichs 1992 in der Zeit.

Ihre hochstilisierten Aufführungen sind Bühnendichtungen eigener Art – Feste aus Farben, Musik, Tanz und Maskenspiel.

Einen ersten Begriff davon bekam ich, als im Juni 1991 in Essen während der Internationalen Theatertage die vorläufige Fassung der »Atriden« unter glühender Sonne unwahrscheinliche Erfolge feierte, und ich nach der bewegenden Aufführung der »Sonnenkönigin« in einem glücklichen Moment meine Bewunderung für ihr großartiges Werk bekunden und sie im Taumel der Begeisterung um ein Treffen für ein Fotoportrait bitten konnte.

Am 10. September (1992) war es so weit: Ich verließ mein Taxi auf dem weiten parkähnlichen Gelände der Cartoucherie, wo in den alten Backsteinhallen der ehemaligen Pulverfabrik das Théâtre du Soleil seit 1970 sein Zuhause gefunden hat im großzügigen Gebäudekomplex, weiß gekälkt mit azurblauen Fenstern und Toren. Zwei kleinere komfortable Baracken beherbergen die gepflegten Verwaltungsbüros, daneben die appetitlich gestaltete Küche und Kantine, in der ein Koch mit seinem Personal für das leibliche Wohl der Theaterleute sorgt.

Zur Sommerzeit laden im Schatten eines aufgespannten Reetdachs runde rot-gelb- und blaufarbene Tische die Theaterleute nach den Proben zu den verdienten Mahlzeiten ein in Reichweite einer Grillstelle. Gepflegte Wege und Rasenflächen verbinden die verschiedenen Gebäude.

Am Eingang des Terrains begrüßt mich die liebenswürdige Pressechefin, Mme. Cornelle, um mich anschließend durch das Reich des »Sonnentheaters« zu führen.

Das milde spätsommerliche Wetter, das Licht, die Ruhe fern vom Getriebe der Stadt Paris erinnern an die Stimmung im Gemälde »À la Campagne« von Édouard Manet. Überall begegnen wir liebenswürdigen, im Umgang miteinander freundlichen Menschen.

Eine der großen Hallen dient der Bühnenbildnerei, der Technik und als Lagerraum, während das Bühnenhaus mit dem Zuschauerraum und der Maske das Zentrum dieser Welt bildet. In den alten gusseisernen, heute blau gestrichenen, Stützpfeilern und Querstreben der einstigen Fabrik sind Scheinwerfer, Lautsprecher und andere technische Vorrichtungen montiert. Die nach hinten ansteigenden Zuschauerbänke sind mit nesselbezogenen Matten belegt, deren Farbe mit jeder neuen Inszenierung wechselt. Alles ist zweckmäßig, mit Stilempfinden durchdacht, um dem hohen ästhetischen Anspruch des jeweiligen Theaterstückes gerecht zu werden. Klare Farben herrschen vor – Weiß, Schwarz, Blau, Rot und Sonnengelb. »Jede Farbe hat ihre eigene Symbolkraft«, wird mir erklärt.

Mme. Cornelle stellt mich ihren Kollegen vor, ehe die »Sonnenkönigin« eintrifft. Sie sei, warnt mich meine Begleiterin, mit den Vorbereitungen für das Gastspiel in Berlin komplett besetzt.

Und schon sehe ich Ariane Mnouchkine vom Ende des Platzes nahen – stattlich, in großen Schritten, die eilende »Göttin«, die jeder an ihrer Schönheit, ihrer Haltung, an dem dichten silberblauen Haar erkennt, an den dunklen Augen, dem ungeschminkten gebräunten Gesicht, am saloppen Pullover mit der weiten weißen Hose. Eine starke, spürbar einfühlsame Persönlichkeit kommt auf uns zu, die für ihr Theater brennt, deren einziger Daseinszweck darin besteht, Menschen mit den Zauberwaffen des Theaters in andere ferne Welten zu entführen.

Sie winkt, erkennt mich wieder – wir begrüßen einander. Sie bittet mich, sie während der Proben mit der Kamera nicht zu irritieren.

Es ist der erste Tag nach den langen Sommerferien.

Um Punkt 11.00 Uhr gibt die Regisseurin das Zeichen zum Auftritt: Kostümierte Figuren steigen vom Theaterolymp auf die leergefegte Bühne. Sie bilden den Chor.

Die Proben sind für Ariane Mnouchkine die tragenden Säulen des Bauwerks Theater, in dem die Zwischentöne erst ihren Klang entwickeln. Heute steht die »Orestie« im Focus. Iphigenie soll von Agamemnon geopfert werden, wird aber von Artemis nach Aulis entführt. Der erste Blick der Metteuse en Scène zielt auf die Masken, die Kostüme. In liebevoller Weise, ohne den Ton einer Kritik, lässt sie geringfügige Änderungen vornehmen. Das ausdrucksstarke Gesicht, die Spannung der feinnervigen Hände lassen keinen Zweifel an der Notwendigkeit einer Korrektur zu:

Der dekorative Kopfputz eines Chortänzers muss um zwei Zentimeter aufgetürmt werden, die Rastazöpfchen im schafwollenen Bart durch ein paar Perlen bereichert, die tiefschwarze Lidumrandung bei einem Schauspieler pastoser aufgetragen, strenger gezeichnet und mit Schwung weiter nach oben gezogen werden.

Die Bühne füllt sich. Dem Chor folgt das riesige Orchester in geschlossener Formation mit fremdartigen Schlag- und Zupfinstrumenten – ähnlich den Darstellungen auf griechischen Vasen. Mich beschäftigt die Frage: Wie kann das Orchester nach zweitausendfünfhundert Jahren die Klänge jener Zeit auch nur ahnungsweise kennen und wiedergeben? – Das größte Instrument, der seitlich der Szene platzierte mächtige Gong, wird in den Hintergrund verschoben.

Das, was ich an diesem Tag erlebe, sind die wiederholten Proben des zweiten Teils der »Atriden« – nicht nur für das Gastspiel in Berlin, sondern auch in Helsinki. Die Dichterin Kirsti Simonsuuri, deren ganze Liebe der Antike im sonnigen Hellas gilt, übertrug den Text mit feinsinnigem Gespür aus dem Altgriechischen ins Finnische. Lange hatte sie mit Ariane über die Auslegung der antiken Dichtung nachgedacht.

Ich selbst, zwischen Tag und Nacht im Zuschauerraum von Dunkelheit umgeben, werde vorläufig auf das Fotografieren verzichten müssen. Die Beleuchtung an Arianes Aussichtsplatz, dem Regiepult, ist, wie in jedem Theater, zu schwach. Nur durch einen Spalt sickert ein feiner Lichtstrahl. Umso gebannter richten sich Augen und Ohren auf das Spiel, die Gestalten, ihre Mimik, Gesten, Worte und Stimmen.

Ein Einzelsprecher in heller Gewandung tritt auf – Simon Abkarian, der oftmals auch in Frauenrollen schlüpft. Unter seiner Maske ruft er im Zorn über das verwerfliche Geschehen am Atridenhof die Götter an. In regelmäßigen Intervallen entströmt der rostigen Kehle ein weithin schallender Schwall tremolierender Schreie, bis der Klagegesang in einem ekstatischen Tanz mit dem Chor, in atemberaubend schönen Gewändern, unter wirbelnden Trommelschlägen endet. Der Chor bildet das Herz des Geschehens.

In der bewegten Folge der dämonenhaften Masken zeigen sich die verschiedenen Charaktere. Die schweren taillierten Kostüme mit den weitschwingenden, bodenlangen, rubinroten Reifröcken, golden eingefasst, als habe König Midas sie berührt, verraten den Einfluss fernöstlicher Theaterformen, die Pracht indischer und kambodschanischer Tempeltänzer. Staunend folge ich den Tänzern, wenn sie unter ihrem kühn balancierten Kopfputz wie ein zusammenhängendes Band mit dem Rufer in ihrer Mitte als lebende Kulisse über die Bühne schwingen.

Der Gesang erstirbt. Von imaginären fernen Höhen gleitet von Geisterhand gezogen Agamemnon auf einer thronähnlichen Konstruktion ins Zentrum der Bühne. Der Chor umkreist den siegreichen Kriegsheimkehrer. Allein das helle Gewand, der mächtig finstre Bart, dazu die üppige, pechschwarze Haarpracht, die vom

Nacken über den Rücken bis zum Boden fließt, unterscheiden ihn von den Choristen. Der Tanz weitet sich ins Traumhafte.

Meine Phantasie beginnt sich eigene Bilder zu schaffen: Über allem leuchtet ein Regenbogen – die Brücke vom Götterhimmel zur Erde aus flüssigem Licht, alle Farben vereint zu einem gewaltigen Tor – ein Mysterium!

Wie ein Blitz aus heiterem Himmel stürzt die Regisseurin zum Bühnenrand – mein Traumbild verblasst … Die Szene muss wiederholt werden – so lange, bis alle Tänzer in einer einzigen Bewegung wie auf einem Schachbrett den zugewiesenen Platz einnehmen. »Der Tanz, sein Rhythmus, ist der Herzschlag des Spiels! Es gibt keine Tragödie ohne Musik!«, ruft es vom Regiepult.

Arianes suggestive Strahlkraft, versammelt in den geballten Fäusten, packt die Darsteller wie ein mitreißender Strom. Selbst die Dunkelheit überträgt die Glut. Ihre Hingabe an das Spiel ist total. So wie Ariane Mnouchkine an die Magie des Lichtes glaubt, an den Zauber der Schönheit, die Wirkmacht der Hoffnung, der Freude, eines Lachens, der Tränen … so hörte ich einst von Federico Fellini:

»Das, was glaubwürdig sein muss, das ist die Emotion, die man beim Sehen fühlt!«

Das Karussell des Tanzes bleibt nicht stehen – Szene um Szene zieht vorüber … Ich erinnere mich noch dunkel – und zwar an das Dunkel unter mir – an die Terrakotta-Armee im ausgehobenen Graben neben der Bühne: Ein Lichtstrahl streift die tönernen Häupter in der freigelegten Unterwelt – eine Nachbildung der lebensgroßen Tonsoldaten des ersten Gottkaisers von China, Qin Shihuangdi (259– 210 v. Chr.), wie im Original mit abnehmbaren Köpfen, auf denen mehr als zweitausend Jahre ein unwirkliches Schweigen lastete.

Ein Historiker jener dunklen Zeit wusste zu berichten, dass in Gegenwart des jungen Souverän, der siebenhunderttausend

Zwangsarbeiter für den Bau seiner Grabanlage einsetzte und vierhundertsechzig missliebige Intellektuelle lebendig begraben ließ, nie vom Sterben gesprochen werden durfte. Die tönernen »Doppelgänger« haben, nachdem sie 1985 als Statisten für die Aufführung »Die schreckliche, aber unvollendete Geschichte von Norodom Sihanouk, König von Kambodscha« herhalten mussten, jetzt ihre Köpfe mit denen der griechischen Helden, der Atriden tauschen müssen.

Ich versuche sie mit der Kamera aus dem Dunkel zu ziehen. Jedoch das schwache Licht gab auch diesen Gespenstertraum nicht her. – Pause!!

Aber noch ist das Spiel nicht aus.

Doch nach zwei Stunden hingebungsvoller Arbeit erwartet das Ensemble im Freien das einfache, liebevoll zubereitete Mittagsmahl, mit gegrillten Hähnchen, geschmorten gefüllten Tomaten, Salaten, duftendem Baguette, Früchten, Wein, Wasser, Kaffee und Süßigkeiten zum Abschluss. Hat einer Kummer, so ist ein Mitfühlender zur Stelle mit einem freundschaftlichen Klaps, einem flüchtigen Kuss, einem stillen Blick.

Alle haben das Bühnenhaus verlassen bis auf einen traurigen Tänzer. Von Weitem höre ich das Schluchzen. Die Maske weint – malt sich ihr eigenes Gesicht: Der Tanz ist beendet; zurück bleibt ein gebrochenes Herz. Unter Tränen vertraut er der »Königin« seinen Schmerz an. Sie hört ihm zu, nimmt seine Hand in ihre, sagt etwas zu ihm. Sie ahnen nicht den stillen Beobachter inmitten der Tonsoldaten mit gebrochenen Armen, der Rosse aus dem Reich der Mitte auf halben Beinen. Das Dunkel gab auch dieses Bild nicht her!

Unmerklich folge ich den Zurückgebliebenen ins Sonnenlicht, suche meinen Platz in der Maskenrunde: Hier sehe ich sie alle aus der Nähe – die jungen Schauspieler, ohne Rastalocken und gewaltigen Kopfputz, befreit vom Gewicht der wuchtigen Kostüme, deren Strenge und Schwere ihnen Gestalt gaben.

Um eine mit Phantasien gedeckte Tafel schweigen – blicken – reden Masken sich an; lebende Figuren im luftig schneeweißen T-Shirt traumverloren Hühnerbeine verzehrend, den Durst mit dunkelsanftem Rotwein löschend.

Sie spielen sich nichts vor, stoßen an mit funkelnden Gläsern; die Sonne reißt alle Brüchigkeit ins scharfe Licht – sie brennt das Salz der Tränen nicht hinweg … Masken, wie Nachtfalter zitternd im Sonnenlicht, suchen den Schatten, so, als müssten sie die empfindsame Seele vor den Verletzungen des Tages schützen.

Ich sehe noch Marcel Marceau, den einzigartigen – vielleicht letzten großen Mimen, vor mir – damals vor dreißig Jahren. Der weißgeschminkte »Bip« im Scheinwerferlicht in seiner Glanzrolle, »Der Maskenmacher«, wie er, trotz aller einfallsreichen Versuche die Maske nicht vom Gesicht reißen kann, und mit ihr sterben muss … Ein erschütterndes, zu Herzen gehendes Bild, das mich hier, in dem Reigen der Masken wieder einholt; in ihrer Mitte die Sonnenkönigin, Ariane Mnouchkine – ihren Schauspielern gänzlich zugewandt. Sie sind ihr Herzstück – sie ihr Anker.

Ein großer schwarz umrandeter Mund im weiß gekälkten Gesicht lacht mich traurig an. Die Rinnsale der Tränen zogen ihre Spur. Die dick aufgetragenen, bis zum Haaransatz gezogenen Brauen, überschatten die Angst in den Augen. Was verbirgt sich dahinter? Jorge Luis Borges wusste die Antwort: »Die Seele, die allein ist hinter den Mythen und Masken.«

Eine Wolke schiebt sich vor die Sonne. »Abbilden!«, ruft sie mir zu – Und ich bilde ab! Die Aufnahmen zeigen es: All das ist wirklich wahr – kein Traum reicht an diese Wirklichkeit heran! – Allein, die Maske bleibt!

Szenenwechsel. Es folgt der dritte Teil der Tragödie: Wie mythische Vögel durchbricht der Chor das Dunkel der Bühnennacht, um wiederum auf einen fern gelenkten Wink mit abgezirkeltem Schwung unter der Weite der Röcke auf den Boden niederzusinken. Das Drama spitzt sich zu. Unaufhaltsam treiben die Rachegöttinnen die Tragödie voran: Wut – Verrat – Mord!

Während sich der Chor im Sprechgesang in dumpfen Ahnungen ergeht, droht die Macht des Schicksals. Der Tanz nimmt mit dem untergründigen Trommeln eine beängstigende Schwerfälligkeit an. Schweigen, Totenstille überspielen die grausigste Szene.

Nach der Bluttat, dem Mord an der Mutter und ihrem Buhlen Aigisth, tanzt Orest, das blutige Messer in der Hand, den wahnsinnigsten aller Atridentänze – einen Jubeltanz, zwischen Wahnsinn und Verzückung.

Unheimlich! Die Hände betasten das Gesicht der Ermordeten – ob noch Leben in dem Körper zu spüren sei? Verzweifelt versucht Orest die Leiche seiner Mutter und ihres Liebhabers wegzuschaffen. Vergeblich! Das Todesbett – am Boden festgewachsen!

Drei Mal fauchen die Furien. Die Erde scheint unterzugehen im Blut und Wahnsinn. Die letzte Stunde der Tragödie hat begonnen: Pallas Athene, die geistesschnelle Tochter des Zeus, die Verkörperung der Vernunft – erscheint im weißen Gewand, »um die abgrundschwarze Menschentragödie in Licht zu verwandeln«.

Ariane Mnouchkine und das Théâtre du Soleil haben nach mehr als drei Jahren die Geschichte der Atriden zu Ende erzählt: Alle nur denkbaren Gräueltaten sind vollbracht.

Die Bühne ist leergefegt.

Mit dem »Ololygmos« – dem Jubel-Jauchzen der Eumeniden, der verwandelten Erinnyen, endet hier die Orestie. Wie ein Jubelzeichen fliegen die Arme der Sonnenkönigin in die Höhe.

»Die Tragödie tanzt, das Theater fliegt«, meldete die ZEIT.

So wie sich mir Tausende von Wahnsinnsaugenblicken eingebrannt haben, so werden auch die Szenen in ihrem Film »Molière« aus meinem Bildgedächtnis nie verschwinden. »Molière«, der Film nach dem Roman von Michail Bulgakow, »Das Leben des Herrn Molière«, ist eine hemmungslose Liebeserklärung an das Theater, in dem Ariane Mnouchkine die Zeit des siebzehnten Jahrhunderts vor Augen führt, erinnernd an niederländische Stillleben und Landschaftsbilder, die Jahrmarktszenen jener Zeit, die Not der ländlichen Bevölkerung – an wilde Wegelagerer und Mörderbanden und Kinderbettler, an Überfälle von Zigeunern, die das einzige Zugpferd des Komödiantengefährts schlachten und roh verschlingen, sodass die Schausteller ihren Karren – Bühne und Wohnplatz zugleich – selber ziehen müssen und damit von Neuem eine irre Szene erschaffen:

Der Sturm zerreißt den Rest der schwankend fahrenden Bühne. Die Komödianten rennen dem fliegenden, zerfetzten Vorhang hinterher – schreien, wollen die rasende, davonsegelnde Kulisse halten, während die Dorfbewohner im Gefolge einer friedlich trottenden Schafherde diese Jagd als eine noch nie gesehene Aufführung mit wildem Geschrei begrüßen, und das Volk glaubt, dies gehöre tatsächlich zum Theater.

Ein Füllhorn von Bildern – auf den Flügeln der Phantasie! »Ce sont mes emotions«, kommentiert die Theatergöttin ihre phantastischen Träume.

Hinreißend das Bild, wenn die phantastischen Gondeln, gleich magischen Zugvögeln mit sonnengüldenem Gefieder, wie Könige der Luft, getragen vom Rhythmus der Musik von Lully, über die schneebedeckten Alpen ziehen. Ein Geschenk der Republik Venedig auf dem Flug zum Sonnenkönig, Ludwig XIV.

Gedanken, Träume, aus dem Erinnerungs-Fundus der »Sonnenkönigin des Welttheaters«, Ariane Mnouchkine.

Seyran Ateş

Berlin · Ibn-Rushd-Goethe-Moschee · 12. Juni 2018

Um 11.00 Uhr sollte ich mich einfinden. Die Turmuhr zeigt 12.30 Uhr. Auf Nachfrage per Mobiltelefon in der Kanzlei heißt es: »Sie ist unterwegs.« Seit eineinhalb Stunden warte ich auf dem Kirchengelände von Sankt Johannis im Berliner Stadtteil Moabit vor dem unauffälligen, niedrigen Seiteneingang.

Die Sonne scheint warm – so lässt es sich auf dem Stein einigermaßen aushalten. Kein Mensch weit und breit. Das Warten wird mir unheimlich. Ein sportlich durchtrainierter junger Mann steht plötzlich vor mir, rasselt mit seinem schweren Schlüsselbund. Ich sah ihn nicht kommen.

»Was ist in der Tasche?«

»Meine Fotoausrüstung.«

»Sie warten auf …?«

»Ja, seit fast neunzig Minuten!«

»Sie ist unterwegs!«

Der Fremde entfernt sich, schreitet das umliegende Gelände ab. Auf dem Rücken ist unter seinem T-Shirt eine Pistole zu erkennen. Plötzlich hält nicht weit von mir im Unkraut geräuschlos eine dunkle Limousine. Aus welcher Einfahrt, aus welcher Richtung sie kam – auch das sah ich nicht. Aus den hinteren Türen springen zwei athletische Männer im dunklen Outfit – ebenfalls bewaffnet – man ahnt die Schutzwesten. Sie überprüfen die Räder, die Felgen, versichern sich mit einer Taschenlampe, dass unter der Karosserie sich nichts Verdächtiges verbirgt. Sie umkreisen den Wagen, reißen die Tür vom Beifahrersitz auf. Zuerst erscheinen Füße, dann die ganze Seyran Ateş, die – sogleich von den Bodyguards wie zwischen zwei Panzer in die Mitte genommen – im Eilmarsch in Richtung Eingang auf mich zustrebt und mich ebenfalls mitsamt Fototasche unter ihren Schutz nimmt; der Kollege mit dem Schlüsselbund schließt auf, direkt hinter uns wieder ab, sichert die Alarmanlage, eilt mit vorgehaltener Pistole die schmale Stiege hinauf in den dritten Stock des Turms, vergewissert sich, dass die Luft rein ist, indem er jeden Winkel ausleuchtet.

Dann erst dürfen wir, eingerahmt von den Sicherheitsbeamten, aufsteigen; der Toilettenbesuch ist auf halbem Weg eingeplant; die beiden Hünen bewachen unsere Türen; dann geht's in geschlossener Formation im Eiltempo weiter aufwärts – immer höher in eine mir fremde und mysteriöse Welt.

Vor der Moschee im dritten Stock angekommen, betritt als Erster unser Beschließer – nachdem er sich der Stiefel entledigt hat – den freundlich lichten, großen Raum, ausgelegt mit einem hellen, weichen Teppich. Routinemäßig kontrolliert er diesen ständig vom Anschlag bedrohten Ort, bevor wir – ebenfalls auf Strümpfen – eingelassen werden. Umgehend wird die Tür von innen mit einem Spezialschloss abgeriegelt. Die Bewacher kennen ihren Platz jeweils in einer Ecke der Moschee.

Seyran Ateş, der Gründerin der liberalen Ibn-Rushd-Goethe-Moschee, war ich vor wenigen Wochen in der Petrikirche in Hamburg während der Tagung »Wie viel Religion verträgt Demokratie?« von der Staatskulturministerin Monika Grütters vorgestellt worden.

Spontan stimmte die Autorin, Imamin und Rechtsanwältin in einer Person, unserem Treffen zu, um mich gleichzeitig ihrer Freundin, Düzen Tekkal, der Kriegsberichterstatterin, Dokumentarfilmerin und Autorin des Buches »Meine Reise in den Genozid«, anzuempfehlen. Auch sie sagte freudig zu.

Die vierzigjährige Düzen Tekkal, eines von elf Kindern einer jesidisch-kurdischen Flüchtlingsfamilie, in Hannover geboren, war als Mitglied der CDU 2016 als Kandidatin zur Integrationsstaatsministerin im Gespräch.

Seyran Ateş, türkisch-kurdischer Herkunft, 1963 in Istanbul zur Welt gekommen, versteht, wie auch Düzen Tekkal, die aktuelle Politik immer weniger und fordert ein Einwanderungsgesetz.

Zum Auftakt wurde ein Dokumentarfilm gezeigt, wie Hassprediger unter dem Mantel des Glaubens in einer Moschee ihr Regiment führen. Ja, beschloss ich, ich werde das Gesicht beider Frauen in einer Begegnung festhalten.

Doch es sollte nur mit Seyran Ateş gelingen, da Düzen Tekkal immer wieder unvorhersehbar plötzlich nach Mossul aufbricht, um unter Lebensgefahr ihren jesidischen Glaubensbrüdern und -schwestern, den von Gräueltaten des IS traumatisierten Kindern zu helfen und unserer Welt deren Not in Filmen vor Augen zu führen.

In der späteren Podiumsdiskussion stimmen die beiden Menschenrechtsaktivistinnen im folgenden Statement überein: »Viele der Männer, Frauen und Kinder, die auf der Flucht vor Krieg und Hunger zu uns kommen, sind willens, sich zu integrieren. Ihnen müssen wir helfen. Aber es gibt auch diejenigen, die hier unser freiheitliches Leben ausnutzen, um genau diese Freiheit zu bekämpfen! Gerade in dieser aktuellen Situation ist es von größter Wichtigkeit, dass wir jederzeit und jedem gegenüber auf die Einhaltung unserer demokratischen Regeln pochen und alles tun, um unseren Rechtsstaat zu erhalten.«

»Für uns aufgeklärte Muslime«, ruft Seyran Ateş, »ist der Islam selbstverständlich mit Demokratie vereinbar, die in allen islamischen Staaten keine Gültigkeit hat!« Sie wendet sich in der Integrationsdebatte gegen das in ihren Augen gescheiterte Konzept der Multikulturalität und vertritt stattdessen die Idee der Transkulturalität. Sie kämpft gegen die durch ein falsches Islamverständnis legitimierte Geschlechter-Apartheid, gegen die Unterdrückung der Frau – versinnbildlicht in Zwangsverhüllung –, gegen Zwangsverheiratung, Kinderehe, Ehrenmorde und Genitalverstümmelung der Mädchen.

In einem Interview mit der Wochenzeitung Die Zeit zum islamfeindlichen Film »Innocence of Muslims« vertrat Ateş als Muslima 2012 die Meinung, »wo Religion nach Strafen schreit, beginnt der Krieg gegen die Aufklärung«.

Seyran Ateş, die im Alter von einundzwanzig Jahren als Jurastudentin in einer Beratungsstelle für die Rechte türkischstämmiger Frauen bei einem Anschlag auf ihre Klientin durch einen Schuss in den Hals lebensbedrohlich verletzt wurde und dabei das Phänomen des Nahtods erfuhr, streitet für einen modernen, aufgeklärten Islam. Wie sie in ihren verschiedenen Büchern erzählt, hatte sie als einziges Mädchen neben drei Brüdern und ihrem Vater die Rolle der gefügigen Dienerin in der Familie zu spielen; bei Ungehorsam wurde sie geschlagen. In diesem Umfeld fand sie für ihren Lerneifer, Wissensdurst und beruflichen Ziele weder Verständnis noch Unterstützung, sodass sie mit siebzehn Jahren ihre Familie heimlich verließ, um als Frau zusammen mit einem deutschen Mann ein selbstbestimmtes Leben zu führen. Darüber schreibt sie im autobiografischen Buch »Die große Reise ins Feuer«, für mich eine aufschlussreiche Lektüre zur Vorbereitung auf das Treffen mit der unerschütterlichen Kämpferin und lebenshungrigen Tochter einer Flüchtlingsfamilie der ersten Generation.

Eine ungeheuerliche Sprengkraft tobt in ihr. Bis an die Grenze provozierte sie mit ihrem Werk »Der Islam braucht eine sexuelle Revolution«. Morddrohungen waren die Folge.

Sie war Mitglied der Deutschen Islamkonferenz, bis sie wegen gewalttätiger Angriffe durch Prozessgegner und Anfeindungen von verbandspolitischer Seite gegen sie selbst und ihre Familie die Mitgliedschaft aufgab. Im Sommer 2012 eröffnete sie nicht nur wieder ihre Kanzlei, um vor allem hilfesuchenden Frauen als Anwältin zur Seite zu stehen. Zur gleichen Zeit gab sie auch ihre türkische Staatsangehörigkeit auf! Am 16. Juni 2017 gründete sie mit anderen Gesinnungsfreunden die liberale

Ibn-Rushd-Goethe-Moschee, in der Männer und Frauen gemeinsam beten. Zugleich ließ sie sich zur Imamin ausbilden. Aus Empörung hierüber sprachen ägyptische Religionswächter eine Fatwa gegen die Moschee aus. »Orthodoxe Muslime diffamieren die ›Islamhasserin‹. – Morddrohungen gegen sie gehören zur Tagesordnung.« (Die Welt, 15. März 2018)

Auf die Frage, woraus sie weiterhin Mut schöpfe, erklärt Seyran Ateş der Zeit: »Aus meiner Empörung darüber, dass manche Menschen Andersdenkende einfach nicht ertragen. Und aus meiner Trauer darüber, dass der religiöse Hass wächst. Um dem Terror die Stirn zu bieten, ist die Gründung moderner Moscheen ein wichtiger Schritt dazu, denn damit zeigen wir, dass es uns auch noch gibt – uns moderne Muslime, die gegen Gewalt und Terror und für einen friedlichen Islam kämpfen – denn mit Terror kann und will ich mich nicht abfinden! Überhaupt scheint die Bereitschaft, jemanden umzubringen, bei Türken und Kurden eher ausgeprägt zu sein als bei anderen europäischen Menschen.« (»Große Reise ins Feuer«)

Starke Worte in Gegenwart der internationalen Presse, gegenüber den versammelten Politikern, den Vertretern der Kirchen sowie muslimischer und anderer Glaubensrichtungen.

Während unseres bewachten Aufstiegs dachte ich an das Erlebnis in der überfüllten Petrikirche. Oben angelangt, warten auf Seyran bereits ihre deutsche, arabisch sprechende persönliche Referentin, mit der sie eine auffallende Nähe zu verbinden scheint, sowie die neu engagierte junge Journalistin und Projektkoordinatorin, die zur überschwänglichen Freude ihrer Chefin, der Imamin, für den in fünfzehn Minuten bevorstehenden Presseauftritt Korrespondenten aus vielen europäischen Ländern mobilisieren konnte – aus Schweden, der Schweiz, Frankreich, Österreich, den Niederlanden und Italien. Auf dem Weg hinter ein helles, als Trennwand dienendes Bücherregal mit einer Ansammlung gottesfürchtiger, philosophischer, juristischer Publikationen und

Streitschriften, stellt Seyran Ateş mir in Eile »einige Minuten für das spätere Foto« in Aussicht.

Es fällt ihr schwer, sich für »einige Minuten« der Fotografin zuzuwenden, die im konzentrierten Gespräch versucht, Vertrauen aufzubauen. Sie kennt nur Presseschützen, die in Sekundenschnelle ihr Foto abschießen, um sogleich mit der Beute zu verschwinden. Dennoch liegt Seyran deutlich daran, in die Galerie des künftigen Buches zu gehören.

Hier geht es mir jedoch weniger um ihr Portrait als um das Geschehen, das mich im Kirchturm umgibt – bewacht von Personenschützern; eine Welt, die sich Seyran Ateş unter andauernder Lebensbedrohung geschaffen hat um den Preis, Gefangene im eigenen Sicherheitsnetz zu sein.

Bevor sie gänzlich verschwindet, um sich auf die Fragen der erwarteten Journalisten vorzubereiten, gelingt es mir, ihr meinen persönlichen Eindruck ihrer Autobiografie »Große Reise ins Feuer« zu schildern: »Wann und wo auch immer Sie das Licht der Welt erblickt hätten, Sie wären überall als Rebellin geboren!« Sie widerspricht nicht; sie antwortet mit einem seltsamen Lächeln, das kein Lächeln ist – es ist Stolz.

Allein ihr Name »Seyran« (in der Übersetzung: »Vergnügungsreise, Ausflug«) und »Ateş« (»ins Feuer«) bedeutet Verpflichtung und Fluch zugleich?

Um sich zu vergewissern, ob sich ihre frühen Erinnerungen mit den späteren decken, schrieb sie ihre Lebensgeschichte im Abstand von zwanzig Jahren ein zweites Mal auf. Ihr Buch hat mich sehr nachdenklich gemacht; hat Zweifel an einer je funktionierenden Integration aufkommen lassen.

In einer Zeit des nicht enden wollenden »Gendergesprächs« wusste ich, auf wen und was ich mich einzustellen hatte. Sie spürt meine innere Distanz – mein Unbehagen.

Ihr Buch ist die schonungslose Darstellung eines Lebens voller Auflehnung und unvorstellbarer Zerreißproben. Man steigt mit ihr hinab in die Abgründe der Großstadt Berlin. Die Bilder dieser Reise lassen sich in ihrer Eindringlichkeit nicht ausblenden. Sie sind gewaltig, schockierend und provozierend zugleich: Ich sehe das kleine Kind, zurückgelassen in der Türkei. Seyran ahnte nicht, wo die Eltern als Gastarbeiter ihren Lebensunterhalt verdienten, bis sie endlich mit sechs Jahren in die Familie nach Berlin kam, wo sie sich als einziges Mädchen der Herrschaft ihrer Brüder unterzuordnen hatte, kein Wort Deutsch sprach, das Fehlende schnellstens aufholte, zur Schulsprecherin gewählt wurde, als beste Schülerin auf Empfehlung der Lehrer das Gymnasium besuchte, um dann im Hinblick auf ihr Jurastudium das Abitur zu machen.

Die bewundernswerte Entschlossenheit, der Mut zu Wagnissen gegen alle Anfeindungen, das Leben während des Studiums an der Freien Universität Berlin mit seinen Höhen und Tiefen in allen denkbaren Arten von Wohngemeinschaften, die lebensgefährliche Verletzung, die qualvolle Zeit der sechs Jahre dauernden Genesung, um schließlich 1997 ihr zweites juristisches Staatsexamen abzulegen, nehmen dem Leser den Atem.

In dem Moment, in dem Seyran Ateş zeigt, wer sie ist, was sie will, wofür sie kämpft, verlieren alle gesellschaftlichen – vor allem geschlechtsspezifischen – Zuschreibungen ihre Kraft. Unwillkürlich drängt sich mir die Frage auf, die sich vor vielen Jahren Heinrich Maria Ledig-Rowohlt, berührt von meinem Portrait der schicksalsgeprüften Tisa von der Schulenburg, der Schwester des am 10. August 1944 hingerichteten Widerstandkämpfers Fritz-Dietlow Graf von der Schulenburg, stellte: »Wie lebt es sich wohl in der Hülle dieser Frau?«

Der Gedanke an das Nahtod-Erlebnis ist ständig präsent; welches Schicksal ist ihr bestimmt; wer lauert ihr auf? Etwas Wildes von rätselhafter Energie ist in ihrem Blick! Die Augen scheinen Funken auszusenden. Ihrem Namen entsprechend glcicht ihr Leben einem Tanz auf dem Vulkan. »Habe den Mut, Angst zu haben« – ihr Credo – sagt alles.

Doch hier, in ihrer Moschee, bewegt sich die Imamin scheinbar sicher. In Erwartung des Presseauftritts lasse ich den hellen Raum – ohne jegliche Symbole, die in einer Kirche an die Geheimnisse des Daseins erinnern – auf mich wirken. In den Ecken lauert der Personenschutz … An der Stirnseite – ich nehme an, in Richtung Mekka – ist als einziger Blickfang eine moderne, anmutige Skulptur aus hellen, verzweigten Holzstäben installiert, deren Überschneidungen gläserne Quadrate in leuchtendem Blau schmücken.

Der Blick auf Berlin aus einer Moschee, im Turm der protestantischen Kirche – weit entfernt von meinem gegenwärtigen Leben – erscheint mir wie ein Traumbild und ist dennoch unheimliche, bedrohte Realität.

Der Name »Ibn-Rushd-Goethe-Moschee« – ist zwei großen Dichtern gewidmet: Ibn Rushd, der Philosoph, der historische Vordenker und Sufi-Mystiker (1160–1198) aus dem 12. Jahrhundert, erteilte in seinem berühmten Gedicht den gläubigen Muslimen sieben Ratschläge:

> Sei großzügig und hilfsbereit wie ein Fluss.
> Sei mitleidig und barmherzig wie die Sonne.
> Sei wie die Nacht beim Bedecken der Fehler anderer.
> Sei wie ein Toter bei Wut und Erregung.
> Sei bescheiden und schlicht wie die Erde.
> Sei wie das Meer vergebend und nachsichtig.
> Entweder zeig dich, wie du bist, oder sei so,
> wie du dich zeigst.

Dazu zitiert Seyran Goethe, der im Islam die Liebe zur Natur und Gott in der Natur sah, der während der Entstehung seines »West-Östlichen Diwans«, überwältigt von der poetischen Sprache des Korans und der persischen Gedichte, ausrief: »Herrlich ist der Orient übers Mittelmeer gedrungen!«

Die liberale Ibn-Rushd-Goethe-Moschee wurde durch ihre mutige Gründerin zu einem Gotteshaus, das Menschen aller Glaubensrichtungen offensteht, wo neben dem Gebet und den Koran-Rezitationen, am Freitag die Predigt gesprochen wird; wo gemeinsam Feste gefeiert werden, wie das Fastenbrechen, das Opferfest, das Jüdische Chanukkafest; wo Schulen Veranstaltungen abhalten und Märchen gelesen werden; wo Hochzeiten stattfinden, wo mit Andersgläubigen das gemeinsame Stolpersteineputzen zum Programm der ehrenamtlichen Mitarbeiterinnen gehört. Der Ort, wo offen Fragen gestellt und beantwortet werden wie heute in der internationalen Pressekonferenz.

Wo Pädagogen in problematischen Fragen Rat finden, wobei Seyran Ateş, die Imamin, jegliche Ansprüche auf Befreiung vom Unterricht wegen religiöser Anlässe in allgemeinbildenden Schulen ablehnt. Welch ein Beispiel von Toleranz wird hier vorgelebt in einer Moschee im Kirchturm hoch über Berlin – fern der feindlichen Außenwelt!

Seyran Ateş, das sollte sich in der nächsten Stunde beweisen, ist mit einem Netz anderer Moschee-Gründerinnen in vielen Ländern fest verbunden.

Der Bericht, die Antworten auf die erwarteten Fragen der Journalisten sind vorbereitet. Der Zeitplan ist eng – ich bange um die versprochenen »einigen Minuten«.

Inzwischen haben sich etwa dreißig Journalisten – unter strenger Kontrolle – eingefunden, meist Frauen, die sogleich die Frage nach dem Kopftuchverbot in öffentlichen Institutionen aufwerfen, das von Seyran Ateş mitbestimmt wurde. Als Anwältin vertrat sie die Berliner Landesregierung bei den Klagen gegen das Kopftuchverbot. Sie siegte, indem sie sich auf das Berliner Neutralitätsgesetz berief: seit 2005 sind in der Hauptstadt religiöse und weltanschauliche Symbole in allgemeinbildenden Schulen nicht zulässig. (Alice Schwarzer ist eine eifrige Mitstreiterin.)

Ebenso sieht sie es als Herausforderung an, neue Formen in der Ausübung von Gottesdiensten und im Schulunterricht zu begründen, wo Kinder aller Herkunft frei von religiöser Beeinflussung gemeinsam lernen können, wo nicht nur das Kopftuch, auch die Kippa und das Kreuz keinen Platz haben. In ihren Antworten betont sie lautstark: »Frauen müssen Kopftücher oder Tschador nicht tragen, weil der Koran es will … sondern weil es die Männer so wollen! Es sind Zeichen der Unterwerfung!«

Sie zitiert in diesem Zusammenhang Cato, den sittenstrengen Römer: »Den Augenblick, sowie sie anfangen, euch gleich zu sein, werden sie eure Herren sein.«

Bildhaft schildert sie die geknechteten »Frauen, wie sie in arabischen Ländern Roben schleppen, die wie aus alten Truhen stammen … Frauen, die mit weinenden Gesichtern, wie Berge von müdem Stoff, mit schleppenden Säumen den Staub aufwirbeln …«

Wie erwartet, wird Seyran Ateş nach ihrer Biografie – vor allem aber nach ihrer Zulassung als Imamin gefragt: Mit ihrer religiösen Ausbildung in der Türkei sowie dem Studium des Korans mithilfe einer Privatlehrerin erfüllt sie alle Voraussetzungen, um als Imamin aufzutreten. Dazu gehört das Vorbeten und am Freitag die Predigt … Sie studiert Arabisch, um den Koran im Original lesen zu können, die Poesie der orientalischen Sprache zu spüren, die friedliebenden Botschaften in den Hadithen, die auf die Gleichwertigkeit von Mann und Frau hinweisen, im Ursprung verstehen zu können, die die Masse der Gläubigen weder lesen noch begreifen kann und damit auch nicht weiß, was genau im Koran über Geschlechtertrennung und die Rolle der Frau geschrieben steht.

Auf die Fragen der Journalisten nach den Gesetzen im Islam wird sie sehr deutlich in ihren Antworten: »Unsere Religion habe den Frauen erst einen Wert und eine Bedeutung gegeben, heißt es in einer Erzählung der Entstehungsgeschichte, denn der erste

Mensch, der mit dem Propheten Mohammed gebetet hat und dem Islam beigetreten ist, war seine Ehefrau Chadidscha, eine erfolgreiche Geschäftsfrau, verwitwet, also keine Jungfrau, viel älter als der Prophet, mit der er fünfundzwanzig Jahre lang lebte. Doch zweiundsiebzig Jahre nach Mohammeds Tod verschlechterte sich der Status der Frauen in Medina. Die Biografien, die nicht in das patriarchalische Denken passten, wurden entsprechend geändert.« Dazu zitiert die FAZ den radikalisierten Hassprediger Eyad Hadrous an der Al-Nur-Moschee in Berlin, der immer wieder im Focus der Sicherheitsbehörden steht: »Frauenrechte im Islam?? –Gibt es nicht! Es sei Allah, der bestimme, wie sich Mann und Frau während des islamischen Gottesdienstes zu verhalten hätten – und keine Frau!«

Nach den Regeln der islamischen Religion gefragt, erfahre auch ich von der Imamin Wissenswertes: Das arabische Wort »Islam« bedeutet Unterwerfung unter Gottes Willen. Mit der »Schahada«, das Glaubensbekenntnis, im Jahr 691 im Felsendom in Jerusalem gefunden, werden den Muslimen fünf religiöse Pflichten auferlegt, verbunden mit der arabischen Anrufungsformel »Baslama«, die fast vor jeder Sure im Koran steht. Dazu gehören das Gebet, die gesetzliche Abgabe, die Wallfahrt, das Fasten im Ramadan. »Es gibt keinen Gott außer Gott, und Mohammed ist der Gesandte Gottes.« Wer dieses Bekenntnis vor Zeugen spricht, gilt als Muslim!

Und hier wird Seyran leidenschaftlich wie in ihrer späteren Rede anlässlich der Verleihung des Marion-Dönhoff-Preises am 2. Dezember 2018 im Deutschen Schauspielhaus: »Mein Verhältnis zu meinem Gott lass ich mir nicht zerstören!

Damals, als ich nach dem Mordanschlag zwischen Leben und Tod schwebte, entschied ich mich, in dieses Leben zurückzukehren: Und zu diesem Leben gehört der Islam: die Art zu beten, das gemeinsame Fasten und das Fastenbrechen, die Koranrezitationen, die arabischen Texte, die Zugehörigkeit der großen Gemeinschaft der Muslime und Musliminnen.« Gleichzeitig bekennt sie sich zum christlichen Kernsatz: Liebe deinen Nächsten wie dich selbst. »Es ist immer wieder Balsam für meine Seele, wenn ich in den Schriftreligionen das Gemeinsame entdecke. Dann sehe ich mich bestätigt in meinem Gefühl der Nähe zu Juden und Christen.« Jedem Journalisten wird die ausgedruckte Präambel der Ibn-Rushd-Goethe-Moschee übergeben: »Religiöse Grundlage des Vereins ist ein säkularer, liberaler Islam, der weltliche und religiöse Macht voneinander trennt und sich um die zeitgemäße und geschlechtergerechte Auslegung des Koran und der Hadithen bemüht …«

Die Zeit der Pressekonferenz ist abgelaufen. Die Bodyguards nehmen die Gäste unter ihren Schutz. Die bewachten Taxis stehen bereit.

Doch mir bleiben die versprochenen Minuten: Auf meine Frage nach dem Alter ihrer Tochter spüre ich Zurückhaltung in ihrer Antwort: Sie sei Alleinerziehende. Sie möchte möglichst wenig ihre 13-jährige Tochter in die Öffentlichkeit ziehen, um sie nicht in Gefahr zu bringen … Mich trifft der brennende Blick … »Der Vater ist Türke …« Die Frage nach Navid Kermani, mit dem ich einen Briefwechsel führte, stößt auf verhaltenes Schweigen … »Zu selbstbezogen?«, frage ich. – »Ja.« – »Weil bei ihm das Thema ›Frau‹ keine vorrangige Rolle spielt??« – »Vielleicht …«

Nach dieser Antwort verstehe ich den gegenseitigen Abstand der unerbittlichen Kämpfer für einen friedlichen, aufgeklärten Islam …

Warum sie nicht in die Politik geht, möchte ich verstehen, wenn sie doch die übermäßige Toleranz für den Grund des geduldeten radikalisierten Islamismus bekanntermaßen kritisiert, da Wolfgang Schäuble mit der Gründung der Deutschen Islamkonferenz ihr bereits den Weg bereitet hatte, antwortet sie wiederum mit ihrem sibyllinischen Lächeln: »Es gibt keine Zufälle!« – »Es gibt nur Zusammenhänge«, gebe ich zurück.

Der Personenschutz ruft zum Aufbruch. Die Imamin wird zu einem Gespräch in der Jüdischen Gemeinde erwartet, während ich auf dem Rückweg, noch ganz unter dem Eindruck einer unglaublichen Begegnung ein nahegelegenes Café aufsuche, wo der türkische Inhaber mich fragt, woher ich komme?

»Aus der Moschee im Turm der Johanniskirche direkt gegenüber, in der Nähe.«

»In der Nähe, sagen Sie? Davon habe ich noch nie etwas gehört.«

»Sie sollten als Moslem diesen Ort aufzusuchen!«

»Dafür fehlt mir die Zeit, ich arbeite von morgens bis in die Nacht …« Was denn da los sei?, möchte er wissen.

»Dort beten Männer und Frauen gemeinsam.«

»Ist das wahr? Das kann ich mir nicht vorstellen! Das muss ich mir unbedingt persönlich angucken … So etwas darf ich nicht versäumen!«

Am 15. Juli, drei Tage nach dem Pressetreffen, meldete die FAZ:

»Eines Tages könnte es heißen, dass die zweite Islamische Revolution in einem Nebenraum einer Kirche in Berlin-Moabit begann!«

Hans Joachim Schellnhuber

Potsdam · Wissenschaftspark Albert Einstein ·
Institut für Klimaforschung 23. Mai 2016

»Selbstverbrennung« war auf einem Plakat zu lesen, der Titel des Buches von Hans Joachim Schellnhuber, in dem die Erderwärmung im Focus steht – die für unseren Planeten seit dem Industriezeitalter durch das in die Atmosphäre aufsteigende Kohlendioxyd, CO_2, in zunehmendem Maß zur Bedrohung wird.

Es war im Januar 2016, als ich verspätet in der Hamburger Neuen Börse in den angekündigten Vortrag von Hans Joachim Schellnhuber platzte, dessen Namen ich kannte, von dessen Kampf um den Erhalt unserer Erde ich jedoch zu wenig wusste.

Alle Plätze waren besetzt bis auf den des Vortragenden in der ersten Reihe, den man mir anbot. Unsere Blicke trafen sich.

Das CO_2 in all seinen verschiedenen Auswirkungen bildete den Kern des Vortrags. Zu Beginn jedoch reisten die Gedanken zurück in die dörfliche Beschaulichkeit einer Kindheit in Niederbayern: Erinnerungen an das dunkle Schweigen im Bayerischen Wald, den weiten Blick über Bauernhöfe, Obstgärten, Wiesen bis hin zur fernen Gipfelkette der Alpen; eine Landschaft, wo heute, nach fünfundfünfzig Jahren, Supermärkte, Autobahnen, Getreidesilos, Tankstellen, Zementwerke und riesige Baukräne die Bilder des kleinen Jungen ausgelöscht haben.

Nach dem wehmütigen Vorspiel stellt sich der Klimaforscher der »neuen Welt«, um mit glühendem Eifer in die Folgen der bedrohlich steigenden Temperaturen der Erdatmosphäre einzutauchen; eine Verstrickung aus persönlichen Erfahrungen, wissenschaftlichen Erkenntnissen und politisch moralischen Wertungen. Es geht um die Abhängigkeit allen irdischen Lebens vom »Wunderelement« Kohlenstoff, kurz genannt »C« – »je nachdem, welche Gestalt es annimmt oder welche Verbindung es eingeht. Als gasförmiges Kohlendioxyd wärmt es die Erdoberfläche; als fossiler Brennstoff in der Erdkruste bewahrt es die Sonnenenergie über Jahrhundertmillionen auf. Zudem hat dieses System den Homo Sapiens hervorgebracht und schließlich die Landwirtschaft ermöglicht, die Grundlage aller Kulturen ... Wie ein freigesetzter Flaschengeist erfüllt ›C‹ dem Homo Sapiens jeden Energiewunsch und lässt damit die Überflussgesellschaft entstehen. Doch gleichzeitig erhitzt der rasend aufsteigende Luftkohlenstoff den Globus über alle zuträglichen Maße, und wendet sich damit gegen seine Befreier. Ergo geht unsere Zivilisation den Weg in die ›Selbstverbrennung‹.«

Wie Joachim Müller-Jung im November 2015 in der FRANKFURTER ALLGEMEINEN ZEITUNG schrieb, ist »Hans Joachim Schellnhuber, der ›Vater der Zwei-Grad-Grenze‹, zweifellos eine der schillerndsten Figuren in der Klimaforschung und einer der klügsten, eifrigsten, scharfzüngigsten – und schon deshalb auch einer der umstrittensten Intellektuellen im politischen Haifischbecken, dessen Stimme auf den Welt-Klimagipfeln gehört wird ...«

In der Rolle als Umwelt-Berater der Bundesregierung, als Mitglied der Päpstlichen Akademie der Wissenschaften und als ein von Königin Elisabeth II. zum »Commander of the Most Excellent Order of the British Empire« geadelter Naturwissenschaftler, macht er sich zugleich zur Zielscheibe bösartiger Verleumdungen im Internet und vor allen Dingen der Anfeindungen seiner Gegner in der mächtigen Lobby.

Mit seinem angsterregenden Buchtitel möchte er erreichen, dass die Dimension der »Klimaherausforderung« auch die Letzten aufrüttelt, die aus ökonomischem Eigennutz vor den ökologischen Missständen auf unserem Planeten die Augen verschließen. Virtuos gelingt es ihm, Wissenschaft in Bilder und Sprache zu übertragen. Im Feuer seines vehementen Appells werden die schmalen Augen im großflächigen, blassen Gesicht zu blitzenden Schlitzen. »An beiden Enden brennend« wirkt der Feuerkopf zerbrechlich und ist doch zäh zugleich.

Besessen vom Wissen um die ökologischen Gefahren einerseits sowie um die dramatischen Fortschritte der Wissenschaft andererseits, treibt es ihn im Ringen um die menschliche Einsicht durch die ganze Welt.

Die an die Wand geworfenen Formeln, Zahlenreihen, die computersimulierten Graphiken der Millionen Jahre langen Erdgeschichte im Vergleich mit den gegenwärtigen Veränderungen der Atmosphäre machen mir auf dramatische Weise bewusst, welch eine Gefahr mein eigenes gedankenloses Dahinleben im Genuss des Luxus der profitsüchtigen Konsumgesellschaft für die Zukunft der Nachwelt bedeutet.

Es geht Schellnhuber um das Ziel, innerhalb der nächsten zehn Jahre den Anstieg der augenblicklichen Temperatur um 2° Celsius zu senken. Ein erster vorsichtiger Schritt auf diesem Weg war getan auf der Weltklima-Konferenz 2015 in Paris, wo alle verantwortlichen Staatsoberhäupter der hundertachtundzwanzig Länder – u. a. die USA, Russland, China, Japan, Großbritannien, Südamerika, Frankreich und Deutschland – zu einem Konsens auf kleinstem gemeinsamem Nenner fanden. Ein erster Schritt, der hoffen ließ! Und die Welt atmete auf. Die Medien überschlugen sich sowohl in phantastischen als auch in kassandrischen Prognosen. Obwohl man sich über die Notwendigkeit eines Eingreifens einig war, fühlte sich keiner der Versammelten zu irgendeiner Konsequenz verpflichtet. – Wer würde wann und wie den zweiten Schritt tun?

Zu jener Zeit, 2015, glaubte noch niemand an den Wahlsieg von Donald Trump! Vor laufenden Kameras am 10. Dezember 2017, dem Tag der mit Sorge und Spannung erwarteten Entscheidung des unberechenbaren neuen Präsidenten der USA bezüglich des Ausstiegs oder Verbleibs seines Landes im mühsam errungenen

Pariser Klimaabkommen machte Donald Trump in theatralisch vorgeführter Gebärde mit einem dicken Federstrich das hart erkämpfte Gebäude großer Hoffnungen zunichte! Nie werde ich das Entsetzen auf dem Gesicht von Hans Joachim Schellnhuber an jenem düsteren Tag im Fernsehen vergessen.

Am 8. Oktober 2018 rüttelte ein weiterer Weckruf die Öffentlichkeit auf mit dem Bericht vom Weltklimarat, der jetzt auf die Klimaerwärmung von höchstens 1,5° Celsius bis zum Jahr 2030 dringt.

»Ohne tiefgreifende Umwälzungen wird sich der Smog in Peking nicht verflüchtigen«, warnt Schellnhuber, während vor meinem inneren Auge die mittlerweile gewohnten Fernsehbilder des vom Smog eingenebelten Peking abrollen: schemenhaft rennende oder auf dem Fahrrad vorübereilende, mit Sauerstoff- und Mundschutz maskierte kleine Menschen.

»Die wissenschaftliche Beweislage, dass unsere Zivilisation dem Feuer immer näher rückt, ist bedrückend«, rief der Redner. Nahm er wahr, wie gebannt die Fremde auf seinem Platz den leidenschaftlichen Ausführungen folgte?

Wie einst bei der Besteigung des Ätna, glaubte ich, bereits die heiße Erdkruste unter den Sohlen zu spüren, sah vor mir Dämpfe aus unheimlichen Erdspalten schwelen. Wie bedrohlich nah fühlte ich mich schon damals dem Glutkern. Der Vortrag wird zum Flächenbrand. Der »Klimaaktivist« überzieht die Redezeit, überhört die Mahnung des Veranstalters; fährt ungebremst in seinem Eifer fort.

Eine weitere Abbildung zeigt anschaulich die Zusammenhänge und Verstrickungen wirtschaftlicher, technischer und voneinander abhängiger naturräumlicher Faktoren und Wirkungen, an deren Anfang (seit 1750) die Erfindungen der industriellen Revolution im 19. Jahrhundert in Nordengland stehen: 1845 der Kohle- und Eisenerzabbau, das Abholzen der Wälder für die Flotte der größten Seemacht der Welt; für den Eisenbahnbau, für dampfbetriebene Maschinen und Lokomotiven.

Das Commonwealth überstrahlte und beherrschte mit seinen Reichtümern, mit der Ausbeutung seiner Kolonien, ihrer Menschen – dem Sklavenhandel, mit seinen rußgeschwärzten Bergarbeiter-Städten, Birmingham und vor allen Dingen Manchester, genannt »Cottonopolis« wegen seiner Garne und Stoffe – den Weltmarkt und trieb auf diese Weise das kunstvolle Webhandwerk in Indien und in China in den Ruin.

Unmittelbar nach dem flammenden Vortrag in der Neuen Börse hatte ich die Ehre, während eines Essens im hochnoblen »Überseeclub« einem namhaften Hamburger gegenüberzusitzen. Noch voll des soeben Gehörten brachte ich das brennende Thema auf den Tisch, worauf dieser Herr hanseatisch diskrete Wohlhabenheit ausstrahlend, in gesetzter Rede, verständnisvoll lächelnd, das Ganze als »reine Panikmache« vom Tisch wischte.

Das war zwei Jahre vor unserem Dürresommer 2018, als die Eisschmelze noch keinen zum Erbarmen verhungernden Eisbären vorführte, als noch vereinzelt samten schillernde Schmetterlinge über Blüten gaukelten, manchmal – wenn auch selten – Lerchengesang ins Himmelsblau aufstieg; als sich noch einzelne Bienen und Hummeln in Gärten tummelten, wo als seltenes Wunder hauchzarte Libellenflügel glitzerten.

Nach der eindrucksvollen persönlichen Begegnung mit Hans Joachim Schellnhuber in Hamburg war ich für das geplante Treffen mit ihm, dem Gründungsdirektor des Potsdam-Instituts für Klimafolgenforschung (PIK), im Mai in Potsdam im »Wissenschaftspark Albert Einstein« aufs Sorgfältigste vorbereitet. Es versprach ein herrlicher Tag zu werden – die Sonne strahlte in den frühen Morgen.

Das Taxi näherte sich dem Tor zum »Wissenschaftstempel« auf dem Telegraphenberg, in dem seit dem 19. Jahrhundert weltbewegende Ideen mit entsprechenden Erkenntnissen erdacht und noch bis heute entwickelt werden – überstrahlt vom bahnbrechendsten Gedanken, der Relativitätstheorie von Albert Einstein 1905.

Schon von Weitem beeindrucken den Besucher die drei mächtigen drehbaren Kuppeln auf dem ehrfurchtgebietenden, langgestreckten Michelson-Haus, dem ersten Observatorium der astrophysikalischen Forschungsgeschichte von 1879 (dem heutigen Hauptsitz des PIK), in dem sich neben den Büros die Beobachtungstürme mit den großartigen alten Fernrohren befinden. Durch sie kann man ins Unendliche schauen.

Der Telegraphenberg liegt da wie ein von der Außenwelt abgeschiedenes Geheimnis. In meiner Einbildung sah ich mich im Tempel der Gelehrsamkeit wie im fernen Reich des Sarastro in der »Zauberflöte«, der sogleich im schweren Gewand auf der obersten Stufe erscheinen würde. Im Erzählen erlebe ich den unvergesslichen Tag auf dem Telegraphenberg noch einmal neu:

Ich stand erst einmal still. Wie viel hatte ich gelesen, wie viele Gedanken zu verstehen versucht, wie viele Notizen und Fragen vorbereitet. Die Lektüre »Selbstverbrennung« forderte noch im Nachhinein meine ganze Konzentration. – Welche Frage stelle ich zuerst? Wie formuliere ich sie, ohne den Klimaforscher zu ermüden? An der Art meiner Fragen und späterer Telefongespräche erkennt er, wie ernst ich seinen Appell nahm, wie bemüht ich mich auf sein weltumfassendes Gebiet eingelassen habe. Mit nicht ermüdender Aufmerksamkeit hört er zu, denkt nach und weiß auf eine für mich verständliche Weise zu antworten. – Der Blick gleitet prüfend über mich hin; ich glaube die Frage in die Luft geschrieben zu sehen: »Was wird die aus mir machen?«

Melancholie liegt in der Stimme des nachdenklichen Mannes, der die Natur, das Wunder Erde glühend liebt, wie er es schon in den frühen Kindheitserinnerungen beschreibt; der dazu aufruft, die inneren Geheimnisse der Schöpfung zu respektieren. Die Gedanken schweifen weit fort zu Papst Franziskus, zum Heiligen Vater in Rom, der, vom Wunder der Schöpfung durchdrungen, im Geiste des Franz von Assisi die Enzyklika »Laudato si'« verfasste, mit der er als Papst wort- und gedankengewaltig in die

Umweltdebatte eingegriffen hat. Ein Journalist schrieb: »Dem Papst ist etwas Erstaunliches gelungen!« – »Einen Trompetenruf« hört der Theologe Friedrich Schorlemmer in ihr. Franziskus, der im Film von Wim Wenders auf dessen Frage, »Wer sind die Ärmsten in unserer Welt?«, antwortet: »Es ist unsere Erde.«

Hans Joachim Schellnhuber nennt den Heiligen Vater im wahrsten Sinn eine »Lichtgestalt«, der ihn, den Agnostiker, als wissenschaftlichen Berater an seinen Hof rief, um an der ausgefeilten, aufsehenerregenden Umwelt-Enzyklika »Laudato si'« mitzuarbeiten und diese dann im Juni 2015 vor der ehrwürdigen Versammlung im Vatikan, zusammen mit einem Kollegen, per PowerPoint der Welt vorzustellen. Auf meine Bitte zitiert der Physiker aus dem über hundert Seiten langen Aufruf einige für ihn bemerkenswerte Passagen.

Das Zitat aus dem Sonnengesang des Heiligen Franz von Assisi, »Laudato si', mi' Signore« – »gelobt seist du, mein Herr«, wird gleichzeitig wie ein roter Faden zum Programm: »Denn diese Mutter, unsere Erde, schreit auf wegen des Schadens, den man ihr weltweit zufügt. Gelobt seist du, mein Herr, durch unsere Schwester, die Mutter Erde, die uns erhält, lenkt und vielfältige Früchte hervorbringt und bunte Blumen und Kräuter.«

Papst Franziskus durchdringt alle voneinander abhängigen Bereiche unseres Ökosystems. Zugleich macht er bewusst, dass das jüdisch-christliche Denken die Natur entmythologisiert habe, die einst bei den Ägyptern den höchsten Rang einnahm. Die vielen Gottheiten in Tiergestalt sprechen davon. Darüber hinaus betont der Papst den Nutzen, die Erfolge, die die Wissenschaft und Technik erreicht haben. Es geht ihm um transparente Entscheidungsprozesse, die alle Betroffenen einbeziehen – frei von wirtschaftlichem, politischem Druck. Er verweist damit auch auf die Warnung vor dem Nuklearkrieg von Papst Johannes XXIII. und stellt die Frage: »Welche Art von Welt wollen wir denen überlassen, die nach uns kommen, den Kindern, die gerade

aufwachsen?« Der Papst beschließt die Enzyklika mit zwei Gebeten: mit einem für unsere Erde und einem christlichen Gebet für
die Schöpfung. Tief sitzt im Wissenschaftler der einfache Satz,
den der Heilige Vater den Gläubigen auf dem Petersplatz zuruft:
»Wenn ihr die Natur zerstört, wird sie uns zerstören!«

»Ja, so ist es«, versichert der Agnostiker. – »Doch je tiefer man
in die Klimapolitik eindringt, desto deutlicher wird, dass diese
beispiellose Zivilisationskrise nur in Verbindung von Glauben
und Vernunft gelöst werden kann.«

Jedoch hier auf dem Telegraphenberg weht der Wind der Wissenschaft. In der Aura des legendären Albert Einstein scheint noch
sein Geist zu atmen, im »schönsten Wissenschaftscampus auf
der Welt«, der nicht nur mich, sondern so Prominente wie Prinz
Charles und andere namhafte Umweltschützer beeindruckt.

Der Physiker bemerkt mit schnellem Blick mein kleines Problem, die Folge einer Augenoperation, das er in einem Neben-
satz zu lösen weiß: Ich müsse meine Herangehensweise beim
Scharf-Einstellen der Kamera ändern. »Glauben Sie mir«, verkündet er stolz, »ich brauche bis heute keine Brille. Bei mir verändert
sich nichts – gar nichts! Vielleicht bin ich schon tot, ohne es zu
wissen. Alles fließt wie nie zuvor … Schreiben, Klimaprojekte,
Auszeichnungen – und ich habe einen kleinen Sohn, mein ganzer
Sonnenschein!« … Sein liebevoller Blick fällt auf die Fotografie.

Wir befinden uns im prachtvoll sanierten Büro des Direktors,
wo sich noch die nicht verbrannten aufgeschichteten Papierstapel
der Manuskripte zur »Selbstverbrennung« türmen. Mit einem
Blick aus dem Fenster spricht er von Einstein, von Karl Schwarz-
schild (1873–1916), dem deutschen Astronomen und Physiker,
Wegbereiter der modernen Astrophysik, dessen Entdeckung, der
»Schwarzschildeffekt« (neben den »Schwarzen Löchern«) für die
Fotografie bis heute von Bedeutung ist.

Die Tatsache, dass wir auf Einsteins Spuren wandeln, verleiht
der Begegnung mit dem Direktor, Hans Joachim Schellnhuber,

besonderen Glanz. Er sieht im Geiste die großen Gelehrten einst durchs Gelände wandernd im Austausch der Gedanken den Lösungen ihrer Theorien näherkommen.

Am Tag zuvor führte Schellnhuber als Berater der Bundesregierung mit der Bundeskanzlerin ein vierstündiges Gespräch. Die Physiker verbindet eine gemeinsame Sprache. Schellnhuber ist einerseits voller Bewunderung für die souveräne Haltung der Kanzlerin gegenüber der infamen Hexenjagd auf sie, die als bekennende Christin im Glauben an Humanität und Menschenrechte in ihrer Flüchtlingspolitik auf ihrem Standpunkt beharrt. Andererseits gilt seine Bewunderung ihrem entschlossenen abrupten Schwenk in der Energiepolitik – genannt »Wortbrüchigkeit« – unmittelbar nach der folgenreichen Katastrophe von Fukushima im Jahr 2011, als sie, um den Atomausstieg zu beschleunigen, gegen alle Proteste, ihrer bisherigen Energiepolitik ein Stopp verpasste.

Angela Merkel gehört, nach meinem persönlichen Verständnis, zu jenen Menschen, die sich des Maßes ihrer Verantwortung bewusst sind, die über die Kraft verfügen, zu ihren geänderten Haltungen zu stehen, wenn unvorhergesehene Entwicklungen zum Umdenken zwingen. »Die Zukunft ist unsere Verantwortung!«, darin wissen sich beide Physiker einig.

Mühelos nimmt unser Gespräch seinen Lauf, bis die immer wieder gestellte Frage im Raum steht: »Welche Persönlichkeit hat in Ihnen den tiefsten Eindruck hinterlassen?« Ohne ein Zögern weiß ich die Antwort: »Karl Popper, in seiner Bescheidenheit! Ja«, versichere ich, »selbst Helmut Schmidt, der Karl Popper in entscheidenden Fragen zurate zog, musste mir zustimmen. Auch Poppers Falsifizierungstheorie scheint mir plausibel …« Schellnhuber hört mich an. Er schweigt. Später erfahre ich beiläufig in einem Gespräch mit seiner bildschönen, jüngeren Frau, der Geologin und Schriftstellerin Margret Boysen, dass ihr Mann dabei sei, sich mit Karl Popper und seiner Erkenntnistheorie kritisch auseinanderzusetzen; obwohl er doch – wie der

Physiker Schellnhuber selber schreibt, davon ausgeht, dass sich die Erkenntnisse der Forschung, wegen der in der Natur ständig stattfindenden Veränderungen, immer wieder erneuern …; das heißt, um mit Karl Popper zu sprechen, dass sich die Erkenntnisse relativieren – also falsifizierbar sind.

Karl Popper, den Begründer des kritischen Realismus, bestärkte in seiner Falsifikationstheorie vor allen Dingen die kritische Haltung Einsteins gegenüber der eigenen Relativitätstheorie, die nur so lange Gültigkeit habe, bis sie von einer neuen widerlegt werden könne. Nach Popper können sich Theorien nur bewähren – nicht aber als wahr erwiesen werden! Ist es das, was Schellnhuber am »kritischen Rationalisten« zweifeln lässt?

Es war – wie Karl Popper (in seinem Buch »Ausgangspunkte«) bekannt, der Wiener Tischlermeister, der den Studenten und Lehrling »zu einem Jünger von Sokrates machte: dass die einzige Weisheit, die zu erwerben ich hoffen konnte, das sokratische Wissen von der Unendlichkeit meines Nichtwissens war …«

Dieses Bekenntnis zur Bescheidenheit prägte die gesamte Persönlichkeit des Philosophen Karl Popper, wie ich sie nie zuvor und danach erleben durfte …

Das Zitat von Albert Einstein, auf einem Zettel an die Tür gepinnt, lenkt unser Gespräch in eine andere Richtung: »The world will not be destroyed by those who do evil – but by those who watch them without doing anything.«

Schon früh waren die Schriften Albert Einsteins für den Weg von Hans Joachim Schellnhuber richtungsweisend: »Ja, wenn man hier im Geiste Einsteins arbeitet, dann muss man forschen!«

Schwungvoll schultert der schmale, großgewachsene Institutsdirektor im schwarzen Outfit meine Fototasche. Er will zum Rundgang starten. Ein flüchtiger Blick zum Himmel:

»Das Wetter wird kühl bleiben – wie so oft im Mai!«

»Können Sie eine Prognose stellen?«, möchte ich wissen. Dabei erwähne ich das neue meteorologische Beobachtungssystem

»IKARUS«: »Soweit ich verstanden habe, zeigen winzige, an Zugvögeln befestigte Sensoren auf einer Antenne deren Wege, die Luftverhältnisse, Luftfeuchtigkeit, Stürme und damit auch die Wetterlage im Weltraum an, sowie rechtzeitige Warnungen vor Erdbeben und anderen Naturkatastrophen, sodass ein globales Netz von Wissenschaftlern die Folgen des Klimawandels erkennen und international Informationen durch das Internet der Tiere austauschen kann?«

»Eine sensationelle Erfindung! Ein Netzwerk von mit Sensoren ausgestatteten Vögeln überwacht den Weltraum! – Eine Umwälzung von geradezu kosmischem Ausmaß hebt die Erde aus den Angeln. In meiner ›Selbstverbrennung‹ habe ich versucht, darüber zu schreiben …«

Ein weiterer Blick zum Himmel erinnert an den selten gewordenen Gesang fortziehender Zugvögel auf der Reise in den warmen Süden. Ihr Zyklus ist nicht mehr der gleiche. Viele der Störche haben ihre Nester als Dauerwohnsitz auf den Zinnen der Königspaläste in Marokko, Fez und Marrakesch aufgeschlagen, sogar auf der Spitze der Moscheen direkt unter dem güldenen Halbmond. Von oben herab begrüßt ihr Klappern die staunenden Touristen aus dem fernen Norden.

Dort in Marokko, im Anblick der dreihundert Millionen Jahre alten, überwältigenden Gebirgsformationen und versteinerten Meereswesen, wo die gewaltige Sprengkraft der Erdbewegungen sichtbar wird, klangen in mir die Zeilen des russischen Dichters Ossip Mandelstam an, in denen er die Urkraft der Schöpfung beschreibt:

»Der Stein ist gleichsam verschlüsselt ein Tagebuch des Wetters – eine meteorologische Verdichtung, in der alle Veränderungen – selbst die großen Schübe – vollkommen in Elemente des Wetters zerlegbar sind …«

Mein Cicerone geht jetzt selbst daran, Regievorschläge zu machen: »In den Keller oder auf den Einsteinturm?«

Zuerst führt der Weg in das heilige Verlies, in den Keller. Dort ist seit hundertundfünfzig Jahren das herrlich geputzte, riesige, goldschimmernde Gerät zu bewundern, an dem unter dem Kuppelgewölbe Albert A. Michelson 1881 seine bedeutsamen Messungen zur Relativbewegung der Erde gegen den »Hypothetischen Äther« durchführte, deren Ergebnisse 1905 zur Grundlage von Einsteins Relativitätstheorie wurden. Voller Stolz präsentiert mein Begleiter das kostbare Instrument, als sei es ein Stück von ihm. In schwärmerischer Begeisterung für all das Schöne im Geheimnis seiner Welt passieren wir den »Telegraphenturm«, ein Überbleibsel der Telegraphenstationen der optischen Telegraphie; einst von Wilhelm III. eingeführt, um (zwischen 1832 und 1849) vom preußischen Potsdam über 600 Kilometer nach Koblenz militärische Eilbotschaften auszusenden – bis schließlich die elektrische Telegraphie an ihre Stelle trat.

Wir kommen zum »Einsteinturm«, dem Sonnenobservatorium. Eine spektakuläre expressionistische Architektur – erbaut zwischen 1920 und 1922 von Erich Mendelsohn, inspiriert von der aufregenden Entwicklung der modernen Physik durch Einsteins Forschung. Das bis zum Zweiten Weltkrieg bedeutendste Sonnenteleskop in Europa wurde 1999 nach der Restaurierung wiedereröffnet. Ein grandioses Gebäude! Die Kuppel lässt sich in zwei Hälften auseinanderklappen. Unterirdisch befindet sich der große Spektrograph, um zum Nachweis der Relativitätstheorie das Licht in seine Bestandteile, die Spektralfarben zu zerlegen.

Ich bestaune die Beweglichkeit des Fünfundsechzigjährigen, wie er sich für das Foto geschmeidig durch das Außengeländer bis fast zur Kuppel windet.

Weiter geht's im flotten Schritt, um auf Einsteins geliebter Bank eine kurze Pause einzulegen: »Auf diesem Platz kann ich in der Mittagssonne meinen Gedanken nachhängen mit Einsteins Geist im Rücken!«, träumt mein Begleiter.

Von hier aus bietet die mächtige Kuppel auf dem Großen Refraktor – das viertgrößte Linsenteleskop der Welt, 1899 vom Kaiser in Betrieb genommen – einen grandiosen Anblick. Die drehbare Kuppel mit einem Durchmesser von einundzwanzig Metern wurde von 2002 bis 2006 denkmalgerecht restauriert. Darin verbirgt sich das mächtige Doppelteleskop: zwei miteinander fest verbundene gigantische Fernrohre, auf einem Drehsockel in alle Himmelsrichtungen ausrichtbar. Phantastisch! Wenn das Licht in der Himmelskuppel im Rund durch aneinandergereihte, schmale Fensterschlitze fällt, erinnert es an Schinkels (1781–1841) Bühnenentwurf der Sternenhalle im Palast der »Königin der Nacht«.

Das Süringhaus, das ehemalige meteorologische Observatorium von 1892, dient heute der Klimafolgenforschung. Weitere Institute für Klimafolgenforschung entstanden; als Ganzes das Geoforschungszentrum, unterteilt in Erdsystemwissenschaft für die Zukunft, für Wetterprognosen und Erdbebeninformationen, sowie das Alfred-Wegener-Institut von 1964 für Polarforschung. Auf dem Helmertturm von 1892 – heute eine Ruine – wurde einst die Welt vermessen.

Weiter geht's aufs Dach des früheren Meteorologischen Observatoriums Potsdam von 1879: Von hier oben bietet sich eine überwältigende Aussicht auf die historischen Institutsgebäude mit ihren vielen Kuppeln …

Seit dem furiosen Vortrag in Hamburg und der Begegnung auf dem Potsdamer Telegraphenberg sind zwei Jahre vergangen. Die Diskussion spitzt sich zu. Die unerwarteten Extreme im Sommer 2018 mit seiner Dauerhitze und Dauertrockenheit – der wärmste und trockenste Sommer seit Beginn der Aufzeichnungen – heizten angesichts der früheren, nicht erfüllten Forderungen nach Reduktion des ungebremsten Temperaturanstiegs um 2° Celsius, die Klimadiskussion von Neuem an: »Diese unerwarteten Extreme (wie im Sommer 2018) zeugen von den Kräften, die die

Natur bereithält, und die nur sichtbar werden, wenn sie entfesselt zutage tritt«, versucht mir Hans Joachim Schellnhuber am Telefon geduldig zu erklären. »Was sich früher in Zyklen von Millionen Jahren abspielte, ereignet sich heute in hundert Jahren. Das apokalyptische Bild unbeherrschbarer, lodernder Waldbrände im Norden Schwedens, in Norwegen bis zum Polarkreis, war bisher unvorstellbar.« Die monatelange Dürre mit unberechenbaren Unwettern bestätigten die Prophezeiungen des Klimaforschers: Hitze – Stürme – monatelange Trockenheit – Eisschmelze.

»Dieser Sommer hat uns gelehrt, dass es die wohltemperierte Mitte nicht mehr gibt. Die Ausschläge werden heftiger!« (Dirk Schümer, DIE WELT, 8. September 2018)

In der neu entbrannten Klimadiskussion bleibt das Thema »Plastikmüll« nicht aus, der mit seinen unübersehbaren Massen die Natur bedroht. Aufgescheucht und angewidert von den in letzter Zeit täglich über die Mattscheibe rollenden plastikschweren Meereswogen, die ekelerregende stinkende Massen auf die Strände abladen, griff ich wieder zum Telefonhörer und rief in Potsdam an:

»Werden die Weltmeere und Flüsse noch vor dem Plastikmüll, vorwiegend bestehend aus CO_2, aus Rohöl wie die Autoreifen, noch zu retten sein?«

Hans Joachim Schellnhuber spricht von etwa 100 Millionen Tonnen Kunststoffmüll – mit einer jahrhunderte- bis jahrtausendelangen Lebensdauer, der in den Strömungen der Weltmeere rotiert, die Artenvielfalt vernichtet, der sich schließlich als Mikroplastik im Seegetier und damit in der Nahrung wiederfindet.

Im Gegensatz zu den Anfängen des Klimawandels befinden wir uns heute aufgrund der Globalisierung in einem weltweit verstrickten Netz, wobei die Industriestaaten die Lebensumstände nicht nur durch Reichtum und Ignoranz bestimmen, sondern in erschreckendem Maße durch Plastikmüll und Abfall die Not der »Entwicklungsländer«, in denen sich die Ärmsten der Armen, ihren Plastikmüll hinter sich lassend, auf der Flucht vor Korruption, Krieg, Hunger, Dürre, sintflutartigen Überschwemmungen oder anderer eruptiver Naturkatastrophen ins »Paradies« Europa aufmachen.

Ich spürte es, hörte es in der Stimme: das Feuer seiner Leidenschaft, der Verantwortung verzehrt den Klimaexperten!

So wie einst schon Alexander von Humboldt auf seinen Forschungsreisen angesichts der Abholzung der bedrohten Regenwälder warnte, so antwortete auch in einem Interview Hans Joachim Schellnhuber: »Wir töten unsere besten Freunde vor unseren Augen und vernichten damit die Lebensbasis der reichen Fauna und Flora.«

Die Erde glüht – die Sonne brennt – die Bäume verlieren ihr Blätterkleid im August – die Vögel suchen vergebens nach einem Tautropfen – auf die Bienen und schillernden Schmetterlinge warten wir vergebens. Das erschütternde Bild des verhungernden, vor Schwäche zusammenbrechenden Eisbären inmitten der polaren Eisschmelze – »in des Gletschers letztem Atemzug« – bleibt als berührendes Sinnbild stehen …

»Hier steht das Entsetzen vor der Gegenwart […] ein magisches ›Halt! Nicht weiter!‹ …« (Ossip Mandelstam, »Gespräch über Dante«)

Claude Lévi-Strauss

Paris · 22. Juni 1991

So unbezwingbar, so markant wie seine Erscheinung, so steht Claude Lévi-Strauss wie ein Monument in der Erinnerung. Und je länger ich sein Bildnis betrachte, desto geheimnisvoller scheint es sich zu beleben, desto klarer sehe ich das Auge von der Schärfe eines Adlers auf mich gerichtet, dem aus unendlicher Höhe nicht das kleinste Wesen entgeht. – Ein Gesicht, das man nicht vergisst. Als ich mich vor achtundzwanzig Jahren mit ihm verabredete, existierte Claude Lévi-Strauss in vielen Köpfen bereits als ein Mythos; man glaubte ihn schon tot. Doch wie er selbst einmal sagte, »die Natur hat einen langen Atem«, feierte am 28. November 2008 Frankreich mit umso größerem Glanz den hundertsten Geburtstag seines intellektuellen Nationalhelden – einen der bedeutendsten Denker des zwanzigsten Jahrhunderts, geleitet von der Idee der »Condition humaine«. Jean Daniel, der Herausgeber des Nouvelle Observateur, nannte den Begründer der Strukturalen Anthropologie »das Monument auf seinem Gebiet«. Ein Jahr später, am 30. Oktober 2009, starb Claude Lévi-Strauss mit beinahe hundertundeins Jahren.

Jedoch erst am 4. November erfuhr die Welt von seinem Tod, nachdem er bereits am Vortag bestattet worden war. So hatte es der Anthropologe verfügt.

Im Figaro wurde er als der »Mensch der Ewigkeit« gefeiert, als einer der prägendsten Forscher der Humanwissenschaft des 20. Jahrhunderts, der schon 1973 als Erwählter der Académie Française in die Unsterblichkeit einging.

Während langer Aufenthalte (von 1935 bis 1939) bei den Ureinwohnern in Brasilien und später im Südpazifik analysierte Claude Lévi-Strauss Verwandtschaftssysteme der verschiedenen

Sprachen, Mythen und Verhaltensregeln, um verborgene gemeinsame Strukturen aufzudecken und damit seine Hypothese zu untermauern, dass der Mensch unbewussten strukturalen Systemen unterworfen sei. Diese These zieht sich wie ein roter Faden durch das Werk von Claude Lévi-Strauss: »Die Mythen und die Regeln des sozialen Lebens bilden die Basis, aus der sich die unveränderlichen Strukturen herleiten, die der Menschheit zugrunde liegen.«

Die Bororo, einer der indigenen Stämme im Herzen Brasiliens, waren für ihn der Traum des Ethnologen: »Sie fanden sich in derart komplexen Sozial-Beziehungen zurecht, dass man sie als ›Große Strukturalistische Theoretiker‹ bezeichnen kann. – Ihr Wildes Denken hat seine Rationalität«, schrieb Lévi-Strauss.

In allem entdeckte er Analogien – selbst in der Körperbemalung junger Frauen im Vergleich mit den Moden unserer Tage. So schrieb Wolfgang Lepenies 2009 in seinem Nachruf: »… er war davon überzeugt, dass sich im Vergleich der Kulturen die Unterschiede ähneln, nicht die Ähnlichkeiten.« (DIE WELT)

Während seine »Strukturale Anthropologie« Weltruhm erlangte, machte sich Claude Lévi-Strauss in der Zeit des modernen Fortschrittsglaubens und der Suche nach Veränderung manch einen Philosophen zum energischen Kritiker, zu denen neben einigen Marxisten auch Jean-Paul Sartre und Michel Foucault gehörten, an deren westlichen Fortschrittsweg Lévi-Strauss niemals glaubte. Sie warfen ihm vor, der Strukturalismus sei nicht nur eine Abkehr vom Humanismus, sondern auch von der Geschichte.

Bemerkenswerterweise stand er den Surrealisten nahe. Im Besonderen verband ihn eine enge Freundschaft mit Max Ernst, den, wie ihn selbst, die »primitiven« Kulturen in höchstem Maß interessierten.

»Ich habe mich moralisch verpflichtet gesehen«, sagte Claude Levi–Strauss in einem Interview (im SPIEGEL) – »Zeugnis abzulegen für diese Form von Gesellschaften, die der Menschheit jahrtausendelang gestattet haben, zu leben, sich zu entwickeln, – und die nun verschwinden, weil wir es so gewollt haben ... Der Westen hat zwanzigtausend Jahre verspielt ...«

Am 22. Juni 1991 erwartete mich Claude Lévi-Strauss um 16.30 Uhr in seiner Wohnung in Paris in der Rue des Marronniers. »Genau fünfundzwanzig Minuten« waren abgemacht. Für diese fünfundzwanzig Minuten hatte ich mich tagelang mit seinem schwierigen, hochwissenschaftlichen Werk beschäftigt. Ich sehe mich noch in Paris in den Cafés lesen, hoffnungslos bemüht, in seinen Schriften den strukturalen Erkenntnissen auf den Grund zu kommen in »La Voie des Masques«; vor allem in der »Anthropologie Structurale«, jenes Werk, das 1959 seinen Ruhm begründete, in dem er das geheimnisvolle Universum der Verwandtschaftssysteme erklärt.

Eines seiner frühen Bücher »Tristes Tropiques«, ein poetisches, von seiner früheren Kommilitonin, Simone de Beauvoir, in einer Rezension enthusiastisch gefeiertes Werk, das neben den melancholischen Erinnerungen eine Kritik aus der Perspektive der »Wilden« an der westlichen Zivilisation darstellt, die alles Fremde nivellierte, öffnete mir den Zugang.

»Fünfter Stock, links vom Aufzug!«, tönt es durch die Sprechanlage. Ein schlanker, großer Herr mit scharfem Profil, nicht übermäßig gesprächig, dennoch nicht unfreundlich, bittet mich in die kunstvoll geordnete, im Oval angelegte Bibliothek. Der erste Hinweis in unerbittlich höflichem Ton lässt keine Widerrede zu:

»Vingt-cinq minutes, Madame!«

Auf dem geschnitzten Stuhl aus Polynesien, in diesem Raum das einzige Möbelstück neben der bis unter die Decke ausziehbaren Bibliotheksleiter, nimmt der Anthropologe Platz; kerzengerade, in einem total aus der Mode gekommenen, kaffeebraunen Zweireiher, wie man ihn Ende des Zweiten Weltkrieges trug – dazu die sorgfältig in beige abgestimmte Krawatte.

Mein Gegenüber ist nicht zum Reden aufgelegt. Um eine Brücke zu schlagen, versuche ich, das Konzept meines Buchprojektes zu erläutern.

»Das habe ich schon in Ihrem freundlichen Brief mit den beigefügten Fotos gelesen. Schöne Bilder, hohe Qualität. Das machte mir die Zusage leicht. Andernfalls wären Sie jetzt nicht hier. Wollen wir nicht anfangen!« Er dosiert jedes Wort.

Stoisch fixieren mich die Adleraugen – scharf wie Lupengläser. Der Forscher wahrt die Form im Schweigen, während ich mich abkämpfe, das »Monument« zum Reden zu bewegen. Es schweigt weiter nach dem Gesetz der Steigerung. Selbst Fritz J. Raddatz gesteht in seinem Tagebuch sein Versagen beim Interview mit Claude Lévi-Strauss ein. Mir hingegen fällt in dieser Situation nur das Zitat von diesem großen Menschen-Forscher ein: »Ein Weiser gibt nicht die richtigen Antworten – sondern er stellt die richtigen Fragen.«

Ich jedoch habe Fragen, nur Fragen. Wie aber soll es mir gelingen, die richtigen zu finden! Vergebens … Das Schweigen dehnt sich aus – verspielt die kostbaren fünfundzwanzig Minuten.

Sucht der Anthropologe womöglich in meinem hilflosen Verhalten nach Gemeinsamkeiten mit denen seiner indigenen Stämme? Schließlich bringe ich nur noch entschuldigend hervor: »Ich möchte niemanden in seinen Gedanken stören …«

Und da, plötzlich, nach endlosen zwanzig Minuten lässt sich der Anthropologe ungerührt vernehmen: »Es muss für einen Fotografen doch maßlos anstrengend sein, ohne Pause zu reden …« Die Antwort trifft messerscharf.

Vorsichtig erinnere ich mein eisernes Gegenüber an sein Versprechen, das persönliche Statement für das geplante Europa-Buch zu verfassen. »Ich werde darüber nachdenken … Wann wird das Buch gedruckt?«

»In drei Monaten.«

»Nicht viel Zeit …«

Beim Abschied bedanke ich mich für die Geduld. »Habe ich richtig gehört? Sie meinten … Ungeduld!«

Pünktlich erreichte mich das erbetene Statement von Claude Lévi-Strauss – handgeschrieben: »Citoyen de L'Europe? Je ne sais pas. Mais de l'Ancien Monde, certainement, quelles que soient les sentiments de gratitude qui m'attachent depuis plus d'un demi-siècle au nouveau.« (Bürger Europas? Ich weiß nicht. Aber der Alten Welt sicherlich, welche Gefühle der Dankbarkeit auch immer mich seit mehr als einem halben Jahrhundert an die Neue binden.)

Am Ende seines langen Lebens kommt der »Große Vordenker der Ethnologie« zum bitteren Resümee: »Wir berauschen uns an unserem Elend. Ich bin davon überzeugt, dass das Leben keinen Sinn hat, dass nichts einen Sinn hat …«

Günther Anders
1985

Günther Anders war der Einzige, der sich der Begegnung mit mir und meiner Kamera verweigerte. Wie aus dem von mir nachfolgend zitierten Brief an ihn hervorgeht, hatte der Verleger Daniel Keel den Wunsch dazu geäußert, obwohl wir wussten, wie sehr Günther Anders die »Ikonomanie« unserer Zeit anprangerte. – Aber vielleicht gibt der Antwortbrief mit der Absage mehr Aufschluss über den sogenannten »Philosophen der Katastrophe und Apokalypse«, als es mit einem Foto-Portrait möglich gewesen wäre?

Günther Anders, 1902 geboren als Günther Stern, machte in seiner widerständigen Haltung seinem selbstgewählten Pseudonym als »Günther Anders« alle Ehre. Neben Robert Jungk zog er 1959 als Mitinitiator der Anti-Atombewegung die Aufmerksamkeit der Öffentlichkeit auf sich. Über den Briefwechsel mit dem US-Luftwaffen-Piloten Claude Eatherly, der 1945 das Zeichen zum Abwurf der Atombombe auf Hiroshima gegeben hatte, den seitdem Angstträume und Schuldgefühle gegenüber den tausenden Toten verfolgten und selber zwei Suizidversuchen knapp entgangen war, davon sprach die ganze Welt. Günther Anders verurteilte ihn nicht, sondern wandte sich als Bruder an ihn, der im selben Boot sitzt; der morgen vor eine ähnliche Situation gestellt und zum »Abdrücken« gezwungen werden kann.

»Zerbomben können wir zwar Hunderttausende; sie aber beweinen und bereuen können wir nicht …«

Aus meinem Brief am 5. August 1985:

Sehr verehrter Günther Anders,

seit Langem beschäftigt mich der Gedanke, Ihnen zu schreiben. Doch die Befürchtung, mein Anliegen könnte Ihnen lästig sein, ließ mich dieses Vorhaben immer wieder aufschieben. Vor Kurzem traf ich Daniel Keel in Zürich. Er sah meine Portrait-Fotografien und bat mich spontan, Ihnen im Brief seinen und meinen Wunsch vorzutragen. Doch bevor ich darauf näher eingehe, möchte ich mich vorstellen …

Ich begegnete Marion Dönhoff, Oswald von Nell-Breuning, Carl Friedrich von Weizsäcker, Hildegard Hamm-Brücher, Luigi Nono, Walter Dirks, Friedrich Dürrenmatt und vielen anderen Persönlichkeiten unserer Zeit. Ich gewann Einblicke in Menschen, Schicksale und Welten, von denen ich bis dahin wenig wusste. So richte ich auch meine Frage an Sie, verehrter Günther Anders: Wären Sie bereit und würden Sie mir die Gelegenheit geben, Sie in der Ihnen liebsten Umgebung fotografisch portraitieren zu dürfen? – Wie auch immer diese anspruchsvolle Studie ausfallen mag, ich würde sie mit Freude wagen. – Ich weiß, Ihre Zeit ist kostbar, zu Wichtigerem bestimmt …

Da Sie sich in Ihren Schriften scharf zu unserem »Ikonomanischen Hochbetrieb« äußern, unsere Bildsucht anprangern, sehe ich mich in einer prekären Situation und muss mich möglicherweise auf eine harte Entgegnung gefasst machen? – Sie schreiben: »Wenn ich mir alle Bilder, Abbildungen, Nachbildungen, Plakate, Schminke wegdenke, bleibt nur noch Leere und Kahlheit! Eine Chance für den Menschen, seine unerträgliche Einmaligkeit Lügen strafen zu können durch Bilder als Serien-Produkte … tausendfaches Dasein ist möglich – als Kopien …« Tief bewegte mich Ihr Briefwechsel mit Claude Eatherly, dem Sie als einem Bruder begegnen. In meinen Augen steht er für viele andere, die unter einer ähnlichen Last zu zerbrechen drohen. Man kann sich der Eindringlichkeit Ihres Appells nicht entziehen. – Der

Wunsch mit Ihnen persönlich sprechen zu dürfen, drängt sich geradezu auf.

So warte ich mit Spannung und doch auch mit ein wenig Hoffnung auf Ihre Antwort und grüße Sie!

Ingrid v. Kruse

Die Antwort von Günther Anders:

Anders

1090 Wien

Lackiererg. 1/5   *9. 8. 85*

Sehr verehrte Frau von Kruse,

schönsten Dank für Ihren viel zu respektvollen Brief.

Ihre Photos – sowohl die Portraits wie die anderen – sind ganz ungewöhnlich. Und wenn ich bildsüchtig wäre, ich würde Sie herbitten. Aber wie sonderbar ist die Auswahl der von Ihnen als prominent Angesehenen! Ihr Auswahlkriterium ist mir absolut nicht erkennbar. Ihr Gedanke, dass ich in diese Liste hineingehören könnte, erschreckt mich ein bisschen. Ich fürchte, durch Einbeziehung in diese Gesichtergalerie könnte ich mein Gesicht verlieren.

Aber, wie gesagt, das beweist nichts gegen die Grossartigkeit Ihrer Bilder, die eben grossartiger sind als die Abgebildeten. Ich gratuliere Ihnen zu Ihrem grossen Können!

Ihr A.

Auden
1010 Wien
Lohbrunnerg. 1/5

9.8.85

Sehr verehrte Frau von Kruse,

schönsten Dank für Ihren viel zu respektvollen Brief.

Die Photos — sowohl die Portraits wie die
anderen — sind ganz ungewöhnlich. und
wenn ich bildsüchtig wäre, ich würde Sie
herbitten. Aber wie sonderbar ist die Auswahl der von Ihnen als prominent Angesehenen! Ihr Auswahlkriterium ist mir absolut
nicht erkennbar, Ihr Gedanke, dass ich in
diese Liste hineingehören könnte, erschreckt
mich ein bisschen. Ich fürchte, durch
Einbeziehung in der Gestaltergalerie
könnte ich mein Porträt verlieren,

Aber, wie gesagt, das beweist nichts
gegen die Grossartigkeit Ihrer Bilder,
die eben grossartiger sind als die Abgebildeten. Ich gratuliere Ihnen zu
Ihrem grossen Können
                                    Auden

Epilog

Am Anfang dieses nachdenklichen Rückblicks steht meine Antwort vom 15. August 1985 auf die herausfordernde Äußerung im Brief des schärfsten Kritikers seiner Zeit, Günther Anders: »… aber wie sonderbar ist die Auswahl der von Ihnen als prominent Angesehenen«:

Sehr verehrter Günther Anders,

für Ihre spontane Antwort danke ich Ihnen sehr. Wie es nicht anders zu erwarten war, setzen Sie sich – als vehementer Gegner der »Ikonomanie« unserer Zeit – sehr kritisch mit meiner Frage und der Zusammenstellung meiner »Gesichtergalerie« auseinander (angesichts der Portraits von Marion Dönhoff, Golo Mann und Pina Bausch, Lew Kopelew, Leonard Bernstein, Carl Friedrich von Weizsäcker im beigefügten Leporello) und bitten mich um eine Erläuterung meiner Auswahlkriterien. Damit stellen Sie mich vor eine schwierige Aufgabe. Es wird mir schwerfallen, meine Gedanken dazu klar zu formulieren, denn ich gehe in meiner Arbeit in keiner Weise nach einem vorgefassten System vor, das mich bei meiner »Auswahl« leitet, sondern höchst intuitiv und aus sehr subjektiver Sicht. Zuerst aber möchte ich bemerken: Das Wort »prominent« verwende ich nie, weil es einen unangenehmen Beigeschmack von gesellschaftlicher Eitelkeit und Publicity suggeriert. Außerdem kann und darf ich durch meine Auswahl nicht gleichzeitig ein Urteil über die jeweilige Größe und Bedeutung einer Persönlichkeit fällen; eine Anmaßung, die mir nicht zusteht! Sicher wird es eine Reihe von Bedeutenden geben, denen ich mich nicht zu nähern wage, ohne die Aussicht, eine innere Brücke des Zugangs zu finden. Das Fundament, auf dem sich ein Bildnis aufbaut lässt, setzt das aufrichtige, ehrliche persönliche Interesse an

dem Menschen, an seinem Leben, an seinem Werk, seinen Visionen und Ideen voraus. Den Anstoß können persönliche Erlebnisse, ein Gespräch, Botschaften, Begegnungen, spektakuläre Ereignisse in der Nähe und im Weltgeschehen »auslösen«. Oftmals öffnet der Zufall den Blick und weckt die Neugier, die Faszination am Menschen. In den unterschiedlichsten Bereichen möchte ich sie finden: In der Politik, in den großen Religionen, im Theater, der Musik, der Architektur, in den Wissenschaften, in den verborgenen Winkeln, wo Poesie und Literatur entstehen. Welch eine Bereicherung bedeutet allein schon die vorherige Beschäftigung und Auseinandersetzung mit der Biografie, dem Werk eines »verehrten« Zeitgenossen! Und so wusste ich sehr bald, dass Sie, verehrter Günther Anders, mir mein Unterfangen nicht leicht machen würden – weil Sie nicht »bildsüchtig«, eben »anders« sind. Wie viel Vertrauen kann ein persönlicher Brief und die Handschrift schaffen, wie jener an Sie, verehrter Günther Anders, mit dem ich Sie auf überraschende Weise unmittelbar erreichte. … Ihre Gedanken sind so kompromisslos, unverrückbar, unpopulär, Ihr Appell an unsere Verantwortung so eindringlich, dass Sie sich in Ihrer Haltung von vielen der heutigen Denker unterscheiden – eben »anders« wahren Sie Ihr Gesicht. Vertrauen erfahren zu dürfen und für einen Augenblick Einlass in eine neue staunenerregende Welt zu finden, gleicht einem Geschenk, das mir mehr bedeutet, als die vielleicht gelungene Fotografie; ist das ein Argument? Ich habe versucht, Ihnen meine Motive und Gedanken, mein »Auswahlkriterium« (das es nicht gibt) nahezubringen – zu umständlich – ich weiß es – jedoch in der stillen Hoffnung, dass Sie mein Anliegen nicht mehr ganz so kritisch und besorgt ansehen? –
   Ihre
   Ingrid v. Kruse.

Nach diesem Briefwechsel drängt sich der Gedanke auf: Wie würde Günther Anders der heutigen Welt gegenüberstehen, wo im digitalen Austausch eine kultivierte Sprache, der Klang, die Schwingungen, die Worte der natürlichen menschlichen Stimme in der Lautlosigkeit und Geschwindigkeit der computerbestimmten Welt untergehen?

*

Auf der Reise – mit der Kamera im Gepäck – in neue Welten, zu Menschen im fremden Umfeld, im eigenen »Gehäuse« ihrer Ideen und Gedanken, ist es meine Neugier, die mich treibt. Im Besonderen denke ich an Moskau: Fünfmal war ich dort. Meine Erlebnisse am Rande Europas würden Bücher füllen: diese geprüften Gesichter, die unfassbaren Biografien unendlich vieler Menschen, die an dem Joch der grauenhaftesten Verbannungen – des Spitzeltums und der Macht menschenverachtender Herrscher des größten Landes der Erde noch bis in die letzten Generationen tragen.

Wer aber wies mir den Weg zu ihnen, den Menschenrechtskämpfern, Verfolgten, Literaten und wundersamen Künstlern – und auch zu den maßgebenden Politikern zur Zeit der Auflösung der Sowjetunion: zu Michail Gorbatschow und Eduard Schewardnadse? Einer Freundin, deren Namen ich nicht nennen darf, gilt wieder unendlicher Dank für ihre Freundschaft, ihre unschätzbare Hilfe. Ohne Rücksicht auf die eigene Gefahr öffnete sie mir, der unabweisbar Suchenden, mit ihrem eigenen »Schlüssel« Türen zu Begegnungen, von denen ich nicht einmal zu träumen gewagt hatte. – Ohne das leidenschaftliche Engagement von Raymond Georis in Brüssel, dem damaligen Generalsekretär der Europäischen Kulturstiftung, und ohne die wertvollen Hinweise von Antonin Liehm, der nach dem »Prager Frühling« als Journalist seine Stadt verlassen musste und in Paris die internationale Literaturzeitschrift »Lettre International« gründete, um vor allem bedeutenden Autoren aus Ost- und Mitteleuropa eine Stimme zu geben, wäre ich um manch wertvolles Erlebnis ärmer.

Ich habe das Wunder erlebt, mich nirgendwo fremd zu fühlen und auf diese Weise einen unschätzbaren Reichtum an Eindrücken gewonnen, die in der Erinnerung weiterleben, von denen ich hier nur einen Teil erzählte – vom Abenteuer meines Lebens …

Und so bin ich glücklich und dankbar zugleich – in allen Ländern unseres Erdteils, darüber hinaus in Rio de Janeiro und New York, Wissenschaftlern wie Hans Joachim Schellnhuber, Musikern, Politikern, Philosophen und Ethnologen wie Claude Lévi-Strauss, Theologen wie Helmut Thielicke – dem »Kanzelfürsten«, und Frère Roger – dem Begründer des ökumenischen Zentrums in Taizé, sowie der Literaturnobelpreisträgerin Herta Müller, Schauspielern und Architekten begegnen und Mischa Maisky, dem Cellisten, lauschen zu dürfen; in strahlende und traurige Augen geblickt zu haben – unvergesslich das Leuchten in den Augen von Charles Aznavour; unvergesslich das Wortgefecht mit Henry Kissinger sowie mit seinem (»launischen«) Freund Helmut Schmidt; die Begegnung mit Anita Lasker-Wallfisch, der eindrucksvollen, mutigen Holocaust-Überlebenden in ihrem Haus in London, habe ich vor Augen, ebenso Seyran Ateş in der Moschee oben im Turm einer protestantischen Kirche über Berlin. Das sichtbare Ergebnis sind die fotografischen Portraits, die ihre eigene Sprache sprechen in Schwarz und Weiß. Sie sprechen aber nicht von meinen inneren Bildern, die ich mitnahm, die mich durch dieses Buch begleiten. Wem auch immer ich begegnete – ob als Fotografin mit der Kamera bewaffnet, im Gespräch über mein Thema oder als Ratsuchende – ich erfuhr lebendiges Interesse, aufrichtige Kritik, fruchtbare Anregungen, Ermutigung und oft ungefragte Hilfsbereitschaft: In Prälat Max Eugen Kemper, dem langjährigen Freund und früheren Botschaftsrat der Bundesrepublik Deutschland beim Heiligen Stuhl, fand ich auch für dieses Buch einen anregenden Gesprächspartner; ebenso in Michael Köhler, dem Kulturjournalisten mit seinem wachen Sinn, seinem

Blick für menschliche Situationen und Schicksale ungewöhnlicher, bedeutender Zeitgenossen.

Nach wie vor gilt mein Dank Professor Inge Osswald, meiner unvergessenen Lehrerin, die sich durch die lange Kenntnis meiner Arbeit in meine Vorstellungen und Bilder hineindenken und -sehen kann, in meine Faszination und Begeisterung für neue Vorhaben. Carolyn Kayser ist – wie immer – bereit, wenn es um englische Übersetzungen geht. Johanna Salfner danke ich für ihre unverzichtbare Hilfe bei meiner Unbeholfenheit mit den digitalen Errungenschaften. Und wieder war für mich das Gespräch mit Irma Schlagheck, der Kunst- und Literaturkritikerin wichtig, ihr sicheres Gespür für Stil und Form. Ihr gilt mein herzlicher Dank, in den ich auch Gisela von Wickede und alle anderen Freunde einschließen möchte, die mich auf dem langen Weg wieder inspiriert und mit ihren Gedanken begleitet haben. Im Besonderen gilt mein Dank der Behutsamkeit des Lektors Bernd Henninger und seinem Wissen im Umgang mit der Empfindsamkeit, der Besorgnis der Autorin um ihren Text.

»Erzählen Sie – schreiben Sie!«, rief mir früher einmal Joachim Kersten zu. Wenn Sie es nicht erzählen, wird das Erlebte mit der Zeit unscharf werden!« Und ich habe erzählt.

Abdrucknachweis

Für die Erlaubnis, die Beiträge über Oscar Niemeyer, Richard Meier, Ieoh Ming Pei, Peter Zumthor und Norman Foster abdrucken zu dürfen, danken wir der Jovis Verlag Gmbh, Berlin. Die genannten Texte sind zuerst erschienen in: *Eminent Architects – seen by Ingrid von Kruse.* Berlin: Jovis Verlag, 2011.

In Fällen, bei denen die Rechteinhaber nicht festzustellen waren, ist der Verlag bereit, nach Anforderung rechtmäßige Ansprüche abzugelten.